紫金人类学书系

范 可/主编

本书系国家社科基金青年项目“乡土社会秩序的变迁与重建研究”（项目编号：15CSH048）的最终成果

乡土秩序的文化阐释

——一个中原乡域的地方观念与实践变迁

Cultural Interpretation on Rural Order:

Changes of Local Ideas and Practices in a Township of Central China

李晓斐 / 著

知识产权出版社
全国百佳图书出版单位
—北京—

图书在版编目（CIP）数据

乡土秩序的文化阐释：一个中原乡域的地方观念与实践变迁/李晓斐著. —北京：知识产权出版社，2024.3

（紫金人类学书系/范可主编）

ISBN 978-7-5130-9066-7

Ⅰ.①乡… Ⅱ.①李… Ⅲ.①乡村—社会秩序—研究—河南 Ⅳ.①C912.82

中国国家版本馆 CIP 数据核字（2024）第 000744 号

责任编辑：李学军　　**责任校对：**谷　洋
封面设计：刘　伟　　**责任印制：**孙婷婷

乡土秩序的文化阐释

——一个中原乡域的地方观念与实践变迁

李晓斐　著

出版发行：知识产权出版社有限责任公司	**网　　址：**http://www.ipph.cn
社　　址：北京市海淀区气象路 50 号院	**邮　　编：**100081
责编电话：010-82000860 转 8559	**责编邮箱：**752606025@qq.com
发行电话：010-82000860 转 8101/8102	**发行传真：**010-82000893/82005070/82000270
印　　刷：北京建宏印刷有限公司	**经　　销：**新华书店、各大网上书店及相关专业书店
开　　本：787mm×1092mm　1/16	**印　　张：**13.25
版　　次：2024 年 3 月第 1 版	**印　　次：**2024 年 3 月第 1 次印刷
字　　数：218 千字	**定　　价：**96.00 元

ISBN 978-7-5130-9066-7

郝瑞序

“紫金人类学书系”的创建代表中国改革开放后的人类学进一步成熟。这一经过艰难曲折的学科，正在实现它几十年的承诺，发挥它现有的贡献，展望它的未来。

现代中国人类学的传承是多样性的，三条支流汇入一条新的主流。第一支流是新中国成立前接纳欧美的两个比较新的学科，改变它们而适用于中国的具体情况。在人类学、社会学两个旗幡下，学者们在汉人农业社区和各少数民族群体进行实地调查。成果不少，包括中外文著作、文章，也有一些新理论的萌芽。这条支流在新中国成立初期发展缓慢，但没有完全断流。当代学者在如吴文藻、费孝通、芮逸夫、凌纯声、林惠祥、林耀华、梁钊韬等先锋长辈所打下的基础上进行详细的民族志工作而创建部分本土化的理论。这个支流的特点是强调研究现实社会和理论方法的灵活性和适应性运用，社会服务精神很浓。

第二支流是新中国成立后发展起来的苏式民族学，从20世纪50年代一直到90年代初占据了学科主导地位。它为服务党和政府建立统一多民族国家的需要，扩大了研究对象范围，推进学科的系统化，在之前比较薄弱的知识基础上增加了丰富宝贵的资料与知识。但是，这条支流的发展却导致了两种不利于学科发展的现象：首先是对象范围又回到最边缘的小社群，把研究对象限制到少数民族群体，把汉人社区推到社会学的地盘。继而又视社会学为“资产阶级”学科而把它取消，从而实际上阻碍了人类学对汉人社会的进一步深入了解。这个支流的特点是强调历史演变，理论方法比较生硬，但社会服务精神却很浓。

第三支流是世界人类学在20世纪80年代的巨变，对象从“原始”社区扩大到全球化的世界里的固定或流动社群，理论从文化单位相对论和结构主义转到文化互相交流、重构、融合论和后结构主义。这条支流进入中国人类学主流的过程比较长，因为老一辈的学者大多习惯了苏式民族学的思考方式。但是，因中外人类学者在20世纪80—90年代加速交流，如范可博士和他同辈学者不少人都在欧美国家训练，接受了新的人类学理论和方法。21世纪一开始，这个支流的影响在中国加速。它的特点是注意世界各种人口、思想和资本的流动性，以及理论方法的多样性，社会服务精神有浓有淡。

范可教授在我所在的华盛顿大学获得博士学位，回国后被聘为南京大学社会学院人类学研究所所长和博士生导师，在中国人类学发展、帮助中国人类学三个支流汇集的过程当中扮演了重要角色。他不但因为20世纪80年代在厦门大学读书和教学而对中国人类学传统宝库有深入的了解，知道有哪些地方尚待改进，又在跟我攻读博士学位的过程中了解了世界人类学的发展趋向。他把自己的两个支流都注入南京大学新建的人类学科研和教育的大茶壶里，和他的同事一起，建立了一个既传承中国社会科学的传统，又加入了世界人类学共同体的教研机构。

我2012年访问南京大学并进行演讲期间，范可博士给我安排机会与人类学研究所的博士生和硕士生交流，了解他们的训练和研究情况，给我留下了极其深刻的印象。他们以自己在社会上的经验和他们所关心的社会问题为出发点，选了既对社会问题又对人类学理论与方法有价值，而且有可能作出贡献的对象与主题。因此，当我接到范可教授的来信，告知将要推出“紫金人类学书系”时非常高兴，又觉得也是水到渠成。建所十周年是应该有成果的时候，需要有个场合将它们发表、呈现给国内外人类学界。为此，我们也应该感谢李学军先生，他及他的出版社给中国人类学界提供了一个发表的平台。

我最近几年遇到愿意在中国国内读人类学研究生的中国学生，总是推荐南京大学人类学研究所和范可教授。本书系的创立，更加强了我的这个趋向。不仅中国人类学界而且世界人类学界、中外社会科学界，以及所有关心中国社会问题的同人，都应该重视范教授和他的学生的贡献。我祝贺书系的创立，希望本书系和它所代表的人类学发展过程将来能进一步发展，扩大它对我们了解中国社会的贡献。

郝瑞（Stevan Harrel）

2015 年 4 月 11 日于西雅图

总序

本书系缘起于出版人李学军先生与我的一次邮件联系。李先生在邮件中表达，他所供职的知识产权出版社非常期待多出版人类学方面的著述。他的盛情相邀使我考虑：何不借此机会出版学生们的研究成果呢？于是，就有了“紫金人类学书系”的构想。之所以用名“紫金”，有两层意思。其一，我所供职的南京大学坐落于紫金山麓，紫金于是成为学校的吉祥色。其二，我在国外的母校华盛顿大学（University of Washington）以紫金为主色调，紫金是学校运动队战袍的颜色。所以，前者表明了这套书系的作者们与南京大学的关系——供职、同事、师生、校友；后者表明了师承上的关系。目前为止，南京大学人类学研究所唯有我一人为博士生导师，所以在第二位博导所带学生的成果出现之前，我会乐于强调这样的师承。同时，我还必须说明，一所大学所培养的博士成色如何，在很大程度上并非取决于教授们的言传身教或者耳提面命，而是取决于所处的氛围。一所好的大学一定有着良好的交流与讨论的传统。与国内其他大学相比，南京大学相对来说更为自由的学风和教师们的敬业精神，对于我们的学生都有很大的影响。这样的氛围熏陶了我们的学生。

南京大学人类学研究所成立于2005年2月，今年恰逢10周年。但是，南京大学的前身——原中央大学和金陵大学，一直有着人类学研究。原中央大学的凌纯声先生是著名人类学家，曾对黑龙江流域的赫哲族进行过开拓性研究，对湘西苗族等也出版有细致的田野调查报告。金陵大学农村经济学者卜凯（John Buck）和他的同事们也对中国农村有过十分深入的社会学与人类学实地调研，研究成果在海外学界被广为援引，并曾引起20世纪

30 年代国内学界有关中国农村土地与社会性质的大论战。而柯象峰等学者则在当年有着一定人类学色彩的“边政研究”上有自己独特的视角与贡献。他们是当今活跃在学界的南京大学人类学群体的学术前辈。今天，我们传承的是他们的薪火。按照中国的传统，一个机构成立 10 周年总该有些表示。这套书系的推出可视为我们自己对 10 年来走过的路的一个回顾。它仅仅是这一过程的一个片段，因为它只涉及在南京大学获得人类学博士学位的同学们的阶段性成果，展现他们所经过的人类学“成年礼”。所以，列在这套书系里的第一批成果仅仅展现了我们这个研究所成立 10 年来所做的部分工作。

任何一个研究与教学机构没有出版必难以立足。自洪堡（Wilhelm von Humboldt）以来，现代大学除了承担教书育人的工作之外，知识的生产已经是工作的重心。人类社会如果没有大学承担的研究工作与知识贡献，简直就无法想象。知识的生产除了开发未知的领域，还包括对周围自然与人类自身的了解与理解。社会人文学科的工作者以他们的视角与方式探求人们的心灵世界与行动的意义，并力求理解这些意义。100 多年来的学科历史表明这么一种过程：从对世界和人类自身本体意义追寻到认识论意义上的讨论，并进而再回到本体论意义上的解答。这样的过程背后，反映的是时代的变迁对人类学知识发展的需求。今天，我们的世界已然全球化。不管你喜欢或者不喜欢，这都是一个无法否认的事实，而且这一潮流已经不可逆转，没有一个国家、一个社会可以置身事外。那么，全球化给我们带来什么样的影响？除了那些凭直观就可以体察到的现象与事实之外，还有如费孝通先生早在世纪初年便已指出的“问题的全球化”。我们的社会所面临的问题不仅是我们才有的，而且是世界性的，只不过因为它们都在各自的社会文化语境里才有具体的意义。从这个意义上讲，全球化的世界实质上是一个网络化的世界，它对今天的人类学研究或者人类学知识的生产提出了不同的要求。

全球化的时代是一个带来希望的时代，也是一个产生问题的时代。在这个时代里，人类学研究有了许多新的刺激和议题。正因为这个时代是一个比以往任何时代都更具流动性的时代，人类学的议题和关注也就必然不再以那种预设为停滞不变的社区或者文化为对象，因为在事实上那样的社区已经不复存在。即便我们到一个偏远的地方从事实地研究，我们关心的依然是它的变动与流动。民族志研究上体现出来的对人类社会与文化的流动与静止的预设，固然可以反映人类学者的局限与认识的发展，但在当今这样的时代，你要不感受到“流动”还真不行。因此，今天的人类学也就对我们有了一些新的要求：我们都应当直面当下。在一个问题全球化的时代从事人类学研究，就应该有所担当（engaged）。我们除了深化学理性的认识，还应当对“现状”提出自己的质疑与挑战。令人兴奋的是，南京大学人类学研究所的博士研究生们都在研究中寻找真问题，并对这些问题提出了自己的理解与回答。

这一书系里的民族志作品，从选题到田野地点的选择都是作者们自己进行的。作为指导教授，我只能就他们的研究打打边鼓，或者与他们聊聊天，谈谈研究方面的问题以为“启发”。整体研究工作都是同学们自己完成的。在他们成长的过程中，社会学院和研究所的其他老师们也都起了重要作用。他们传道授业的教泽令同学们受益匪浅。我的母校华盛顿大学的郝瑞（Stevan Harrell）教授和安德训（Ann Anagnost）教授，以及波士顿大学的魏乐博（Robert Weller）教授、伦敦政治经济学院的石瑞（Charles Stafford）教授、哈佛大学的赫兹菲尔德（Michael Herzfeld）教授、布朗大学的顾德民（Matthew Gutmann）教授等国际知名学者，在他们或长或短的访学期间，也都从不同的方面对同学们进行了指导或者与同学们进行了交流。尤其是我的业师郝瑞教授，他在紧张的行程中，还不辞辛劳地专门召集正在进行田野研究的博士研究生们，询问他们所进行的研究并具体进行指点。魏乐博教授作为福布赖特学者在南京大学人类学研究所访学一年（2013—2014年）。在此期间，他参与所里的各种活动，经常与同学们切磋讨论答疑解惑。在此，我代表我们的同学们向他们表示衷心的感谢！

由于国内学制的限制，我们很难要求同学们也像国外人类学研究生那样，进行长达至少一年的田野研究。其实，一旦我们的田野工作以“问题”为基础，那么，是否一定得进行一年以上也就成了问题。尽管我没有对同学们的田野工作有任何硬性要求，但同学们也都尽量克服困难，尽可能地在田野里待更长的时间。有的同学在写作期间还反复回到实地，进一步充实资料以求印证写作过程中浮现出来的一些思考，或哪怕是求得一丁点儿的证据。毋庸讳言，从对学术的严格要求来看，这些同学的民族志著作不可能没有瑕疵，它们可能看上去还稚嫩，有些地方可能还有待商榷。

但从选题到研究的视角，它们都生机勃勃，饱含了强烈的学术使命感；它们都关注我们的国家与社会所存在的问题，体现了一代学子的担当意识和对未来的期许与关怀。他们的成长令人欣慰。本书系中的民族志著作都燃烧着作者的学术激情，中国人类学的发展与未来应该属于这些有着强烈使命感与问题意识的青年学子。

范　可

2015 年 2 月 9 日

序一

李晓斐博士请我为他的新著作序，作为他研究生期间的指导教授，我欣然应允。晓斐毕业几年来，取得了很大的进步，尤为可贵的是他执着于田野工作，多年来一直把假期当作下乡调查的机会，舍弃陪伴家人孩子，只身奔赴田野。这本书就是他就职于南京理工大学的几年来，持续的间歇性田野工作的结晶。这是他出版的第二本专著，而且是第二本民族志。许多人从事田野研究不遗余力，但最终却没见给人们留有深刻印象的民族志作品。记得魏乐博（Robert Weller）曾经在闲聊时谈及，人类学者其实应该避免不停顿的田野工作。他的意思是，每一个项目（project）都必须彻底完成，田野所得必须转化为文本，出版相关的民族志。不停地从事田野工作，收集资料，但最终却没能有民族志成果呈现给同行，这种田野又有什么意义呢？晓斐除了出版了两本专著，还发表了一系列论文，而且兢兢业业，不赶学术时髦，不求闻达，不像一些人喜欢搬用一些热词，关注所谓的热点现象或热点问题。从这个角度而言，再结合他的研究兴趣一直在乡村，谓之“传统”当不为过。他的工作方法也很“传统”——长时间参与观察结合深度访谈。这虽然是人类学家常规的做法，但从哪一种视角观察和访谈则存在很大不同。

李晓斐的新著讨论中原某乡镇地方观念的变迁。这是一个不太容易做的题目。观念是一个较为抽象难以定义的概念。我们虽然会很直观地感觉到某种观念，但将这种直观落实到文字上却颇费思量。观念用英文表达为concept，concept在汉语里又翻译为概念。如果这么理解观念，那么观念的变迁就应该是一个长时段的过程。我们观念的改变总是落后于现实中其他基础性东西的变更。历史唯物主义也是这么认为，即上层建筑的变化总是滞后于经济基础。当然，这并不排除有的时候观念会影响一些基础设施（infrastructure）的改变，这就是马克思主义的上层建筑对经济基础具有反作用的体现。然而，在信息技术高度发达的今天，这种作用或者反作用的边界好像显得越来越模糊，比如当前最为火热的人工智能（AI）就是典型。它无疑可以被考虑为经济基础的组成——如果承认科学技术也是生产力，但它却是在设计者现有某种理念或者概念的前提下才有可能发生。这就与历史上其他科学发现和发明有很大不同。仅以影响人类生产生活的几次革命性变化来看，就足以证明这一点。蒸汽机和电的发明首先来自偶然的观察所得和对自然现象的思考。但原子能的使用就不是这样了，科学家已经知道核裂变的原理后才有了各种利用原子能的设计。人工智能更是如此，没有既定的观念，不可能有人工智能的出现。

地方观念是我们经常会议论的对象，同时也是个日常用语。其所指当然涉及地方差异。换言之，当我们说某地的地方观念如何如何，一定在下意识中对当地地方观念做某种程度的概化：它与我们的观念有所不同，它是独特的，等等。对地方观念的探讨无疑是有价值的。我们虽然反对将地方观念本质化，但分析其独特之处和变迁的轨迹却很有意义——因为它涉及人类能动性（human agency）与社会的和自然的环境的互动，与当地人和外乡人的互动，与国家的各种政治机构和组织的互动，等等。就此意义而言，地方观念可以是一种主体间性式的概念。这种观念是当地人普遍具备的，却又不能归于涂尔干所谓的“集体表象”（collective representation），它无法取代当地人的个体的差异和理性选择，却又具备某种实质性（substantive）的价值。所以，李晓斐这本新著当有助于我们理解经济人类学和乡村研究上的争论，即实质论（substantivism）和形式论（formalism）或者道德经济（moral economy）和理性经济（rational economy）。

是为序。

范　可

2023 年 11 月 29 日

序二

《乡土秩序的文化阐释——一个中原乡域的地方观念与实践变迁》一书，是晓斐学弟在其国家社科基金项目结项成果的基础上，不断打磨完善而成的著作。全书通过人类学的田野调查，以河南 S 乡这样一个中原民族乡村为例，以文化交融的深度解析为切入点，从社会生活的诸多方面挖掘了当地的地方性知识，呈现出当地回汉两族之间交往互动的文化场景，正如其在书中所言，“地方观念世界的整体性及其回汉交融的内在阶序结构，为我们理解与解释以 S 乡为代表的中原乡村的民族交融提供了文化上的解释”。这恰好对于今天散杂居地区的民族研究而言具有一定的启发价值。

长期以来，人类学的民族志研究在剖析地方社会，探究人与人之间内在关系等方面，不断彰显出学科特点及自身优势。当前有关中东部散杂居地区族际交融的民族志研究，不可谓不多，但是真正具有一定学术深度的作品仍然比较稀缺。以河南 S 乡作为研究个案，从乡村秩序的阐释入手，将文化边界、土地调整、生计变迁、乡村治理等多个主题有机地贯穿起来，构成了一个清晰的内在逻辑联系，为我们完整地勾勒出一个中原乡村的生活图景，使人读后能够对乡村秩序的变迁具有更为深刻的理解，同时也对互嵌式民族社区、交往交流交融、铸牢中华民族共同体意识等热点民族学概念形成更加具象的认识。

当前有关铸牢中华民族共同体意识的研究显然已经成为人类学、民族学的显学，大批学人面对这一主题无不摩拳擦掌、跃跃欲试，然而如何从深层学术的角度对此重大主题开展研究，到今天为止，仍然是一个值得深思的问题。无论是在理论挖掘，还是在方法创新等层面，关于这一议题的研究，需要实现真正的“文化自觉”，而不是裹足不前。晓斐学弟的这一著作，尽管在标题中没有“铸牢中华民族共同体意识”等热门字眼，但其学术价值远远超出了一些“流于口号”的重复式研究。

我与晓斐学弟最早相识于2016年6月南开大学社会学系举办的一个有关历史社会学的小型研讨会。此次会议之后，我们多有联系，既有学术问题的探讨，也有日常琐事的闲聊。多年来，晓斐学弟给我最为深刻的印象就是其为人质朴、为学执着。中国社会学2023年年会期间，我与晓斐学弟再次相见于南开大学八里台校区，他嘱我为其新著作序。当得知要作序时，我感到惶恐不安，以我自己的学术能力与学养水平，深感难以担当，我只有心怀恭敬地去认真阅读的资格。但是，在晓斐学弟的执意请求下，我也只好欣然受命，由此忐忑不安地写下了这篇文字。

《乡土秩序的文化阐释——一个中原乡域的地方观念与实践变迁》的出版，既是晓斐学弟一段时间内的学术总结，也是其新的学术研究的开始。我相信他一定会在今后的学术道路上百尺竿头更进一步，以精益求精的治学精神，用更多优质的学术作品以飨读者。我也期待着能够与晓斐学弟等学界同辈一起前行、一起进步。

马伟华

2023年8月16日于天津

CONTENTS 目 录

郝瑞序 I
总序 V
序一 IX
序二 XI

导 论 文化视野下的乡村秩序研究 1
一、国家与社会：传统路径及其反思 4
二、地方观念：乡村秩序研究的文化视角 11
三、田野工作与研究思路 17
四、章节结构安排 21

第一章 寓圣于俗：地方观念世界的结构与实践 25
一、观念—实践：乡村宗族与宗教研究的维度 26
二、交织与融合：观念世界的基本构成 31
三、对立与包含：地方观念世界的阶序结构 38
四、成为当地人：地方观念的实践性 44
五、结论 48

第二章 超越族群：区域认同建构与地方交融 51
一、文化边界的实与虚：异同与建构 54
二、跨越边界的流动：回汉村民的交往融合 59
三、族群边界的超越：区域认同的地方实践 62
四、结语 68

第三章 土地调整：权利与公平观念的地方实践 71
一、S 乡的土地：居住、耕作与人地关系 74

二、土地调整原则：公平观念与成员权利的多样表达 80
三、土地调整困局：公平观念与村庄权力关系的交织 89
四、土地确权实践：朴素公平观念的挑战与应对 98
五、结语 103

第四章 生存之道：文化经济学视野下的生计变迁 105
一、挣钱：作为经济动力的社会心态 108
二、河村：毛皮加工业的兴与衰 113
三、房村：机械配件加工业的常与变 121
四、人观：两种生计类型的观念基础 128
五、简短的讨论 133

第五章 善治之路：村落政治变迁的文化机制 137
一、乡村善治：村落本位及其文化内涵 138
二、河村政治：有序—混乱—再稳定 142
三、生活世界：乡村纠纷治理的整体理解 147
四、情感—意义模式：村落政治秩序的文化解释 153
五、结语 156

第六章 基层治理：精确化逻辑与地方性知识 159
一、从模糊到规范：基层治理的精确化过程 161
二、具体事例：环境整治工作的精确化实践 170
三、地方知识：精确化治理与模糊性社会的交织 177
四、结语 181

结论 文化、地方与乡土秩序 183
一、乡村秩序变迁的文化阐释 184
二、地方观念的现代建构与新秩序的可能方向 187

后 记 191

导论

文化视野下的乡村秩序研究

一切固定的僵化的关系以及与之相适应的素被尊崇的观念和见解都被消除了，一切新形成的关系等不到固定下来就陈旧了。一切等级的和固定的东西都烟消云散了，一切神圣的东西都被亵渎了。人们终于不得不用冷静的眼光来看他们的生活地位、他们的相互关系。

——马克思 恩格斯《共产党宣言》

2015 年，一篇名为《一个博士生的返乡日记：迷惘的乡村》的文章引爆网络。此后几年里，大量通过春节返乡期间所见所闻来反映当下农村现状且被称为"返乡体"[1] 的文章迅速在网络上流行，例如黄灯博士的《一个农村儿媳眼中的乡村图景》，以及一篇事后被认定为假消息的《上海女逃离江西农村》的帖子等文章，在当时均引起了广泛关注与强烈反响。

> 我觉得，当前农村的亲情关系，很大程度上是靠老一辈建立的关系维系着。在老一辈那里，这种关系处在一种相对稳定的时空里，但对年轻一代来说，大家的关系早已被现实割裂了。……大家拜年，不再是为了亲戚间互相走动，馈赠礼物，交流感情，而只是为了完成传统和长辈交代的一项任务。……自打工潮于 90 年代兴起以来，很多农村人一直在外打工，二十多年来与父母团聚的时间，平均到每一年可能就十来天。[2]
>
> 客观而言，农村自身的生产已经难以形成良性循环，更多时候，获取基本的家庭开销，还是不得不以肢解完整的家庭结构为代价。这样，结婚、生子、外出打工、制造留守儿童，就成了事实上的轮回。对哥哥而言，新的挑战在于，他老了以后，甚至会面临老无所养的境地，毕竟他的子女，没有一人通过读书得以改变命运，而他在半生的劳作中，也仅仅只是维持了一种最简单的生存，并没有给自己留下半

---

❶ 百度百科：返乡体，载 https://baike.baidu.com/item/%E8%BF%94%E4%B9%A1%E4%BD%93/19399617?fr=aladdin。

❷ 王磊光：《一个博士生的返乡日记：迷惘的乡村》，载 http://m.people.cn/n/2015/0225/c676-2234792.html。

点养老的资本，贫穷和贫穷的传递，已经成为这个家庭的宿命。[1]

正如上述所摘录的两段文字所呈现的那样，大量返乡体文章看到并记录了当下乡村社会的破败与萧条、农民生活的困顿甚至绝望，由此引发有识之士对农村社会当下变化与未来发展的共鸣与忧虑，并走红网络。与此同时，“返乡体”对农村社会满目疮痍、苍凉的凸显也引起广大学者的反思与批评，认为返乡体文章往往由于情怀先行并且缺乏严谨科学的调查方法，因而无法得出中国农村的全貌[2]，更有学者指出，返乡体并不能客观反映出农村的现实问题，而与社会矛盾与情绪宣泄等多重因素有关。[3]

诚然，返乡体文章的确是短期内走马观花式的见闻与描述，并不是建立在严谨学术调查基础之上并有夸大之嫌，而且中国广大乡村除了一些衰落消失的农村，还存在大量机械化、智能化、产业化的蒸蒸日上的乡村。但是，返乡体文章中所描述的“空心村”的出现、人际联结的松散、外出务工与留守的问题以及农民道德观念的变化等，似乎又真切地存在于当下的农村社会中。更加不可否认的是，从这些引起广泛讨论与争论的现象与问题可以清晰地看出，乡村社会秩序并不是田园生活式的浪漫想象，而是正经历着前所未有的剧烈变迁。既然乡村社会不是静谧的世外桃源，也不是如同返乡体描述的那般衰败，那么，乡村社会秩序究竟呈现出怎样的内容？特别是改革开放四十多年来乡村社会秩序经历了怎样的变迁？进一步，又该如何理解与解释乡村社会秩序的历史变迁呢，或者说，变迁背后的机制有哪些？这正是本书试图探讨的核心问题。

---

[1] 黄灯：《回馈乡村，何以可能?》，载《十月》2016 年第 1 期。

[2] 曹东勃：《近乡情更怯 未必读得懂真实的中国》，载《中国青年报》2019 年 2 月 14 日第 2 版；柯利刚：《爆款“返乡体”文章不能代表中国农村》，载《农民日报》2019 年 2 月 12 日。

[3] 孔德继：《“知识精英”的处境与“返乡体”的爆红》，载《教育学术月刊》2018 年第 1 期。

一、国家与社会：传统路径及其反思

（一）乡村秩序研究中的国家与社会

本书的目的在于研究中国乡村社会秩序及其变迁。作为社会学或人类学的主要研究领域或分支之一，乡村社会及其秩序变迁的研究并不是从一开始就出现的。在西方人类学学术史上，从摩尔根、博厄斯到马林诺夫斯基、拉德克利夫-布朗，人类学早期关注最多的是部落社会而非农民。第二次世界大战后，随着以农业为基础的第三世界国家日益登上国际政治舞台，一大批人类学家（也包括有志于第三世界研究的社会学家）奔赴世界各地乡村社会，农民社会研究才真正进入西方学界的视野。[1]当然，人类学家后来认识到，即使是部落社会，也并非与世隔绝的孤岛，而是与外部环境有着千丝万缕的联系并受其影响；[2]但与部落社会相比，农民生活在一个更加紧密联系的外部环境中，他们的生活与市镇联系密切，构成了整个国家范围分层体系的重要组成部分，因此应将农民放入更大的社会整体中，成为农民研究一开始就有的学界共识。[3]换句话说，农民社会自从被纳入人类学研究视野伊始就特别关注包括国家在内的外部因素或外部力量。正因如此，雷德菲尔德将农民文化视为其所属的整体文明的重要组成部分，从小传统与国家大传统互动沟通的角度来反观农民社会及其文化。[4]魏特夫更直接从权力角度分析水利农业及其治水社会与国家政体的特殊联系，从而将农民社会纳入传统国家权力生成的框架之下。[5]

与西方学界不同，中国社会学与人类学从学科产生开始就与中国乡村社会研究紧密相连，通过乡村社会研究不断推进学科发展。[6] 一致的是，

---

[1] Clifford Geertz, 1961, Studies in Peasant Life: Community and Society. *Biennial Review of Anthropology*, Vol. 2, p. 1.

[2] Robert Redfield, *Peasant Society and Culture*. Chicago: University of Chicago Press, 1956, p. 14.

[3] Alfred Kroeber, *Anthropology: Culture Patterns and Processes*. New York: Harcourt, 1948, p. 284.

[4] Robert Redfield, *Peasant Society and Culture*. Chicago: University of Chicago Press, 1956, p. 68.

[5] Karl Wittfogel, *Oriental Despotism*. New Haven: Yale University Press, 1957.

[6] 吴文藻、费孝通提倡的“社区研究”，正是从中国乡村社会研究入手，推动中国社会学本土化。

中国乡村社会的社会学或人类学研究从一开始就关注到“国家”等外部力量的存在与影响。无论是明恩溥出版于1899年，并不具有学术严谨性的《中国乡村生活》一书关于市场集会与科举制度的考察，还是对学术界产生巨大影响的《江村经济》对“有计划变迁”的强调，无不透视出国家等外部因素之于乡村社会的影响。如果从明恩浦《中国乡村生活》算起，以中国乡村为对象的研究已逾百年，研究成果难以计数，但“国家”始终在中国乡村研究或者说在乡村社会秩序研究中扮演重要角色。概言之，可以粗略划分为以下三个方面。

其一，国家与地方互动下乡村社会秩序的生成。乡村社会及其秩序的生成离不开国家对地方的影响、塑造以及国家与地方之间的互动，很多学者都看到了这一点。在地方社会的家族或宗族组织研究领域，麻国庆强调从家—分家—宗族—村落—社会组织直到国家之间的连续性，从而作为家庭/家族基本坐落单位的乡村构成了国家的社会根基。[1]郑振满以闽台地区为例，详细考察了明清时期乡村社会结构中最基本社会组织的家族组织以及建立在家族组织基础之上的宗族组织的各种类型与发展情况，并将家族组织的生成与发展归纳为三个因素：宗法伦理的庶民化、基层社会的自治化、财产关系的公有化。毫无疑问，其中前两个因素均是国家意识形态与社会控制影响下的直接产物。[2]

对于宗法伦理的庶民化以及里甲赋役的定额等国家因素对地方宗族社会生成的直接影响，科大卫有着更为生动翔实的描绘：正是通过中央王朝法典条文与民间礼仪习俗之间的交织互动，华南地区宗族组织的一整套语言与制度得以生成，并随着16—18世纪国家意识形态渗透乡村而扩散进地方社会的方方面面，从而完成了华南地方社会的建构。[3]可以说，科大卫的研究视野已超出了宗族组织而投向地方社会秩序生成与发展的宏大领域。这在萧凤霞的研究中也得以生动体现：萧凤霞以珠江三角洲小榄菊花会的持续举办为例，阐述了18世纪晚期以来在地方社会与权力中心之间互动关系的变动中，通过对地方社区历史与文化的利用、对国家文化的集体挪用

---

[1] 麻国庆：《家与中国社会结构》，文物出版社1999年版。

[2] 郑振满：《明清福建家族组织与社会变迁》，湖南教育出版社1992年版，第227－271页。

[3] David Faure, *Emperor and Ancestor*: *State and Lineage in South China*. Stanford: Stanford University Press, 2007.

以及对国家政治权力的创造性联结等方式，围绕菊花会的举办展开多面化的竞争过程，不仅促成了地方传统的连续与变动，而且在构建自身的过程中促成了小榄的地域认同与地方政治经济秩序的建立。[1]

其二，国家政权建设视角下乡村社会秩序的变迁。相当一部分学者受国家政权建设理论视角的影响，将乡村秩序放置于中国近代民族国家建设的框架下，从民族国家政权建设及权力不断向下延伸的角度考察地方秩序的变迁。国家政权建设的实质是对西欧近代从分散割据的封建主义国家逐步转变为权力集中、直接统治的现代民族国家这一历史过程的解释与概括，查尔斯·蒂利、欧内斯特·盖尔纳、安东尼·吉登斯等学者对此均有精彩讨论。概言之，君主为了加强对地方社会的控制或直接统治，联合普通民众打击地方权威，分散的地方权力结构逐渐解体，权力也逐渐集中于中央国家与君主，在此过程中，国家形态逐步发生变化，欧洲逐渐从传统国家到绝对主义国家再转型为现代的民族国家。民族国家的建构过程及其内涵特征固然涉及各个方面，但至少有一个方面是共同关注的，即国家权力对地方社会的直接控制与全面渗透。这一点又被研究中国基层社会变迁的学者所强调，将其视为乡村秩序变迁最主要的外部因素或变量之一。

由于帝制中国无法有效深入广大乡村社会，在县以下主要是以士绅阶层为权威中心的团体实行基层社会自治，由此形成了中央政府自上而下与士绅自治团体自下而上的双轨政治，[2]士绅群体既要为地方服务，同时又是皇权或帝国政府的代理人，在国家与地方之间扮演着上下沟通的双重角色。[3]换句话说，中国帝国时期地方社会大多形成了建立于财产、宗族、科举功名、儒家文化等基础之上的士绅群体为权威中心的地方权力格局。随着近代以来国家力量的不断进入，原有的地方权力结构遭到破坏与侵蚀，双轨政治变成了单轨政治，[4]传统地方社会的士绅权威被削弱、解体并且被

---

[1] Helen F. Siu，Recycling Tradition：Culture，History，and Political Economy in the Chrysanthemum Festivals of South. *Comparative Studies in Society and History*，1990，32（4），pp. 765－794.

[2] 费孝通：《中国士绅》，赵旭东、秦志杰译，生活·读书·新知三联书店2009年版，第68页。

[3] 张仲礼：《中国绅士：关于其在19世纪中国社会中作用的研究》，李荣昌译，上海社会科学院出版社1991年版，第54－74页；瞿同祖：《清代地方政府》，范忠信等译，法律出版社2003年版，第232－300页。

[4] 费孝通：《乡土重建》，岳麓书社2012年版，第35－53页。

新的军阀、官僚等地方精英所取代。❶对于近代中国国家政权建设所导致的乡村社会变迁，影响最大的要数杜赞奇，通过对华北乡村的考察，杜赞奇详细分析了近代以来国家政权建设的努力以及国家权力的延伸所导致的地方权力文化网络的破坏，保护型经济日益被掠夺型经济所取代，地方社会及其资源在掠夺型经济的不断压榨下日益萎缩破产，从而导致了国家政权建设的内卷化。❷

新中国成功实现了国家向基层社会的延伸，许多研究均以此为出发点来考察新中国成立以后乡村社会秩序的变化。赵文词讨论了国家全方位影响下根深蒂固于乡村社区的儒家道德及其与乡村权力的交织与变迁过程。❸许慧文不仅梳理了国家权力渗透乡村的不同途径，还以集体时期国家对乡村社会的整合以及改革开放后的现代化建设为例讨论了国家权力渗透过程中乡村社会的变化以及细胞状分化的“蜂巢政治”的形成。❹萧凤霞详细考察了从新中国成立到改革开放之前，随着国家的全面渗透，珠三角乡村社会及其村庄干部群体的变化，指出，通过土地改革、集体化与人民公社化等，国家取代了层层叠叠的民间社会，使乡村失去了部分独立性及自治能力，形成了“细胞化”的村落社区。❺黄宗智对 1949 年前后长三角地区农村社会的比较来考察国家权力大规模直接深入自然村与农民生活而带来的乡村社会变迁。❻ 需要指出的是，与早期研究相比，这些学者日益认识到国家权力渗透影响下乡村社会自身的主体性与动力学因素，不再把乡村秩序变迁单纯视作国家政权建设的消极后果，而是强调双方力量的相互交织。

其三，国家与社会关系视角下的中国乡村社会。严格来说，不论是国

---

❶ Joseph W. Esherick and Mary Backus Rankin, eds. , *Chinese Local Elites and Patterns of Dominance*. Berkeley：University of California Press, 1990.

❷ Prasenjit Duara, *Culture, Power, and the State：Rural North China*, 1900—1942. Stanford：Stanford University Press, 1988.

❸ Richard Madsen, *Morality and Power in a Chinese Village*. CA：University of California Press, 1984.

❹ Vivienne Shue, *The Reach of the State：Sketches of the Chinese Body Politics*. Stanford：Stanford University Press, 1988.

❺ Helen F. Siu, *Agents and Victims in South China：Accomplices in Rural Revolution*. New Haven：Yale University Press, 1989.

❻ 黄宗智：《长江三角洲小农家庭与乡村发展》，中华书局 1992 年版。

家与地方互动下乡村社会秩序生成的讨论，还是国家政权建设视角下乡村社会秩序变迁的考察，均可视为国家与社会关系理论框架之下的研究。之所以在此处单独列出，是因为产生于20世纪五六十年代的国家与社会关系视角本身已成为西方与中国学者的研究内容，并在较长时期成为中国乡村研究甚至中国研究的主流范式之一。国家与社会关系视角最早被西方学者运用到对苏联与东欧的政治与社会分析之中，随后被西方从事当代中国研究的学者们所采用，并产生了大量有影响力的研究成果。赵文词将西方学者在中国研究中对国家与社会关系视角的运用明确划分为五个阶段：现代国家取代传统社会、国家与社会的妥协、国家与社会的相互渗透、社会改造国家、国家与社会的多元复杂性。[1]事实上，20世纪70年代以后，运用这一理论视角的西方学者大都摆脱了早期强调国家对社会控制的单向视角，在研究中看到了国家权力与地方社会相互妥协与渗透的过程。在西方学界影响下，国家与社会框架也被中国学者运用到乡土社会研究领域，特别是乡村庙会中所蕴含的公共领域的可能性[2]、国家与社会影响下的社区史书写[3]以及法律下乡与乡土秩序的交织及其导致的乡村治理困境[4]等。

（二）国家与社会研究路径的反思

综上所述，一个无可争辩的事实是，广泛意义上的国家与社会框架为研究中国乡村社会秩序的生成、发展与变迁等领域提供了一个非常有力的视角与参照，在此框架或多或少、或明或暗的影响下，中西学术界均产生了一大批影响广泛且富有洞见的研究成果；然而另一方面，仅就中国乡村社会研究而言，国家与社会框架同时也带来了潜在的思维束缚与视野局限，集中表现在这一框架对国家与社会之间的分隔对立以及国家与社会各自内部的整体性/实体性假设。随着学术界对国家与社会概念的不断深入，学者们对国家与社会框架局限的反思也大致围绕这两个假设进行。

---

[1] 赵文词：《五代美国社会学者对中国国家与社会关系的研究》，载涂肇庆、林益民主编：《改革开放与中国社会》，牛津大学出版社1999年版。

[2] 王铭铭、王斯福：《乡土社会的秩序、公正与权威》，中国政法大学出版社1997年版。

[3] 王铭铭：《社区的历程：溪村汉人家族的个案研究（增订本）》，生活·读书·新知三联书店2021年版。

[4] 狄金华：《被困的治理：河镇的复合治理与农户策略（1980—2009）》，生活·读书·新知三联书店2015年版。

其一，对国家与社会二元对立假设的反思，主要表现在两个方面。

一方面，对市民社会理论模式的批判与修正。正是基于国家与社会二元对立预设的批评，黄宗智提出“第三领域”概念：既不属于国家也不属于社会，又同时受到国家与社会的共同参与和共同影响，具有自己的特征与运作逻辑；从清代一直到改革开放，中国乡村社会持续存在某些具体的第三领域并在不同历史时期发生变迁。[1]随后，在 1995 年的专题讨论会上，学者们坚决反对运用单一概念对中国社会做简单化分析，也放弃衍生出的西方式假设，特别是国家与社会的二元观，提倡立足于中国社会的历史经验与复杂现实本身思考中国国家与社会之间的互动。[2]

另一方面，运用法团主义等模式解释中国国家与社会关系的复杂性。法团主义更强调社会内部的多元分化与矛盾冲突，将社会看作纵向、科层化、非竞争性并有一个核心领导机构的垄断性渠道的关联；国家也不再是多元分权的部门或领域，而是一个具有自主行动能力的组织实体；国家与社会之间的关系不再是分化与对立的关系，而是一种制度化的联合与合作的关系，把不同利益团体协调组织起来并纳入国家体制以解决社会冲突。[3]法团主义视角的研究者则更加强调国家与社会分野的混淆以及两者之间的重新组合，从而拓展了对中国国家与社会关系复杂性的理解。与此类似，一些中国学者也提出诸如中间层理论模式[4]、分类控制体系模式[5]等概念丰富国家与社会的思考。但总体来说，无论是持“社会中心论”的视角还是持“国家中心论”的法团主义模式，其反思仍在国家与社会关系的传统框架之内展开。而对这一框架本身的突破与学术界对“国家”和“社会”概念的深入理解密不可分。

其二，对国家与社会框架的整体性与实体性的批判与反思。在国家与

---

[1] Philip C. C. Huang, “Public Sphere” / “Civil Society” in China?: The Third Realm between State and Society. *Modern China*, 1993, Vol. 19, No. 2, Symposium: “Public Sphere” / “Civil Society” in China? Paradigmatic Issues in Chinese Studies, Ⅲ, pp. 216 – 240.

[2] Timothy Brook, Michael Frolic, eds., *Civil Society in China*. NY: M. E. Sharpe, 1997.

[3] 张静：《法团主义》，中国社会科学出版社 2005 年版。

[4] 王颖：《中国的社会中间层：社会发展与组织体系重构》，载《中国社会科学季刊》1994 年第 6 期。

[5] 康晓光、韩恒：《分类控制：当前中国大陆国家与社会关系研究》，载《社会学研究》2005 年第 6 期。

社会的框架下，提起国家，一般而言指的就是国家政府体系及其管理者，提到社会，则大多是中国广大农村共同体及其生活人群的总称。对此，裴宜理曾梳理了西方的中国研究学界从第一代的全能主义模式到第二代的多元主义再到第三代学者的国家与社会关系模型的发展脉络，并敏锐地指出国家与社会整体性概念不足以把握中国国家与社会内部的复杂性，强调应该超越这种整体性的概念，从地方志、组织史资料以及各类地方档案中探讨并比较国家与社会内部分化的情形。[1]中国学者邓正来对此也曾作出更为深入全面的反思与讨论，明确指出，作为整体性概念，社会与国家均具有同质性与实体性的特征。然而，实体化与同质化的国家和市民社会无论是在历史中还是在现实中都是不存在的；因此，如果不加辨别地直接使用会“遮蔽中国国家与社会各自内部的非同质性特征”，也无法揭示“国家与社会之间相同质的那些部分”；对于中国乡村研究中的国家与社会关系视角的运用，也往往忽视了国家或社会的非同质性问题，“实际上遮蔽了这些乡村国家机构与乡村社会之间在知识体系进而在行动层面的相同性要远远大于这些乡村国家机构与其上级或都市国家机构之间在知识体系进而在行动层面的相同性的事实”；针对这种误区，研究者应该立足于中国的历史经验与社会现实，在具体分析场景中对国家或社会进行具体辨析，关注非同质性的国家与非同质性的社会之间的具体互动关系，从而建构出切合中国实际的国家与社会互动的关系模式。[2]邓正来进一步提出生存性智慧的理论模式，既是传统、现在与未来的默会知识的复合体，又是地方性的实践智慧，可以从实践层面更具体、真实、深入地把握中国发展经验，充分重构并展现作为“未意图后果”的中国国家与社会发展进程的历史景象。[3]

可以说，无论是持“社会中心论”的市民社会视角还是持“国家中心论”的法团主义模式，其讨论与反思仍然是在国家与社会关系的传统框架之内展开，并没有突破这一框架本身；裴宜理、邓正来等人对国家与社会的整体性与实体性概念的质疑，一定程度上打破了国家与社会之间的硬性边界，

---

[1] Elizabeth J. Perry, Trends in the Study of Chinese Politics: State - Society. *The China Quarterly*, 1994, No. 139, pp. 704 -713.

[2] 邓正来：《国家与社会：中国市民社会研究》，中国法制出版社 2018 年版，第 3、110 - 112、142、185 页。

[3] 邓正来：《“生存性智慧模式”——对中国市民社会研究既有理论模式的检视》，载《吉林大学社会科学学报》2011 年第 2 期。

看到了国家与社会的交叉与融合，但也没有提出一个完整清晰的解释模式。

二、地方观念：乡村秩序研究的文化视角

基于上述对研究路径的反思，我们要思考的是，究竟有没有可能从根本上打破这种整体与分隔的想象或假设，从而在研究中既能看到“国家”等外部因素的影响及其与“社会”的互相塑造，又能彻底突破并超越现有框架的局限与限制？换句话说，有没有可能构建一种中国乡村研究的新视野，在这个新视野下，既能涵盖“国家”与“社会”的要素与相互影响，同时又能从根本上突破一直以来在该研究领域所存在的或明或暗的二元对立与实体论倾向？对此，需要从国家与社会概念的内涵演变的脉络入手。

在人类学的学术脉络里，作为研究对象的“国家”经历了从缺席到中心、从实体概念到突出文化意涵的变化过程。正如范可在两篇针对西方政治人类学发展脉络的述评文章中指出的，一直以来，“国家”在人类学研究视野里是缺席的。在人类学发展早期，学者们大都以与世隔绝的原始部落社会为研究对象，根本不会把“国家”考虑在内；虽然早期人类学家如梅因、摩尔根等人致力于从原始社会父系亲属制度入手考察人类早期的组织方式与政治结构，受到摩尔根影响的马克思与恩格斯在此基础上进一步从家庭与亲属制度讨论国家的起源，但其真正的研究目的在于讨论人类进化史而非政治或国家。20 世纪 20 年代以后，田野研究成为人类学的基石，人类学家致力于在小型社会开展细致入微的田野调查与详细分析，诸如国家起源等宏大主题并不被人类学家所推崇。[1]

即使是开创了政治人类学领域并创造辉煌的结构功能主义人类学对非洲政治的研究，国家也不在其考察视野之内，由于其强烈的反殖民主义态度和人文主义关怀，更为强调当地人即使没有国家（或殖民主义者）也能够实现自我组织，处于一种和谐平衡的状态。第二次世界大战以后，随着一大批民族国家纷纷独立，国家及其相关因素才真正进入人类学视野，在政治人类学领域表现为关注个体或集体行动与决策过程的过程论或行动论范式与强调西方资本主义体系对非西方社会冲击与抵抗的政治经济学范

[1] 范可：《政治人类学今昔》，载《广西民族大学学报（哲学社会科学版）》2008 年第 3 期。

式，以及对族群、边界或弥散权力的强调。❶

21 世纪前后，人类学家们从表象与认知的维度、从民众与国家在日常实践中的遭遇分析国家的具体构成，从文化维度分析国家（或各级政府）权力行使的“国家人类学”，成为人类学主要课题之一。❷事实上，早在 20 世纪 80 年代，格尔兹就从象征与观念的角度考察了一种不同于现代民族国家的“剧场国家”模式。艾布拉姆斯则直接将国家分为国家体系与国家观念，并将国家视为一种主观上的观念建构与结构化的产物，认为研究者只看到了作为实体与功能的表象的国家，而没有看到观念与意识形态意义上的国家，从而对当时流行的国家实体论给以有力批判。❸在后现代主义思潮在理论上对国家暴力的解构与经济全球化及跨国主义在实践上对国家主权的削弱的双重影响下，再加上人类学“认知转向”等一系列范式的转变，致力于国家人类学领域的研究者们或讨论社会科学文化转向背景下国家与文化的相互影响与建构以及国家型构过程中的文化动力学❹；或将国家看作文化产品并将其纳入新自由主义化与跨国流动的背景之下，进而在日常生活实践中将文化与表征意义上的国家与结构功能的国家相结合❺；普通民众日常生活中对国家概念的理解及其中所蕴含的能动性。❻

在社会学领域，韦伯关于国家的新古典定义被重新审视与反思，学者们纷纷提出对国家概念的新理解。例如，米格代尔明确提出了一个完全不同于韦伯的新定义，国家不再是特定疆域内垄断暴力的合法使用，而是一个权力的场域，受到观念和实践两种元素的矛盾性塑造，即国家的整体性与统一性仅仅存在于观念的层面，而在实践层面正好解构了这种整体性，是一系列松散联系的实践碎片，并且消除了领土边界、公私边界以及国家

❶ 范可：《20 世纪 60 年代以来的西方政治人类学》，载《江苏行政学院学报》2018 年第 6 期。

❷ 刘拥华：《从国家中心论到国家人类学——对国家与社会关系的一个历史考察》，载《江海学刊》2018 年第 6 期。

❸ Philip Abrams, Notes on the Difficulty of Studying the State. *Journal of Historical Sociology*, 1988, 1 (1).

❹ George Steinmetz, ed., *State/Culture: State – Formation after the Cultural Turn*. Ithaca: Cornell University Press, 1999.

❺ Aradhana Sharma and Akhil Gupta, eds., *The Anthropology of the State: A Reader*. Blackwell Publishing, 2006, pp. 5 – 6.

❻ 项飚：《普通人的“国家”理论》，载《开放时代》2010 年第 10 期。

与其他社会组织的边界。[1]

与国家概念内涵类似，“社会”概念的内涵也同样经历了从实体论到强调主客观融合的文化内涵的变化过程。在某种程度上，作为一种整体性实体的“社会”概念以及个人与社会之间的二元对立是伴随着社会学这门学科的诞生而同时出现的。在社会契约论的开创者霍布斯那里，社会或者人的社会性更多的是指人与人之间的相互交往与社会结合，但是出于自我保存的本性，人们在相互交往中彼此竞争权力、支配他人，最终出现“一切人对一切人的战争”这样的“自然状态”，为了避免这一结果，人们必须通过契约来建立秩序，然而这种秩序仍然缺乏稳定有效的保障，最终不得不借助国家的外在强制权力建立社会秩序的基础；随着洛克、孟德斯鸠、亚当·弗格森、罗纳德·米克等人对自然社会性概念的进一步发展，社会性不再是个人之间的社会交往，逐渐被视为一种独立于契约国家的、自发演进且能够对行为个体产生规范性影响的秩序或社会机制。于是，作为外在于个人并对个人具有客观强制力的实体的“社会”不仅获得了独立，成为社会学的研究对象，与此同时，此前表现出的个体与国家强制秩序的对立也就变成了个体与超越个体之上的社会之间的二元对立，成了社会学与生俱来的基本命题。[2]

正是在这一意义上，社会学最早奠基人之一的斯宾塞就明确指出，社会是一个实体，而且还是一个与生物有机体既类似又超越的超级有机体，由不同的器官与系统所组成，每一个器官与系统均承担着相应的功能，从而维持着社会有机体的和谐运转。另一位社会学主要奠基人涂尔干直接继承了实体社会的概念，并将其发展成社会学的基本研究对象与研究原则，即社会事实首先是一种物，是一种先于个体、外在于个体并对个体产生强制性约束的客观存在物；而且社会是整体性的，虽然由各个部分组成，但一旦形成之后即拥有不同于其组成部分且不可还原性的独有特征，因此，社会学不能还原到个体的层面去研究社会事实，而应该从社会事实的层面

[1] 乔尔·米格代尔：《社会中的国家：国家与社会如何相互改变与相互构成》，江苏人民出版社2013年版，第16－23页。

[2] 李猛：《“社会”的构成：自然法与现代社会理论的基础》，载《中国社会科学》2012年第10期。

去解释社会事实的原因与功能。[1]

在此影响下，结构功能主义者拉德克利夫－布朗坚持主张社会是一个由各个部分所组成的统一整体，“把任何文化都看成是一个整合的系统，并且研究作为这个系统各部分的所有制度、习俗和信仰的功能；所以新人类学是功能的、通则的和社会学的”。[2] 集大成者的帕森斯更将社会系统及其结构与功能的分析推向高峰，使结构功能主义成为当时社会学最有影响力的研究范式，社会是由个体构成又大于个体之和的统一实体的观念，支配了20世纪上半叶的整个社会学界。

20世纪五六十年代以来，出于对结构功能主义的实体社会观以及“只见社会不见人”的不满，诸如符号互动论者（例如布鲁默、戈夫曼）聚焦于微观的个体行动与互动，认为“社会”仅仅是个体行动的背景或环境。符号互动论者质疑实体社会观，但走得太远，“社会”概念被丢弃，不过个体与社会的二元对立预设仍然存在。需要指出的是埃利亚斯，他写于1939年但一直到1987年才出版的《个体的社会》，富有洞察地质疑了实体社会概念以及个体与社会的二元对立。在埃利亚斯看来，“社会”并不是边界清晰的、自成一体的实体或构造物，恰恰相反，社会是非封闭的、开放的、连续的流动，社会就存在于个体之中，是个体彼此互为作用的相互关联；无论是个体还是社会，均不是单个的孤立实体，而必须在彼此联系的映衬下才可以真正理解，由此，社会是“个体的社会”，而个体则是“社会的个体”。[3]

在后现代主义与后结构主义思潮影响下，实体社会被进一步解构，大多数学者干脆避免直接把“社会”或“社会系统”作为研究对象，例如福柯关注的是弥散在社会生活各个领域中的毛细血管权力关系的生成及其与主体的相互作用。实践论在打破微观与宏观、行动与结构、主体与客体、个体与社会等一系列二元对立的同时，也消解了社会概念的实体性与整体性。例如，布迪厄创造“场域”概念来代替传统意义上的社会。“场域”不是一个实体，不是共有功能、内在统合的系统的产物，也不是由部分或要素构成的整体；相反，场域是关系的角度，是“各种位置之间存在的客

---

[1] 迪尔凯姆：《社会学方法的准则》，狄玉明译，商务印书馆1995年版。

[2] 拉德克利夫－布朗：《社会人类学方法》，夏建中译，山东人民出版社1988年版，第53页。

[3] 诺贝特·埃利亚斯：《个体的社会》，翟三江、陆兴华译，译林出版社2008年版，第3－21页。

观关系的一个网络或构型”，在其中，不同位置的占据者根据所拥有资本的类型图和数量而采取不同的策略相互争夺，以维持或变更场域中的力量构型；场域的界限是由在场域关系中发挥作用的资本的效力的界限所规定的，也正因如此，场域是潜在开放的游戏空间，其界限是动态的，而界限本身就是权力斗争的关键。社会世界正是由一个个这样既是客观关系网络同时又充满着资本/策略的“场域”所构成的，从而将关系与文化象征的维度纳入社会生活的范畴之中。❶

在某种程度上，国家与社会概念内涵中日益凸显的观念或文化维度，为乡村秩序及其变迁研究提供了一种新的思考：从本土性的乡村地方观念的视角出发，并将关系性的国家与社会纳入其中。换句话说，从地方观念的角度反观并呈现与乡村秩序变迁密切相关的、非实体性的或关系性的国家与社会要素的相互关联，以此探讨乡村社会秩序的内涵及其变迁机制。由此，一方面，从乡村地方观念的角度消解了国家与社会的实体性与二元性；另一方面，乡村地方观念的产生与变化也不是处于真空之中，而是受到内外部力量的共同影响，从而通过地方观念的角度与机制彰显了非实体性的国家与社会之于乡村社会秩序的影响，避免了走向只看到地方观念而完全忽视国家与社会因素的另一个极端。

具体而言，第一，从横向的静态角度来说。国家与社会二分法对于乡村复杂现实来说太过生硬切割，“第三领域”框架虽然把二元论变成“国家—第三领域—民间社会”三分观，从而具有较强的解释力，但是在某种程度上仍然存在生硬切割之嫌。如果国家更多地被视为边界模糊的碎片化实践，社会也被作为由文化象征等资本所构成与竞争的动态过程，那么，在现实的乡村社会，即使所谓的“第三领域”（即边界明确、实体化、同质化的这种领域）也并不存在。在广大乡村社会，真正存在的可能只是个体的聚合以及不同个体聚合所构成、包含着观念与资源的多重社会结构。❷换句话说，在以地方观念为核心的文化视角下，不再致力于从乡村社会中分离出实体二分的“国家”与“社会”；相反，是在具体乡村的场域内，

❶ 布尔迪厄、华康德：《反思社会学导引》，李猛、李康译，商务印书馆 2015 年版，第 120－130 页。

❷ William Sewell Jr.，*Logics of History*：*Social Theory and Social Transformation*. Chicago：University of Chicago Press，2005.

一方面聚焦于不同行动者在日常生活实践中所形成的各种地方观念及其与资源的相互关联的多重社会结构，包括不同的宗族、族群、村民小组、村落之间以及不同的村民、小组长、村干部、乡镇干部与县市干部之间，这些多重结构不仅存在于村庄内部，还包括基层政府与地方官员在内，从而呈现乡村“社会”与“国家”的非实体性与多重性；另一方面，聚焦于不同个体或群体在多重结构及其关联（权力关系）之下各种具体的地方观念的呈现及其实践过程，地方观念与实践不仅生成并再生产出结构，并且受到相关结构的规定与制约。

第二，从纵向的动态角度来说。如前文所述，现代民族国家由间接统治变为直接统治，国家权力渗透扩散到社会的各个方面。在中国乡村社会，一方面是谋求向社会各层面直接渗透的现代民族国家，另一方面则是拥有丰富性、弹性与复杂性的民间社会，于是，就出现了现代民族国家直接统治的努力面对民间的权力文化网络时出现了内卷化❶，以及法制遇到人情两者纠缠所导致的“被困的治理”❷。上述研究的一个共同点是，过于强调国家对民间社会的主动建构。也就是说，均强调国家对民间社会的直接渗透统治以及与“社会”遭遇以后所引起的困境与变迁，在这里，“国家”是主动的一方，而“社会”则被视为在国家各种直接统治因素影响下的被动消极反应。但是，在地方观念的文化视角下，在地方观念的构成与变迁之中所彰显出来的国家与社会是相互建构与影响的。因此，除了国家对社会的主动性影响，还应该重点关注民间“社会”（此处更多的是指具体的村民群体）对“国家”（特别是基层政府）及其治理特征或行动气质的主动积极的渗透和塑造。然而，就中国乡村社会秩序研究而言，对于国家对社会的建构有很多研究，关于社会对国家的塑造的讨论则相对较少。于是，在文化视角下，不仅关注现代国家对社会的影响（特别是改革开放以来国家精细化治理的各种努力），与此同时也将聚焦于乡村社会，特别是当地村民的地方观念世界、区域认同、公平观念与情感意义模式等，如何彰显了村民观念中的国家力量（此处更多的是指基层政府）；以及在此

---

❶ Prasenjit Duara, *Culture, Power, and the State: Rural North China, 1900—1942*. Stanford: Stanford University Press, 1988.

❷ 狄金华：《被困的治理：河镇的复合治理与农户策略（1980—2009）》，生活·读书·新知三联书店 2015 年版。

双向互动过程中，地方社会秩序的变迁过程。

三、田野工作与研究思路

2016 年 7 月初，我从南京坐动车到郑州，见到了河南省民委的老领导李主任。几个月前，当得知我为了完成国家社科基金课题而需要在河南省的乡村开展田野调查时，李主任当即表示十分欢迎与大力支持。李主任虽已退休，但是精力依然非常充沛。在李主任的帮助与协调下，当天下午我就来到郑州汽车站，坐上了前往 S 乡的长途班车。一个半小时左右的车程之后，班车到达县城，乡政府工作人员老陈已在出站口等我了。老陈开车载我驶离县城，拐进狭窄的乡道，映入眼帘的便是典型的中原农村的景象：道路两旁大片的农田与庄稼、安静的村庄以及有些破旧的乡间集镇与街道。大约 20 分钟以后，乡道两旁突然多出了两排花团锦簇的景观树苗花卉，老陈自豪地说，看到道路两旁的这些花卉，就说明到了 S 乡的地界。车子穿过一条充满乡间气息、略显萧条的街道，来到 S 乡政府大院已是傍晚六点多了。

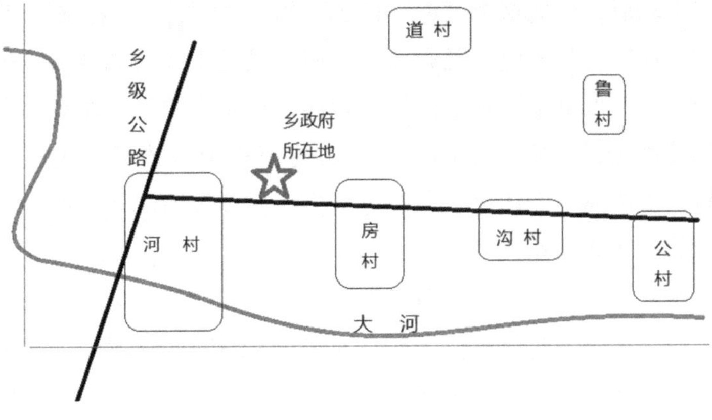

图 1　S 乡及其下辖村庄

乡政府大院其实并不大，除了大门口的一座两层楼房稍新之外，正对大门口的三层楼房看起来则相当老旧。老陈告诉我说，这座楼房建造于 20 世纪 80 年代，是乡政府工作人员的办公与值班住宿的场所。来到二楼，书记与乡长已经在办公室等候多时，一边热情地向我介绍 S 乡的基本情况，一边为我安顿食宿、配备日常生活用品，并吩咐一位工作人员为调研提供尽可能多的帮助。我的田野工作就这样开始了。在接下来的两年时间里，我利用2016年与2017年的暑假假期，先后两次较长时间地住在S乡政府，开展田野调查。此后，在接下来的几年里，又多次短暂回到S乡补充田野资料。

众所周知，当今田野工作的主流范式，即长时间生活在某一具体社区，通过参与观察或深度访谈等方式体察人们的生活世界。具体到中国乡村领域，这种扎根到某一具体村庄社区开展研究的乡村田野工作，一经提出便成为乡村研究的主要方法，影响力经久不衰。但是面对乡村社会发生的剧烈变化，传统田野方法也受到学界的不断反思，例如有学者将田野工作放入西方社会科学谱系中考察，指出不应将田野局限于某个地点，而更应该关注文化差异、历史与社会场景。[1]也有学者认识到传统乡村社会的流动性，强调应将乡土社会与游民社会联系起来，从走出乡村的各种群体、从乡村外部的不同地点理解乡村，看到分散与差异以及物象背后的象征意义。[2]我也在汉勒兹“多点在一”理念基础上指出，在当下乡村田野工作中，应首先立足某一“基本范围”，因为乡村和区域仍然是村民日常生活实践的基本场所，因此这个“基本范围”既可指某个特定乡村，也可以是某个特定区域，立足于此，既有助于把握村民日常生活和意义世界的基本形貌与图景，又保证了田野工作的有效性，从而解决了“多点”与田野深度之间的可能矛盾；在此基础上，在田野调查中应该至少关注全球流动性、乡村内部疏离与个体化、族群与文化差异以及不同历史阶段等四个方面所造成的“多点田野”。[3]

正是在此认识下，在S乡的田野调查中，我打算突破传统人类学以某一单个乡村、单个文化或族群为研究对象的社区研究模式，而是以整个S乡所辖区域为研究对象，转向跨文化交流、跨族群互动的特定区域研究。一方面，此次田野工作不再固定于某个村落，而是在由各种因素联结起来

---

[1] 黄剑波：《何处是田野？——人类学田野工作的若干反思》，载《广西民族研究》2007年第3期。

[2] 赵旭东：《远去与归来——一种跨越乡土社会的田野民族志方法论》，载《西北民族研究》2009年第1期。

[3] 李晓斐：《田野中的乡村与乡村田野工作的新挑战》，载《北京社会科学》2018年第5期。

的特定区域内游走。另一方面，虽然超出了村落界限，但乡镇区域仍然是有一定边界、人群互动或文化合成的关系网络。[1]基于此，我将田野工作的重点放在了人数众多、回汉互动频繁的河村与房村两个行政村，并根据研究主题与不同田野资料的需要对其他四个行政村也做了有针对性的调查与访谈。与此同时，由于田野范围的扩大以及对“多点田野”的重视，我也对全乡范围内的各类事件予以特别的关注。

因此，在田野调查期间，我与S乡几乎所有领导干部与政府工作人员相互熟悉，不仅每天都与他们闲聊，还经常出席乡政府工作会议，与乡干部一道下乡开展各项工作，深度参与乡政府的日常运作与乡干部的具体工作。我也经常来到S乡所辖六个行政村的村部，与村干部随意交谈，并且观察旁听村干部对村庄里所发生的各种事情的评价议论以及具体处理过程。我还到约好的村民特别是各个小组长的家里聊天访谈，了解村庄以及每个村民小组的基本情况、纠纷处理、不同群体错综复杂的相互关系以及他们对农村社会秩序发展的态度与看法。除此之外，我也经常一个人在附近村庄里闲逛，观察村民的言行以及村庄正在发生的事情，随机和遇到的村民闲聊，了解当地村民的信仰与文化观念。在此期间，我还在乡政府的档案室收集了关于S乡及其所辖乡村的一些文献资料。

正如学者所指出的，以问题为基础的田野方法日益成为人类学田野研究的主要方法，其最主要的核心即是要求田野研究者带着问题进入田野并在田野中不断发现新的问题。[2]本研究也不例外，核心问题是中国乡村社会秩序的变迁。在进入田野之前，我通过对现有研究的仔细梳理，发现中国乡村社会秩序研究至少呈现出两个特点。

第一，对乡土社会秩序变迁的研究远超过对秩序重建的考察。对于清末以来各个历史阶段乡土社会秩序的变迁，学界均有系统研究，且涵盖经济发展、政权建设、权力格局、道德观念等多重维度。然而，学术界对于新中国成立以来特别是改革开放以后在扎实资料基础上围绕乡村秩序变迁

---

[1] 潘英海：《文化合成理论在区域社会与文化类型研究中的应用》，载张江华、张佩国编：《区域文化与地方社会——“区域社会与文化类型”国际学术研讨会论文集》，学林出版社2011年版，第1-29页。

[2] 范可：《自我的他者化——关于本土田野实践的思考》，载《云南民族大学学报（哲学社会科学版）》2011年第6期。

与重建的研究则显得较为薄弱。

第二，聚焦于汉人乡村社会的研究而疏于对族群杂居乡村社会的考察。提及乡土社会，绝大多数研究均以汉人乡村为考察对象；一个不容忽视的事实是，在广大农村存在大量的族群杂居特别是汉人与其他少数民族长期共同居住的村庄，此类村庄除了具有汉人社区的乡土性外，族群性以及族群互动[1]也是构成乡村社会秩序的重要内容。[2]基于此，本书的研究思路是将运用上与下、外与内相互交织的维度，特别是从不同族群的村民本土文化观念的角度，理解并解释该地区社会秩序的形成、生产、变迁与重建的长时段的历史进程。

在田野调查中发现，S乡作为普通的中原乡村，文献资料相当缺乏，几乎所有村民对于本地乡村秩序的产生或村庄历史发展的详情均不甚了解，难以构建该地区社会秩序从产生到当下几百年历史的长时段历史变迁脉络。田野调查所获资料虽然异常繁杂琐碎，但是令人印象深刻的是乡村民间社会的复杂性，尤其是地方文化观念对于乡村秩序变迁的影响与塑造。

概言之，在S乡及其下辖乡村，不仅充斥着村民之间的复杂性结构，而且存在着更加生动的由地方观念世界、回汉文化认同建构、朴素的权利与公平观念、作为社会行动者的人的观念、不同的情感意义模式以及以模糊性为主要内涵的地方性知识等所构成的地方文化观念系统；不仅清晰可见改革开放四十多年来S乡各个村庄的族群交融、经济发展、村落政治、村民观念等一系列变迁，而且也可真切感受到村民观念体系对于乡村秩序变迁的塑造，以及对当地政府行为的影响与国家清晰化的治理实践所面临的种种困境；再加上田野调查期间所亲身经历的大气污染防治与企业整治等专项工作，使得这种影响更加凸显。

在此基础上，本研究将从本土性的地方文化观念切入，但是不再以乡土秩序的长时段历史脉络重构为目标，而是聚焦于改革开放四十多年来当地乡村社会秩序的发展与变迁过程，着重从地方观念的角度考察当地乡村的回汉融合、土地调整、生计变迁、地方政治以及基层治理，从而为乡土

---

[1] Robert Weller and Keping Wu, eds., *It Happens Among People: Resonances and Extensions of the Work of Fredrik Barth*. New York: Berghahn Books, 2019.

[2] Fan Ke. *Identity Politics in South Fujian Hui Communities*. Ph. D. Dissertation, University of Washington, 2001.

社会秩序变迁提供一种文化上的解释。

与此同时，乡村秩序变迁的文化解释并不是发生在真空之中，而是被嵌入外部国家与村落之间相互影响的语境之中。因此，本研究通过具体翔实的资料，一方面，呈现不同的宗族、族群、村民小组、村落之间以及村民、小组长、村干部、县乡干部之间的复杂构成与多重结构及其相互关系，从而展现出乡村民间社会的流动性与复杂性以及“国家”的多重性等面向。另一方面，聚焦于改革开放四十多年来当地经济、政治、观念、交往等方面的历史变迁，以及不同个体或群体在多重结构（权力关系）之下呈现出的诸如土地调整、信访纠纷等各种具体的实践与策略，也聚焦于各级政府干部在与村民接触过程中的灵活与变通以及基层政府对乡村地方性知识的吸收与利用等，从而把乡村社会秩序的文化阐释纳入“国家”与“社会”的相互建构之下，不仅加深从地方观念角度对乡村社会秩序变迁的理解，而且也能为乡村社会秩序问题的解决或重建提出相应的思考。

四、章节结构安排

第一章：从观念与实践两个层面着重考察 S 乡村民的地方观念世界。首先，乡村宗族观念与宗教信仰是人类学研究的两大议题。乡村的宗族观念与宗教信仰并存交织的事实凸显出宗族或宗教的单一研究的局限，以及将乡村宗族观念与宗教信仰作为整体性的地方观念世界进行综合研究的必要性。其次，以祖先崇拜、世系、同族相助为主要内容的宗族观念，以阴阳、生死为主要内容的民间信仰观念，以及主要体现为日常生活饮食禁忌与婚丧嫁娶习俗的宗教信仰相互交织，构成了当地村民观念世界的主要内涵。再次，观念世界的复杂性并不是杂乱无章的，而是呈现出以现世生活为导向、神圣与世俗相对立又被世俗性所涵括的阶序关系结构。最后，在地方观念世界的“寓圣于俗”的深层结构下，当地村民持续不断地参与以编修家谱等为代表的观念实践，并在此过程中习得成为当地人。地方观念世界所呈现的复杂性、结构性与实践性，既是当地民族文化交往、交流、交融的产物与例证，更是当地村民铸牢中华民族共同体意识地方实践的文化基础。

第二章：从族群边界的流动与超越角度考察 S 乡回汉村民的交流与融

合的地方实践。从具体村落的民族交融地方实践的角度理解中华民族共同体建构的微观基础，是当前民族研究的重要方向。首先，回汉村民在信仰、教育、生计上的表面差异与内在一致性，体现出回汉村民在长期交往中对于双方文化特征的主观建构与想象，塑造了一种虚实相间的文化边界。其次，以当地回汉村民之间的通婚与族群认同的相互转换为主要内容，回汉村民在日常生活中进行着跨越族群边界的流动与融合。最后，在此过程中，产生了以村民小组与村落为单位的地方区域认同，从而超越了回汉村民的族群边界。在具体民族乡村地方实践的层面上，族群边界的流动与超越，不仅是理解回汉交流与融合的重要理论视角，而且构成了宏观层面的民族交融以及铸牢中华民族共同体意识的坚实社会基础。

第三章：从耕地每隔几年动态调整的民间规则尤其是其中所蕴含的村落成员权利观念与公平正义观念的角度，考察改革开放以来 S 乡的各个村组土地调整实践的变迁过程。首先，通过对各个村庄的土地不同类型、耕地分布以及作物种植各个环节等内容的考察，探讨当地村民对人地关系的理解，这种理解也是当地村民所进行的土地调整实践的观念基础。其次，详细考察各个村组的土地调整的不同原则，以此探讨不同村庄以及村民小组的不同村民对于公平正义观念与成员资格权利观念的不同理解与多样性的表达。再次，村民的公平观念与成员权利多样性表达，在土地调整的日常实践中被嵌入在了村组内外的不同权力关系之中，由此成为各个村组能否顺利执行土地调整原则的关键。最后，土地确权政策及其所蕴含的地权稳定性逻辑，为长期以来的土地动态调整原则及其朴素的公平观念带来了挑战，而村民们继续进行的小范围内的土地调整实践显示了朴素公平观念的延续性，与此同时，在土地确权的政策理念之下，原有的公平观念的内涵也发生了相应的变化。

第四章：从文化经济学尤其是文化与经济相互关联的视角考察改革开放四十多年来 S 乡不同村庄的生计变迁。首先，改革开放以来，挣钱观念与利己主义观念日益成为 S 乡各个村庄村民的集体心态，驱动着几乎每一位村民采用种种生计方式养家糊口与发家致富，也构成了各个村庄不同经济产业类型的共同文化心理基础。其次，以河村为例讨论当地村民所经历的羊毛市场、皮袄加工、小制革、外出打工的经济变化脉络及其不同阶段下的个体策略；以房村、道村等村庄为例考察乡村的农机配件加工产业的发展过程。最后，从两种不同的对于社会人的地方观念模式的角度解释了河村与房村所代表的两种不同生计类型背后的文化基础。

第五章：从生活世界及其村民的情感意义模式的角度考察 S 乡村落政治秩序走向良序的变迁过程。某种程度上，乡村善治的有效达成与村落政治秩序之间是一种相互投射的“互嵌”关系。只有在对具体村落政治及其变迁历程深入分析的基础上，才能深刻把握乡村善治的本土机制与内在逻辑。首先，以河村为例，从村干部更迭及其政治行为、村民的“劣序”行为及其变化两个层面详细考察了村庄的村落政治秩序，河村经历了从改革开放初期的稳定有序到 20 世纪 90 年代的混乱，再到 21 世纪以来日趋稳定的变迁历程。其次，除了典型凸显的政治行为外，村落政治更涵盖了包括村干部在内的所有村民在日常生活中与权力、权利或利益密切相关的行为。为此，从生活世界的解读对当地的乡村纠纷治理给以整体性的理解与解释，作为村落政治秩序变迁的整体性的文化基础。最后，河村政治秩序变迁形态的背后，蕴含的是村民的情感意义模式，构成了村落政治变迁的观念机制，而针对情感意义模式及其能动性的治理，更加成为河村最终走向良序道路的关键。

第六章：从地方性知识的角度考察基层政府日益精确化的治理实践以及在精确化治理逻辑的背景下基层治理与乡村以模糊性为特征的地方性知识的交织与困境。首先，纵观改革开放四十多年的历程，基层治理日益体现出规范化、服务化与精确化的治理理念，这尤其体现在乡村两级干部办公运行的精确化以及以户口管理与低保管理为代表的民生工作的精确化。其次，以连续两年的大气污染防治专项整治工作为例，详细呈现基层治理精细化逻辑在实践过程中的具体表现，以及在此过程中基层政府的具体做法。最后，当面对复杂弹性的民间社会尤其是以模糊性为主要特征的地方性知识时，基层治理的精确化逻辑在实践中难以真正付诸实施，而是与模糊性地方知识相互交织，以及对于地方知识的主动运用。这不仅构成了基层治理的困境，也是深入理解基层干部在治理实践中采取灵活变通策略的关键。

总体而言，如果将乡村秩序变迁的文化解释放置于国家与村落相互交织的框架之下，则可以发现，在本书前三章，无论是村民的观念实践与日常生活习俗，还是族群互动的边界与流动，以及耕地动态调整的规则与实践，所呈现出的正是当地民间社会复杂的多重结构与流动性或弹性；在后三章里，“国家”概念的不同含义以及各级政府干部之间的复杂互动、灵活与变通，无不显示出国家概念的多重意涵，国家也不再是清晰明确的实体，而是一种碎片化的权力实践。如果说第四章与第五章从经济与政治的角度更多地展示出当地社会秩序在国家力量影响与建构下所发生的变迁，那么第六章则更加清晰地呈现了村落社会对国家的主动的影响与建构过程。更为重要的是，相互建构与共同变迁的历程也告诉我们，为了建构更加有效流畅的乡村社会秩序，仅靠国家或社会某一方的改变是无法实现的，如果没有村民构成的民间社会及其地方文化观念朝向现代公民文化方向的改变，规范化、服务化的国家治理理念也只能是无本之木，难以真正发挥作用，这或许为重新建构基于现代化的乡村文化的乡村社会秩序提出了一个可能的方向。

第一章

寓圣于俗：地方观念世界的结构与实践

马克斯·韦伯提出，人是悬在由他自己所编织的意义之网中的动物，我本人也持相同的观点。于是，我以为所谓文化就是这样一些由人自己编织的意义之网，因此，对文化的分析不是一种寻求规律的实验科学，而是一种探求意义的解释科学。

——克利福德·格尔兹《文化的解释》

乡村宗族与地方观念作为乡村社会生活的重要方面，一直是中国乡村人类学研究的核心关注点之一。百余年来，相关研究可谓卷帙浩繁，内容涉及概念内涵、结构功能、仪式象征、历史过程及其与经济、政治、现代化建设的关系等各个方面，对已有成果的综述性研究也洞见频出。但一个容易忽视的现象是，相对于分别独立的大量专门性论述，将两者放置在一起特别是置于同一个理论框架之下的研究则较为鲜见。例如，在同时考察乡村宗族与宗教的研究中，多将两者视为两个独立因素，探讨诸如宗族组织与宗教传播的此消彼长的过程，[1]或者宗族与宗教因素在乡村治理中的功能，[2]而疏于对两者之间内在关系的深入分析。尤其是考虑到宗族与信仰交错于村民日常生活中的普遍事实，对两者之间关联的综合考察就显得尤为重要。在学术研究脉络上，乡村宗族与宗教的已有研究中日益呈现出的观念—实践维度，为此提供了坚实的理论基础。

一、观念—实践：乡村宗族与宗教研究的维度

在中国乡村宗族研究领域，莫里斯·弗里德曼的宗族研究并不是最早

[1] 张先清：《官府、宗族与天主教：17—19 世纪福安乡村教会的历史叙事》，中华书局 2009 年版。李华伟：《华北宗族的弱化与基督教在乡土社会的发展——以豫西李村为中心的考察》，载《中国农业大学学报（社会科学版）》2010 年第 3 期。

[2] 方素梅：《宗族、宗教与乡村社会治理——基于广西桂林市草坪回族乡潜经村的个案考察》，载《广西师范大学学报（哲学社会科学版）》2015 年第 3 期。

或唯一的理论范式。❶但作为结构功能论宗族研究的集大成者，弗里德曼对后世的宗族研究产生了极其深远的影响，成为研究者无法回避的理论源头。❷对这一研究范式的反思、批判与超越一直持续到今天，相关的系统性评述不胜枚举。综而言之，弗里德曼宗族研究范式至少蕴含着两条紧密联系、相辅相成的核心假设：其一，乡村宗族是以血缘（世系）与地缘（村落）为载体、具有清晰边界的地方性物质实体与功能组织实体；其二，作为实体的乡村宗族的组织性和功能性，应被放置于国家与地方社会关系框架下进行考察。

某种程度上，这两点核心假设构成了随后一系列宗族研究的起点与标靶。例如，正是由于对结构功能解释模式的不满，陈奕麟强调了社会事实与象征事实的区分，指出宗族除了作为社会结构之外，更表现为一套理性的象征性系统，宗族的文化象征意义特别是祖先崇拜的集体意识，才是理解宗族组织构成的关键。❸陈其南则分辨了系谱模式与功能模式，并以“房”“分房”等本土概念为例，阐述了系谱性对于宗族功能的基础地位。❹对社会与象征、系谱与功能的区分，有力地动摇了弗里德曼宗族研究的功能性实体假设。在此基础上，诸如宗族的关系与组织❺，具有完整严密组织和制度的“实体的宗族”与日常生活中的宗族意识和观念的“文化的宗族”❻，潜藏于内心深处无意识观念的“理念性宗族”与外化于行动的“实践性宗族”❼等被相继提出，进一步打破了宗族概念的实体性。

---

❶ 正如学者指出的，乡村宗族早在19世纪末20世纪初就被纳入现代学术研究视野，百余年来历经进化论与历史唯物主义、结构—功能论、系谱体系论、历史过程论和后现代主义等相互交错、共存、纠缠的五大基本范式；即使在结构功能论范式下，林耀华、胡先缙等学者于20世纪上半叶就展开了宗族结构功能的人类学考察。参见杜靖：《百年汉人宗族研究的基本范式——兼论汉人宗族生成的文化机制》，载《民族研究》2010年第1期。

❷ James Watson. Chinese Kinship Reconsidered: Anthropological Perspective on Historical Research. *China Quarterly*, 1982, 92, pp. 589 - 622.

❸ 陈奕麟：《重新思考 Lineage Theory 与中国社会》，载《汉学研究》1984 第2期。

❹ 陈其南：《“房”与传统中国家族制度：兼论西方人类学的中国家族研究》，载《汉学研究》1985年第1期。

❺ 王崧兴：《汉人的家族制：试论“有关系、无组织”的社会》，“中央研究院”第二届国际汉学会议论文集，1986年，第271 - 280页。

❻ 肖唐镖：《村治中的宗族》，上海书店出版社2001年版。

❼ 石奕龙、陈兴贵：《回顾与反思：人类学视野下的中国汉人宗族研究》，载《世界民族》2011年第4期。

与上述路径不同，以科大卫等为代表的华南学派研究者则从历史进程出发，通过对地方宗族具体建构过程的考察来反思宗族的功能实体论。换句话说，地方社会的实体化宗族组织即使存在，也不是自古有之，毋宁说是明清时期国家与地方社会互动的产物，是一种地方社会的国家认同以及文化意识形态的创造；[1]与宗法伦理庶民化、基层社会自治化和财产关系共有化等社会变迁密不可分。[2]宗族的历史建构论也日益得到史学研究的支撑与拓展，例如贺喜以欧阳修编纂《欧阳氏图谱》为例，阐述了宗族在宋代的“有概念而无实体”含义；[3]甚至在中古时期，宗族在本质上仍然是系谱性与观念性的；[4]从宋代开始，宗族从最初的儒家理念逐渐演变成实体性基层社会组织的过程也成为学界的广泛共识。[5]

以港台学者为代表所发起的这两种反思批判路径，无疑极大开拓了弗里德曼的宗族研究范式，但就弗里德曼的上述两点核心假设而言，一方面，无论是实体宗族与文化宗族的概念区分，还是对宗族组织建构过程的历史考察，均没有彻底放弃或完全跳出宗族作为实体组织的面向；另一方面，宗族研究的国家与地方关系框架不仅没有被质疑，反而在以华南学派为代表的宗族的历史建构研究中得到强化与推动。对此，近来一些研究者在已有研究成果的基础上，分别从宗族研究的观念/认同与实践/事件两个方面将宗族研究在突破实体论与国家—地方框架假设的束缚的方向上进一步向前推进。

首先，虽然宗族的文化观念维度早在前文所述的诸如社会结构与象征结构、文化宗族与实体宗族等概念区分中就已经被学者所阐述，然而不同的是，越来越多的研究者不再满足于文化—实体等各种二分法，或者说不再简单地将宗族的文化观念放置于各种二分法的框架下，而是将文化观念独立出来，将其单独视为宗族研究范式的一种新取向。例如，吴作富立足于20世纪90年代以来乡村宗族活动自身的变化——乡村宗族越来越被认

[1] David Faure. The Lineage as a Cultural Invention: The Case of the Pearl River Delta. *Modern China*, 1989, 15 (1), pp. 4－36. 科大卫、刘志伟：《宗族与地方社会的国家认同——明清华南地区宗族发展的意识形态基础》，载《历史研究》2000年第3期。

[2] 郑振满：《明清福建的家族组织与社会变迁》，湖南教育出版社1992年版。

[3] 贺喜：《〈欧阳氏谱图〉的流变与地方宗族的实体化》，载《新史学》2016年第4期。

[4] 游自勇：《观念的宗族还是实体化的宗族?》，载《史学月刊》2019年第3期。

[5] 黄志繁：《宗族的由来》，载《读书》2021年第11期。

同与观念所建构、体现为文化整合而非社会整合、日益成为一种复杂多面的社会文化现象，指出基于文化观念尤其是个体意识与社会认可的认同取向，能够更好地匹配当下宗族的复杂文化特征。[1]在杜靖看来，宗族更是一种风俗性、人情性的文化存在，从“恩爱相流凑”亲属制度意义上的文化角度理解宗族，不仅可以弥补对宗族文化维度的忽视，更为超越国家与社会框架提供了可能路径。[2]

其次，宗族的实践性也并不是新近观点，在华南学派对地方宗族历史建构的研究中，就蕴含着明显的宗族地方性实践的意涵。宋怡明更是直接将布迪厄的实践理论运用于明清福州宗族研究，从地方社会不同人群在具体历史情境中的行为与策略等角度考察地方宗族的发展变迁，进一步凸显了宗族建构过程中的实践性内涵。[3]与此同时，当下社会中宗族的实践面向越来越被学者们所重视，除了南方的宗族实践之外，[4]山东、山西、江西等其他地域宗族的不同文化实践也被广泛讨论。[5]杜靖将宗族实践视为汉人宗族研究的新转向，包含宗族制度的地方实践、实践理论在宗族研究的运用以及符码的实践等三重意义。[6]可以说，学界对于宗族观念与实践的强调远远超出了宗族研究内容的层面，日益具有研究范式或研究取向上的重要意义。基于此，或可将其称为宗族研究的观念—实践取向。

在宗教研究领域，信仰（或观念）与实践从一开始就是界定与理解宗教的关键要素。在涂尔干对宗教的经典定义中，与神圣世界相关的信仰（即思想观念范畴）与仪式（即行为方式范畴）既构成了宗教的核心要件，

---

[1] 吴作富：《弗里德曼中国宗族研究范式批判——兼论宗族研究范式的认同取向》，载《南京大学学报（哲学·人文科学·社会科学）》2008 年第 6 期。

[2] 杜靖：《“国家与地方社会”关系中的宗族研究范式及其存在的问题》，载《青海民族研究》2013 年第 2 期。

[3] Michael Szonyi, *Practicing Kinship: Lineage and Descent in Late Imperial China*. Stanford: Stanford University Press, 2002. 郑振满：《从实践的观点理解宗族》，载《读书》2019 年第 9 期。

[4] 张小军：《再造宗族：福建阳村宗族“复兴”的研究》，香港中文大学 1997 年博士论文。

[5] 杜靖：《九族与乡土：一个汉人世界里的喷泉社会》，知识产权出版社 2012 年版。张俊峰、张瑜：《结构与建构：沁河流域的宗族实践——以山西阳城县张氏家谱为中心》，载《青海民族研究》2020 年第 3 期。赵旭东、罗士泂：《血脉纯洁与化为实践的宗族——以江西泰和一村落的民族志调查为基础》，载《江苏社会科学》2016 年第 1 期。

[6] 杜靖：《从社会组织到礼制实践：汉人宗族研究的新转向》，载《青海民族研究》2018 年第 1 期。

同时也是包括巫术在内的民间信仰的核心特征。[1]格尔兹则从“文化体系”的角度将宗教的观念与实践两个核心维度有机结合：宗教首先是蕴含着一套意义系统的象征符号体系，但这一观念或意义系统并不是抽象、孤立存在的，而是与社会结构与心理过程紧密联系在一起，并通过情绪与动机影响人们的实践，进而影响或塑造社会进程。[2]具体到中国宗教研究领域，作为人类学学科自身以及认识中国社会的重要主题之一，一直以来就是中外学者关注的焦点；同时又由于中国宗教本身的复杂性与模糊性，学者们在包括民间信仰（或民间宗教）的概念界定、宗教文化与大传统之间的关系、宗教文化体系及其在现代化进程中的作用等各个方面形成了广泛争论，产生了丰富的研究成果。[3]

由于本章不是专门述评，因而对此不多赘述，但是，就中国宗教研究而言，在最宽泛的意义上，有两点是广泛一致的，其一，不论是制度性宗教还是各类民间信仰等弥漫性宗教，都可以归入中国宗教的范畴，并且构成了中国社会必不可少的一部分而产生极大的影响；[4]其二，不论在制度化、组织化、系统化等各个方面存在着怎样的分殊不同，制度性宗教的研究[5]、民间宗教或大众宗教的研究[6]均涵盖观念与实践两大核心要素：既涉及一系列信仰、象征等符号意义体系，同时又被视为一种作为连续统一的俗与圣的文化实践。[7]

可以清晰地看到，在学术脉络里，乡村宗族与宗教越来越被理解为观念与实践两大维度。这为我们在同一地域中综合考察乡村社会的地方观念世界的结构与实践提供了可能。为此，本书将从观念与实践两大层面入手，从整体性的地方观念世界的角度详细分析 S 乡地方观念世界的具体呈

[1] 爱弥尔·涂尔干：《原始宗教的基本形式》，渠东、汲喆译，商务印书馆 2011 年版，第 45－58 页。

[2] 克利福德·格尔茨：《文化的解释》，韩莉译，译林出版社 2008 年版，第 107－153 页。

[3] 王铭铭：《社会人类学与中国研究》，生活·读书·新知三联书店 1997 年版，第 149－185 页。

[4] 杨庆堃：《中国社会中的宗教：宗教的现代社会功能与其历史因素之研究》，范丽珠译，四川人民出版社 2016 年版。

[5] 马克斯·韦伯：《中国的宗教：儒教与道教》，康乐、简惠美译，广西师范大学出版社 2010 年版。

[6] 韦思谛：《中国大众宗教》，陈仲丹译，江苏人民出版社 2019 年版。武雅士：《中国社会中的宗教与仪式》，彭泽安、邵铁峰译，江苏人民出版社 2014 年版。

[7] 范可、杨德睿：《“俗”与“圣”的文化实践》，中国社会科学出版社 2017 年版。

现与内在关联的深层结构。毫无疑问，地方观念世界的结构与实践不仅构成了当地村民生活世界的重要内容，更是理解中原乡村的民族交往、交流、交融的基础。

二、交织与融合：观念世界的基本构成

铸牢中华民族共同体意识这一重要思想由习近平总书记在2017年党的十九大报告上首次提出，并成为中国特色社会主义新时代民族工作的主线。一经提出，迅速得到政府与学术界的广泛讨论，从2017年到2022年12月，中国知网上以“铸牢中华民族共同体意识”为主题的各类文献已达三千余篇，形成了民族研究范式从族别到共同体的转向。中华民族共同体对于中国学者而言并不陌生。早在1902年，梁启超正式提出“中华民族”这一概念，并在1905年的《历史上中国民族之观察》一文中详细论述了中华民族的多元混合特征。1939年，面对抗日战争的紧迫形势，顾颉刚提出“中华民族是一个”的论断，引发当时学界对于中华民族定义与内涵的大讨论。到了20世纪80年代，费孝通先生更是详细阐述了中华民族多元一体格局的理论内涵。虽然各有争论，但是中华民族从一开始就被中国学者纳入各个民族交流互动的历史进程之中来理解，凸显出中华民族共同体的整体性与历史性。[1]中华民族共同体不是凭空建构出来的，而是民族交往和历史发展的结果，已成为学界的共识。[2]在此意义上，各民族交往、交流、交融的地方实践日益呈现出作为宏观层面中华民族共同体意识的社会基础的重要意义。[3]

然而，民族交往、交流、交融的地方实践不仅体现在经济、政治、社会领域，也同时体现在文化、观念与心理层面。正如习近平总书记在2021年中央民族工作会议上所阐述的，构筑中华民族共有精神家园，促进各民族在理想、信念、情感、文化上的团结统一，是铸牢中华民族共同体意识

[1] 石硕：《从中国历史脉络认识“中华民族”概念——“中华民族”概念百年发展史的启示》，载《清华大学学报（哲学社会科学版）》2021年第3期。

[2] 麻国庆：《民族研究的新时代与铸牢中华民族共同体意识》，载《中央民族大学学报（哲学社会科学版）》2017年第6期。

[3] 李文钢：《从多民族杂居村寨的村落共同体理解中华民族共同体的社会基础——基于贵州省乔央村的观察与思考》，载《西南民族大学学报（人文社会科学版）》2021年第10期。

民族工作的重要组成部分。[1]换句话说，民族交流、交往、交融的地方实践不仅具有社会性，而且具有丰富的文化内涵；不仅构成了中华民族共同体的社会根基，更为铸牢中华民族共同体意识提供了坚实的文化基础。在此意义上，在S乡村民中广泛存在的回汉交融的地方观念世界不仅构成了当地的地方观念的重要内涵特征，而且成为深度理解当地民族交融以及中华民族共同体建构的文化基础。

（一）宗族观念

北方宗族更多体现为观念性的含义，与组织性和功能性较为完备的南方宗族相比，华北宗族呈现出更为凸显的文化性与表达性特征，大多表现为一种内在化的宗族理念，包括祖先祭祀、家堂图谱、行辈字以及红白喜事的鼎力相助等。[2]在S乡，祖先、世系、同族相助等观念同样构成了当地回汉村民的宗族观念的核心内涵。

首先，就宗族观念而言，祖先崇拜无疑居于重要位置。在田野调查与当地村民的日常闲聊时，几乎所有上了点年纪的村民都能对本村来历特别是本姓先祖最初迁居本村的过程说上一二。每个村庄的各个姓氏也都保留有祖坟地；即使历经漫长时代的变迁，最早的几代祖先的祖坟地已被推平，但多数村民们都能说出其祖坟地的大概位置。除了初始祖先外，祖先的观念更表现为对已故父辈与祖辈等近亲先祖的祭祀与崇拜。墓祭在当地被称为上坟，每逢近亲先祖的忌日，上坟烧纸钱是每家必做的核心环节；而在清明节、阴历十月初一日、春节等节日里，除了祭祀近亲先祖之外，村民们也大多在初始或久远的祖先坟墓前烧纸给他们"送点钱花"。除了祖坟与墓葬祭祀之外，村民对于祖先的观念还表现在牌位上，在S乡许多汉民家里堂屋的柜台上都能看到近亲先祖的牌位或遗照；在日常纠纷时，骂人祖先往往被视为对对方的极大侮辱。

在河村，从赵氏祖坟的碑文可知，在明代洪武年间，赵来杰、赵来义两兄弟从洪洞县迁徙此处定居。赵氏兄弟迁居河村以来，人丁兴旺，经过数百年繁衍生息，除了河村的赵姓以外，还不断迁徙定居至周边的房村、

---

[1] 习近平：《以铸牢中华民族共同体意识为主线 推动新时代党的民族工作高质量发展》，载《习近平谈治国理政（第四卷）》，外文出版社2022年版，第244页。

[2] 兰林友：《论华北宗族的典型特征》，载《中央民族大学学报》2004年第1期。

道村、公村等村庄。这些村庄的赵姓村民，连同河村的赵姓加在一起有三千余人，皆与河村赵姓同宗，因其祖坟位于河村，每逢重大节日，周边村庄的赵姓村民纷纷到祖坟地拜祭。河村的第二大姓丁姓多居住在第七小组，为同一个宗族，也有二百多年历史。参与整理丁氏家族资料的小学丁校长告诉我，虽然没有明确史料记载，但根据代代口耳相传，河村丁姓也是洪洞移民，清代康熙年间从黄河北岸的桑坡村迁移而来，几年前桑坡村修纂丁氏家谱时，还派人前来询问这一分支。

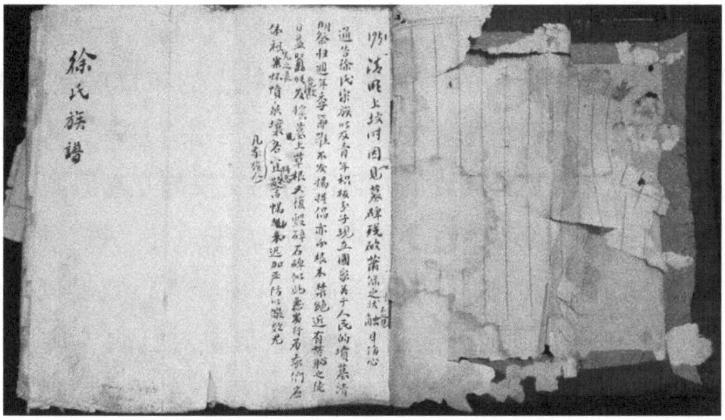

图1-1　鲁村徐老爹家保存的光绪三十三年《徐氏族谱》誊写稿

其次，宗族系谱性内涵被学界广为讨论，这种系谱性或者“世代之间”更被费孝通视作中国文化活力之所在，每个人都不是孤立的个体，而是祖先与子孙后代这一世系链条中的一环，重要的不是自己，而是光宗耀祖、传宗接代。[1]一定程度上，费孝通先生的这一论述在S乡村民中同样适用。在当地村民看来，最能体现世系观念的是家谱。鲁村徐老爹保存着一本光绪三十三年（1907年）所著的《徐氏族谱》誊写稿，里面详细记载了每位徐氏祖先的名讳、家庭与事迹，徐老爹甚是以此为傲，家谱也多次被徐氏家族的其他成员借阅。在其他村庄，也可见一些近几年重修的、制作或精美或简易的家谱。然而，并不是所有的姓氏村民都有确切的家谱，对于当地村民来说，世系尤其体现在“五服”意识与行辈字的观念上。除

[1] 费孝通：《中国文化与新世纪的社会学人类学——费孝通、李亦园对话录》，载《北京大学学报（哲学社会科学版）》1998年第6期。

了家族户数太少的“孤门独户”之外[1]，即使没有家谱，村民们也大都知道一两句自己所在的行辈字派，以及自己与家族其他男性成员所属的字辈序列。例如，河村的丁校长记得自己为“子”字辈，父亲为“培”字辈。

最后，作为基本生活常识，行辈字不仅决定家族成员间的亲属称谓，更是判断家族成员是否处于“五服以内”的依据。“五服”意味着家族成员在婚丧嫁娶等仪式中的不同角色，因此，几乎所有村民对于家族成员“是否出五服”了然于胸。虽然许多生产生活领域的义务性同族相助在当地村庄中已不复存在，但是家族成员相助观念并没有完全消失，尤其在婚丧嫁娶等需要大量人手帮忙的活动中，从婚礼上的布置房屋、制作被褥、烧水做饭、迎客送客，到葬礼上的随礼戴孝、抬棺打墓等，均能看到家族成员的鼎力相助。这既是家族成员人际网络的交换与互惠原则，[2]同时也是村民家族意识的集中体现。对于河村的杨、王、马、铁、海、艾、巴、孙、吴、刘、何、李等其他姓氏的家族而言，由于人口数量较少而没有族谱记载，甚至连行辈字号也已散落或遗忘，但是对已故各代先祖的“走坟”、衡量亲疏远近血缘关系的“五服”意识以及在婚丧嫁娶或日常生活中的同族相助观念仍然广泛存在。

图1-2　河村村民婚礼上前来帮忙的村民，多为家族成员

---

[1] 由于S乡所辖六个行政村均为多姓村，每个村庄都有一些户数较少的姓氏，多则十几户，少则只有一两户。对于这些姓氏来说，由于户数与人数太少，尚构不成完整的宗族甚至家族观念。因此，此处所说的“孤门独户”是一种当地的说法，指的是因为户数太少而没有形成宗族分支的姓氏。

[2] 阎云翔：《礼物的流动——一个中国村庄中的互惠原则与社会网络》，李放春、刘瑜译，上海人民出版社2000年版。

需要指出的是，作为文化性与表达性的宗族，在当地村民中发生着相同的变化趋势，即宗族观念的弱化。事实上，关于华北宗族组织与观念弱化现象已有相当的讨论。例如，在豫西李村，祭祖只祭祀两三代宗亲或本家祖先，对整个家族祖坟的祭祀日益式微与松散；虽有家谱，但大多已不按照行辈字起名，家族血缘观念更集中在三四代以内；同族互助的空间日益减少，多出现在婚丧嫁娶等人生礼仪场合，而且互助也越来越仪式化。[1]付来友在对一个山东村庄宗族文化变迁的考察中，将宗族划分为以族谱祭祀等为核心的外在表征、以财产继承为核心的内在制度、以传宗接代为核心的深层观念三个维度，在父系继嗣原则日益动摇与式微的背景下，三个层面均发生了不同程度的弱化与转型。[2]

在S乡，与年老村民相比，年轻一代村民的宗族观念均呈现出与上述研究相类似的变化过程。田野调查发现，无论是对于祖坟的“走坟”还是烧纸钱，多由村中老年人关心。房村的刘姓村民是汉族，一百多年前从新郑迁居此处。房村60岁的刘会计介绍说，爷爷辈还经常回新郑老家祭祖，与新郑老家的刘姓家族也日常联系，到了年轻一代，祭祖与日常联系基本上不复存在。田野调查时，河村赵家的祖坟已被推平，但上了年纪的老年人仍然会在祖坟位置处走坟，而年轻人则大多已找不到赵家祖坟的具体位置。

至于字辈世系，通过查看S乡所有村庄户口表发现，几乎所有年轻一代村民很少按照字辈起名。即使是年纪大的村民，也并不是都按照字辈取名。河村一组组长赵立60多岁，知道自己是正字辈，“严明正世德”；但本人名字里没有“正”这个行辈字，赵立介绍说，“父母没有文化，随便起的名字，三爷是一位教学先生，给孩子起名则按照字辈”。房村朱村长也只记得家谱里的五个字：“昭格广登庸”，朱村长是“庸”字辈，同样没有按照字辈起名。对于没有家谱或字辈的村民而言，取名更加随意，“只要不和父母重名就行”，以至于有一户人家，爷爷名叫赵童俊，孙子名叫赵童雨，成为村庄笑谈。提及家族互助，村民们的看法是一致的：旧社会家族意识强，日常交往会顾及家族情分或义务；但现在关键在于人与人的

[1] 李华伟：《华北宗族的弱化与基督教在乡土社会的发展——以豫西李村为中心的考察》，载《中国农业大学学报（社会科学版）》2010年第3期。

[2] 付来友：《表征、制度与观念的“三重奏”——一个山东村庄宗族文化变迁的考察》，载《湖北民族学院学报（哲学社会科学版）》2019年第1期。

相处，与家族或姓氏没有太大关系，“就算是不同姓氏，只要相处得好，就会交往密切；相反，即使属于同一家族，也不一定相处得好”。[1]

（二）婚丧仪式的观念融合

某种程度上，祖先崇拜既是宗族观念的集中体现，同时也是潜藏于每个人内心深处的宗教心理。[2]杨庆堃明确将祖先崇拜归属为弥散性宗教的范畴，主要包含两个部分，“人死后随即进行的埋葬仪式和使生者与死者之间保持长久关系的供奉仪式”，无论是丧礼中的安顿照度亡灵、保护生者免受鬼魂困扰、希望死者灵魂升天的哭诉，还是祭礼中各种形式的家庭祭祀与祠堂祭祀，都蕴含着鬼神与超自然力量的有神论信仰。[3]和其他汉人社会一样，S 乡的汉人村庄同样广泛存在着与祖先崇拜密切相关的鬼神观念等，这不仅体现在如前文所述的祖先祭祀之中，特别是对祖坟地与近亲先祖的墓葬祭祀、家里的祖先牌位、家谱世系以及节气时令中对家族祖先的纪念，而且也突出体现在当地汉民的丧葬仪式之中。

根据田野调查期间的多次参与观察，S 乡村民的丧葬仪式与其他汉人社会的丧葬仪式大同小异，都包含诸如穿寿衣、报丧、入殓、举哀、招魂、吊唁、出殡、墓葬、头七等环节，地方性差异固然存在，但除了若干细节上的不同之外，每个环节均蕴含着鬼神、阴阳等超自然力量的宗教观念。[4]除了祖先崇拜的宗教信仰外，在 S 乡村庄中，看不到任何修建的道观庙宇，村民们也没有明显的求神拜佛行为。但是，在当地村民日常生活里，诸如前世注定观念、各类神祇信仰等，[5]均不同程度地存在于人们的观念之中，与祖先崇拜一起，构成了当地村民民间信仰的观念世界。

---

[1] 需要说明的是，村民宗族观念的日益弱化，并不意味着宗族观念的完全消失或毫无影响。在下文的宗族实践以及后文关于村民的经济政治实践中，宗族观念在其中仍然发挥作用。

[2] 石奕龙、陈兴贵：《回顾与反思：人类学视野下的中国汉人宗族研究》，载《世界民族》2011 年第 4 期。

[3] 杨庆堃：《中国社会中的宗教：宗教的现代社会功能与其历史因素之研究》，范丽珠译，四川人民出版社 2016 年版，第 25－42 页。

[4] 作为人类学主要研究主题之一，汉人社会丧葬仪式的民族志研究早在 20 世纪上半叶就被学界所关注，并引起后世中外学者的广泛讨论。关于汉人丧葬仪式的民族志研究，参见张佩国：《汉人的丧葬仪式：基于民族志文本的评述》，载《民俗研究》2010 年第 2 期。

[5] 杨庆堃：《中国社会中的宗教：宗教的现代社会功能与其历史因素之研究》，范丽珠译，四川人民出版社 2016 年版，第 43－44 页。

由于宗族观念的广泛存在，祖先崇拜也同样构成了回族村民观念的组成部分。这不仅体现在如前文所述的祖先祭祀之中，而且更突出体现在丧葬仪式的文化糅合中。在当地广大普通村民看来，信仰观念更多体现在日常生活中的饮食禁忌以及婚丧嫁娶等实践活动上。在当地村庄，葬礼仪式保留了更多的传统文化因素，包括转经、传香、披麻戴孝等。除此之外，丧葬仪式所包含的举哀、吊唁、戴孝、头七等环节以及死生、阴阳、风水等超自然观念与传统文化因素，蕴含了与祖先崇拜密切相关的观念，构成了村民观念世界的复杂图景。

观念世界不仅局限在机构组织层面，而且更加广泛地渗透在当地民众的衣食住行等日常实践之中，更应该从日常实践考察观念的地方性与主体性。[1]因此，除了饮食禁忌，观念世界还体现在婚丧嫁娶等人生重要仪式上。前文提及，S乡村民的葬礼仪式特别是“洗、穿、站、埋”等环节蕴含了丰富的文化融合逻辑。[2]而在婚礼仪式中，包括定亲、彩礼、接亲、待客等各项环节，无论是形式还是内容，也与当地汉族村民相差无几。例如，与汉族婚礼一样，同样请婚庆公司的司仪主持，主持词同样是祝福新婚幸福、百年好合等。

图1－3　河村村民婚礼上接亲的婚车以及车内身穿白色婚纱的新娘

---

❶ 曹南来：《中国宗教实践中的主体性与地方性》，载《北京大学学报（哲学社会科学版）》2010年第6期。

❷ 李晓斐：《传统的流动与流动的传统性——以豫西南W乡为例》，载《原生态民族文化学刊》2020年第2期。

三、对立与包含：地方观念世界的阶序结构

应该如何理解弥漫于S乡村民之中的、由回汉交融所构成的地方观念世界？换句话说，上述看似内容繁多、琐碎庞杂的当地村民的观念世界内部，是否存在或者蕴含了怎样的内在结构性关联，从而将纷繁复杂的观念内涵统摄其中？

宗族的结构性或层级性在学术界已多有讨论。弗里德曼就曾总结出村落宗族、散居宗族、高级宗族三种形态。[1]在此基础上，刘仕刚将宗族视为一种带有层级性与中心性的结构体系，作为结构体系，宗族发展均包括生成、扩大、集中三个阶段，从而形成了以原子型宗族为中心并不断向外扩展联结成扩展型宗族与聚合型宗族的层级结构。[2]具体到宗族结构内部，也存在相应的中心性与层级性，这在作为后世宗族制度与观念的根基的九族五服图上就有直观体现。孔迈隆就从宗族内部的系谱分支与亲属团体入手，辨析出南北方宗族组织的两种结构——父系亲属固定谱系模式与父系亲属团体模式。北方宗族以宗族分支间的等级性谱系和平等性的家族团体为主要结构原则；南方宗族则以宗族分支间的平等性谱系和不平等的非对称分裂团体为主要结构原则。[3]国内学者同样关注南北方宗族系谱的结构性，与南方宗族那种基于父子的、纵向性的族—房模式不同，北方宗族多呈现为基于同胞平辈兄弟的、横向性的门及门型系谱模式，构成了中国宗族的北方类型。[4]鉴于南北方宗族类型学划分的大而化之，有学者以鲁东南宗族的丧礼簿为例，微观分析了兼具仪式性与经济性的华北宗族团体，既是一种相对松散的等级性结构，又同时兼容了平等原则，呈现出等级性与

---

[1] Maurice Freedman, *Chinese Lineage and Society: Fukien and Kwangtung*. London: The Athlone Press, 1966, pp. 20 - 21.

[2] 刘仕刚：《结构遗产：理解当代宗族复兴的一个新概念——以对海南张氏宗族发展历程考察为基础》，载《云南社会科学》2020年第1期。

[3] 孔迈隆：《中国北方的宗族组织》，夏也译，载《家庭与性别评论（第4辑）》，社会科学文献出版社2013年版，第159 - 186页。

[4] 钱杭：《沁县族谱中的“门”与“门”型系谱——兼论中国宗族世系学的两种实践类型》，载《历史研究》2016年第6期。钱杭：《中国的“北方宗族”与宗族的“北方类型”》，载《烟台大学学报（哲学社会科学版）》2021年第6期。

平等性相互渗透、彼此包容的复杂样态。[1]

质言之，无论是作为整体的宗族结构体系之间，还是宗族系谱与组织内部，均可以清晰地看到诸如中心与层级、横向与纵向、等级与平等的对立性关系结构。石峰更将这种结构性对立深入到同一宗族的系谱性与组织性维度之间，在某一特定时间周期（一年）内，系谱性宗族与组织化宗族是同时存在且相互对立的，其背后是日常生活与祭祖仪式的对立、神圣时间与其他时间的对立，而且在整个村庄范围内，封闭性的宗族又与跨界的会社构成了一组对立关系。[2]事实上，结构性对立关系也同样存在于信仰观念之中。例如，在充分体现汉人信仰观念的丧葬仪式中，蕴含着一种清晰的二元对立的文化意识结构，即生与死、人与鬼、阴与阳的两个世界，但并不是截然的两级对立，而是既相互对立又相互通达，并和婚与丧、红与白的对应相通一起，展现出循环再生的生命观与宇宙观。[3]而在武雅士的经典研究中，汉人社会的信仰观念世界里存在着神—鬼—祖先的相对且相通的结构性对立关系，对应的正是现实世界中的官僚—陌生人—家的对立关系结构。[4]

在S乡村民的地方观念世界之中，同样存在着类似的对立关系结构，例如祖先与子孙、等级与平等、阴与阳、鬼与神、生与死、现世与后世、洁净与不洁等。然而，在田野调查中日益发现，这种静态的二元对立及其相互转化的关系结构，似乎不足以充分涵盖当地村民观念世界的复杂样态及其变化趋势，也无法解释地方观念世界回汉融合的整体结构。对此，法国人类学家路易·杜蒙的“阶序结构”为我们提供了有益启发。[5]

---

[1] 赵丙祥：《簿上的宗族，礼下的过法：基于华北丧礼簿的微观分析》，载《民俗研究》2020年第2期。

[2] 石峰：《封闭的宗族与跨界的会社——一个汉人杂姓村的社会组织与整合机制》，载《中南民族大学学报（人文社会科学版）》2020年第4期。

[3] 郭于华：《生命的存续与过渡：传统丧葬仪式的意识结构分析》，载王铭铭、潘忠党主编：《象征与社会：中国民间文化的探讨》，天津人民出版社1997年版，第147－175页。

[4] 武雅士：《中国社会中的宗教与仪式》，彭泽安、邵铁峰译，江苏人民出版社2014年版，第137－185页。

[5] 相对于杜蒙的国际声誉，其思想理论的内涵与价值在中国学界虽被论及，但并没有得到足够的重视。国内学者关于杜蒙阶序理论的阐释，参见梁永佳：《路易·杜蒙论印度种姓制》，载《民俗研究》2005年第1期。夏希原：《发现社会生活的阶序逻辑——路易·杜蒙和他的〈阶序人〉》，载《社会学研究》2008年第5期。扎草曼、张原：《阶序格局下的祭司与国王——评路易·杜蒙的“古代印度的王权观念”》，载《民族学刊》2015年第5期。

在杜蒙看来，“阶序”不能简单等同于“等级”“阶级”“阶层”等概念，后者建立在西方近代以来基于自由、平等的个体主义的意识形态之上。而来自西方社会价值理念的个体主义意识形态是地方性的，并不具有普世意义，因此不能简单套用以解释印度社会。相反，在印度社会种姓制度的理念与实践中，广泛存在的并不是个体之间（或基于个体的群体之间）的二元对立关系，而是个体与集体、要素与整体之间既对立又包含的非对称性“阶序”结构，即“一个整体的各个要素依照其与整体的关系来排列等级所使用的原则”，其核心是“把对反涵括在内”，即该要素属于整体，但同时又和整体有别或相对立。[1]这种涵括与被涵括的对立包含关系，不仅集中体现在印度的种姓制度之中，而且作为普遍性的意识形态或总体性社会事实，广泛存在于整个印度社会的各个领域；甚至更作为一种普世性的价值伦理而存在于印度之外的世界其他社会之中，例如在西方社会早期，个体主义一直存在于被整体主义涵盖的阶序关系之中，甚至在近代以来的个体主义意识形态中，也同样隐含着个体主义与种族主义、权力与身份等对立包含的阶序结构。[2]

这种对立包含的阶序关系在中国的思想与实现中并不陌生。例如《道德经》中的“道生一，一生二，二生三，三生万物”以及阴阳五行说的宇宙观，无不蕴含着既对立又涵盖的阶序观念。在华南学派等中国区域史视野下，阶序观念则直接表现为对中国边缘与中心、区域与整体或者民间社会与王朝体系之间关系的理解上，两者相互对立但同时前者又是后者的一部分，即“中国既是‘一’，又是‘无数’”。“这个‘一’和‘无数’并不对立，而且‘一’并不是从‘无数’中抽象出来的，相反，‘一’只能借助于‘无数’才能呈现自身”。[3]

在人类学家的乡村社会研究中同样也能看到或隐或显的阶序关系结构。例如，施坚雅的区域研究特别是区域体系理论并没有明确提到对立包含关系，但在某种程度上，在他对不同层级中心与层级市场的具体论述

[1] 路易·杜蒙：《阶序人：卡斯特体系及其衍生现象》，王志明译，浙江大学出版社2017年版，第135、367页。

[2] 路易·迪蒙：《论个体主义：人类学视野中的现代意识形态》，桂裕芳译，译林出版社2014年版。

[3] 刘志伟、孙歌：《在历史中寻找中国：关于区域史研究认识论的对话》，大家良友书局有限公司2014年版，第99页。

中，隐含着阶序关系的影子：基层市场、中间市场、中心市场之间的相互区别对立的层级结构，以及高层级对低层级的涵盖以及不同层级之间在商品、信息、利益以及象征符号上的沟通与交换。❶相对而言，桑高仁更为明显地借鉴了杜蒙的阶序理论，在对台湾桃园大溪镇村庄的地方神崇拜与社区历史生成的研究中，将信仰实践中的阶序观念与二元对立观念相结合，建构出一种将中国文化视为整体的普遍性的理论模型，即阳（秩序）与阴（无序）之间的对立涵括结构，具体表现为家庭和寺庙的祭坛位置、神/鬼/祖先的观念、男性神祇和女性神祇、朝拜实践中的不同层阶，以及在各种阴阳范畴之间进行调解的“灵”的观念等；❷ 从而把所有哲学对立都涵括在“阳”秩序的终极范畴中，创造出一个人们无法轻易逃脱的知识世界。❸尽管将阴阳作为中国文化内在逻辑或深层结构的做法受到学者质疑，以及简化为一种秩序忽略了中国文化的复杂多样性，但是桑高仁的研究无疑给人类学民间宗教信仰的结构性研究带来了启发。梁永佳对大理喜洲地域崇拜中的对立涵盖的等级结构的民族志研究即是阶序理论之于民间信仰研究的又一典范。❹在新近的乡村宗族再造实践中，所蕴含的既强调个体，同时又在实践或象征层面被整体涵盖的阶序观念也被学者所关注。❺

回到 S 乡村民的观念世界，相较于简单的二元对立分析，“把对反涵括在内”的阶序结构更契合于当地地方观念的回汉交织融合，也更有助于我们从整体上把握地方观念世界的深层结构。

首先，阶序结构体现在宗族观念内部。正如前文所述，在 S 乡村民的宗族观念中，可以显而易见地识别出祖先崇拜与现世生活、世系中的纵向等级与横向平等等相互对立的要素。然而，如果深入当地村民的生活世界，可以发现，每一组对立要素均以后者为导向，被涵括于后者的范畴之

---

❶ William Skinner, Marketing and Social Structure in Rural China. *The Journal of Asian of Studies*, 1964, 24 (1), pp. 3 -43. William Skinner, Marketing and Social Structure in Rural China. *The Journal of Asian of Studies*, 1965, 24 (2), pp. 195 -228.

❷ Steven Sangren, *History and Magical Power in a Chinese Community*. Stanford: Stanford University Press, 1987.

❸ Hill Gates, Review: History and Magical Power in a Chinese Community. *The Journal of Asian Studies*, 1988, 47 (3), pp. 620 -621.

❹ 梁永佳：《地域的等级——一个大理村镇的仪式与文化》，社会科学文献出版社 2005 年版。

❺ 杨渝东：《乡村宗族再造视域中的个体化理论》，载《南京大学学报（哲学·人文科学·社会科学）》2015 年第 6 期。

中。对于当地村民而言，祖先崇拜观念从属于现世家庭成员（尤其是子孙后代）的现实生活。绝大多数年轻村民的生活重心一定是家庭生计、成员照护与子女抚养教育，对祖先来历或祖坟位置并不关注。即使是具有浓厚祖先意识的村民特别是年老村民，现实生活往往也是第一位的，其对于所在村落或所在宗族的祖先迁徙、分支脉络、宗族系谱的关心与了解，大多仅停留在茶余饭后谈资的闲聊。纵向的、等级性的宗族世系（特别突出为行辈字与五服观念）固然存在，但大多体现在婚丧嫁娶等人生礼仪的仪式之中，与此相对，宗族世系之间的横向、平等性联结在村民的宗族观念中更为重要，甚至纵向的宗族世系的重要性也多来自它能够为现实中的横向联结提供可以凭借的依据。

田野调查中多次与村民聊起行辈字与五服观念，其所产生的重要意义是一致的，即能够带来现实中的横向联结。20 世纪 90 年代末，河村的小丁在新乡市读大学，经常在学校旁边的一家饭店吃饭。饭店老板也姓丁，闲聊时发现，按照字辈，饭店老板正好比小丁低一辈，应称呼表叔，从此每次给小丁不少优惠。而对于房村的朱村长来说，“说到行辈字的意义，有一年我去鹤壁浚县送货，一个机械厂仓库保管姓朱，送货要出示收据，写上姓名。保管看到我姓朱，就问我家是哪儿的，是哪个字辈，我说了之后，对方就显得格外亲切”。

不少学者将是否（重）修族谱视为宗族观念强弱的重要指标之一，[1]但在 S 乡的村民看来，作为宗族观念的家谱，其意义指向的是现实生活中的宗族势力。在 S 乡，并不是所有姓氏都有家谱，例如河村的赵姓与丁姓、房村的朱姓与刘姓、道村的汉民姜姓等，都有或者曾经有家谱，其他许多姓氏的村民则不知道其祖上是否修过家谱。对此，房村一位村民的说法颇为典型：“国盛修史、家盛修谱，有一定势力的家族——家族成员或者当官或者有钱，才会修家谱，平民百姓整天为衣食奔波，谁去修这个？”曾经担任河村管委会主任的杨老伯在闲聊时也同样强调说：“杨家的家族成员一直以经营小生意为生，在历史上没有中过举人或做过大官，因此也一直没有编修过族谱。”

其次，不论是阴与阳、鬼神与家人、死与生，还是前定与今生、后世

---

[1] 冯尔康：《18 世纪以来中国家族的现代转向》，上海人民出版社 2005 年版，第 23 页。

与现世等，每一组对立要素都表现为以后者为导向并被后者所涵括。在S乡村民的祖先祭祀与丧葬仪式中，对祖先或鬼神祭祀与供奉的最终意义，在于对家族或家庭成员的保佑与庇护。死与生、阴与阳之间不仅可以通达交融，[1]而且阴、鬼神、死分别以阳、家人、生为导向并被后者所涵括。正如桑高仁所言，诸多对立最终都表现为阴阳对立并被涵括于“阳/秩序”的范畴之中。[2]

图1－4　河村2016年开斋节收入支出的明细公示

不仅祖先祭祀与丧葬仪式的最终意义在于对家族或家庭成员的保佑与庇护，而且，当地村民的神圣观念也嵌入现世的世俗生活之中，不仅不影响世俗的生活与奋斗，甚至更以今世的现实生活为重。这种现世性或世俗性尤其体现在村民们对于“行五功”的理解上。在S乡，每天做礼拜的人数较少，多以老年人为主，尤其是没有经济压力且有大量空闲时间的老年人。五组的丁大爷年近七十，由于家庭变故，老两口仍然为生计奔波，还要抚养孙子。在丁大爷看来，多挣钱才是实实在在的。是否坚持行礼拜，被完全涵括于世俗生活的经济与空闲之中，甚至礼拜本身也被村民赋予消

[1] 郭于华：《生命的存续与过渡：传统丧葬仪式的意识结构分析》，载王铭铭、潘忠党主编：《象征与社会：中国民间文化的探讨》，天津人民出版社1997年版，第147页。

[2] Steven Sangren, *History and Magical Power in a Chinese Community*. Stanford: Stanford University Press, 1987, p. 135.

磨时光或聚众闲聊场合的现实意义。与做礼拜相比，村民们更看重开斋节。然而，对于当地村民来说，开斋节与其说彰显神圣，毋宁说更多呈现出“节日”的意涵。在开斋节当天，村民们给逝去的亲人走坟，在周边地区打工或生活的村民也返回家中，成为一家团圆以及铭记与怀念已故亲人的重要时刻。由此，观念的神圣性不仅被赋予世俗性的理解与意义，更被以今生、现世生活为重的世俗性所涵括。

最后，阶序关系更存在于回汉融合之间。正如杜蒙将印度社会中的各种阶序形式最终归结为“洁净与不洁”对立包含的深层观念结构，我们或可将S乡村民地方观念世界中的各种不同形式的对立包含关系之中可能存在的某种深层结构概括为“神圣与世俗”的对立包含关系：具有神圣意义的祖先、鬼神、阴、死、前定、后世等观念，分别与世俗意义的子孙、家人、阳、生、今生、现世的福祉与奋斗相对立，并同时又被后者所涵括。也正是在此意义上，至少在S乡回汉融合的观念世界中，村民在深层结构上呈现出明确的一致性与亲和性：都具有以世俗为重并且被世俗性所涵括的面向。不仅如此，正因为宗族观念所固有的、为了后世子孙与现世生活的世俗指向性更为凸显，村民广泛存在着宗族观念并与其他观念相互融合，包括祖先迁徙、分支与世系、族谱、行辈字以及婚丧嫁娶仪式中的祖先崇拜和回汉文化融合。换句话说，具有强烈的世俗性倾向的宗族观念，在某种程度上将当地村民的其他观念涵括其中，形成了整体与部分的关系结构。由此，神圣与世俗的阶序关系结构构成作为整体的地方观念世界的深层文化逻辑。

四、成为当地人：地方观念的实践性

在地方观念世界回汉交融的阶序结构下，世俗性被放置于更高等级，神圣性的观念固然一直存在，但始终被涵括在世俗性的日常实践或事件之中。也正是因为这种面向世俗的指向性，编修家谱等活动成为被当地村民重视的实践内容。

在关于华北宗族已有研究中，祖坟、墓碑与族谱被广泛视为北方宗族实践的关键。对于S乡村民而言，祖坟、墓碑与族谱同样构成了村民宗族观念的重要实践形式，而且呈现出因世俗性程度不同而重要性也随之不同的排列次序。简言之，改革开放以来，S 乡村庄各个姓氏家族初始祖先的祖坟地大多已消失不在，祖坟地日益失去了承载村民现实意义的功能。在日常实践中，则体现为宗族各分支的大规模祭祖仪式的长期缺失，代之以每家每户对其直系近亲祖先（例如高祖父母与祖父母）的祭祀与纪念，即烧纸钱与走坟。而在祭祀与纪念直系祖先的层面上，不太存在同时也难以彰显出经济、政治、文化等不同社会层级的差别。

在 S 乡的丧葬仪式下，不论回汉，为逝去亲人坟前立碑是普遍的做法。墓碑上一般书写着逝者的名讳、生卒年月以及子孙后代的名字，以示纪念。田野调查观察到，虽然在坟墓的形式或墓碑的大小等方面存在些许差别，例如有的家庭将祖先坟墓用水泥硬化、用砖石砌成一圈围挡并配以材质更好的大墓碑以彰显其社会地位，但作为现实意义的载体，墓碑在形式与内容上仍然受到诸多限制。相较而言，既能包含家族世系又能记载祖先与现世家族成员重要事迹的（重）修家谱实践，则因其强烈的现实指向性而受到当地村民的普遍重视。前文所提及的鲁村徐姓村民所保存的制作精美的光绪三十三年《徐氏族谱》背后，是更为徐老爹等徐姓村民津津乐道的显赫历史："解放前，徐姓家族作为大户，好几位太祖爷都考中秀才，一共拥有 48 公顷耕地，一直绵延到现在的沟村村头。"

图 1－5　河村村民坟地前的墓碑

房村朱姓家谱的重新整理编修则是当代家谱实践的另一个案。朱姓村民集中居住在房村的二组与三组，一共大约五百口人，属同一个家族。据村民介绍，房村朱姓为朱元璋第五子朱橚的后裔，朱橚一支的字辈为："有子同安睦，勤朝在肃恭；绍伦敷惠润，昭格广登庸。"房村朱姓从敷、惠两代先祖于1798年从郑州附近迁居于此，至今已繁衍生息了九代，两百余年历史。朱家本来有一个非常详尽精致的家谱，但于1966年被烧毁。2012年，在乡政府担任干部的小朱的大伯朱老爹组织本家成员，经过走访、查阅资料以及上代族人的回忆，重新整理编修了《朱氏家谱修复本》。

我在小朱家里拿到了这份制作简易粗糙的家谱，严格说来或可称为草稿，只有寥寥十一页内容，也没有正式出版印刷，只做简单的打印装订。虽然名为朱氏家谱，其实仅主要记载了朱老爹这一分支，并没有涵盖房村朱姓所有家户的祖先世系。不过，正所谓"麻雀虽小五脏俱全"，在这份以朱老爹本门家族谱系为主的简易式家谱里，同样包含了房村朱姓的族歌、族规、祖训、座右铭，房村朱姓的来源与行辈字，本门先祖迁居房村的经历，祖先老坟的原址与迁坟位置，以及本门家族世系与生平记录等内容。也正是在家谱的文本内容上，我们看到了现世指向的鲜明特征。

朱老爹为"登"字辈，在这份家谱里，虽然也简要梳理了从一世祖（"敷"字辈）到六世祖（"广"字辈）的祖先名讳与世系，重新后续了二十个行辈字："承先光祖训，修德振家声；景富延龄须，永世庆华宗"，但是与较远的最初几代祖先世系的寥寥数语相比，除了旨在面向现世家族成员的族歌、族规、祖训、座右铭、劝子歌之外，更是详细记载了朱老爹的祖辈、父辈与包括自己在内的兄弟的生平事迹，占据了家谱的绝大部分篇幅。而朱老爹编修家谱的实践本身同样与其家族成员在当地的经济社会地位遥相呼应：朱老爹虽生活在农村，但因为精明能干、好结交、善经营，家境颇为殷实，共建有四处新宅院；子侄辈或经商或在政府部门任职，在朱姓家族乃至房村都具有较高的影响与声望。

对于当地村民而言，（重）修家谱实践具有重要的现实指向性。研究指出，回族族谱的编撰早在元代就已出现，并在明代以来形成了与汉族相一致的敬宗收族、修撰谱牒、祭祀祖先的人伦观念。[1]而且，是否（重）修

---

[1] 丁慧倩：《从明清时期回族族谱修撰看回汉文化交融》，载《中央民族大学学报（哲学社会科学版）》2022年第4期。

族谱也往往被学界视为宗族观念强弱的重要指标之一。[1]但在当地村民看来，编修族谱不仅是祖先祭祀等观念的体现，更是现实生活中家族实力强弱的象征。正如前文指出的，“国盛修史、家盛修谱”已成为当地村民对于修家谱实践的普遍认识。在河村将近二十个不同姓氏中，只有赵姓与丁姓家族编修了族谱，这并不是偶然现象，而是两大家族世俗势力的体现：赵姓人数最多，不仅占据将近一半河村人口，其分支还遍及房村、公村等周边村落；丁姓虽然在人口数量上并没有绝对优势，但是新中国成立以来，河村丁姓成员人才辈出，家族不少成员在当地的教育、企业、政府部门等领域任职，成为河村最有影响力的姓氏，事业成功的丁姓成员们不仅在经济、政治等方面与家乡联系密切，更成为编修丁姓家谱的主要推动者。由此，在现实指向的层面上，（重）修家谱实践对于 S 乡村民而言具有相同的意义。

可以说，正是在以世俗为导向的地方观念世界里，编修家谱等成为被当地村民看重的实践。观念实践背后，蕴含了展示与强化家族或个人的社会地位的相同意义，从而持续不断地激发当地村民的参与热情。需要特别指出的是，村民对于编修家谱等实践活动的积极参与，并不仅仅是村民地方观念世界的简单体现。在近来国内学者所提出的修行人类学的视野下，修行包括日常生活世界的修行实践。在日常生活意义的维度下，修行于个体而言，其实质是如何安顿身心或者说如何成为人、成为一个完整的人的过程。[2]在此意义上，普通村民对于编修家谱实践的参与也就有了日常生活世界修行的意涵：在地方世界的层面上，正是在这些观念实践过程中，地方观念世界不断地被生成与再生产；而对于广大普通村民个体而言，参与编修家谱等实践的过程也是个体对于地方观念的身心操演过程，在此过程中，地方观念世界不断地被展示、获得、内化于每一个村民个体，从而逐步塑造成为“当地人”。观念世界指向于世俗实践，并经由日常实践而得以再生产并内化于村民之中，或可视为编修家谱等实践持续不断在 S 乡村庄上演的深层逻辑。

---

[1] 冯尔康：《18 世纪以来中国家族的现代转向》，上海人民出版社 2005 年版，第 23 页。
[2] 陈进国：《修行人类学刍议》，载《宗教人类学》2016 年第 7 辑。

五、结论

这种由回汉交织与交融、神圣与世俗的对立涵括所构成的地方观念世界，蕴含了怎样的理论与现实意义？一个显而易见的理论意义是，地方观念世界的整体性视角更有助于把握文化交融的真实图景。从表面上或者在一般大众的认知里，回汉的区别似乎是不言自明的。与此不同，本书的分析则呈现了一个民族乡的地方观念世界回汉交互交融的复杂性、结构性与实践性。

要言之，以祖坟地与墓祭为核心的祖先崇拜观念、体现为五服和行辈字的世系观念、婚丧嫁娶仪式上的同族相助观念，与祖先崇拜密切相关的阴阳、生死、风水，以及前世、后世等观念之间相互交融，构成当地村民地方观念世界的复杂样貌。然而，观念世界相互交融的复杂性并不是杂乱无章的，而是蕴含着神圣与世俗对立包含的阶序结构，从而将村民的各种观念捏合成一个以世俗实践为取向的观念整体，即一个“寓圣于俗”的地方观念世界。在这里，世俗性现实生活被村民们赋予更为优先的位置，从而使地方观念呈现出鲜明的实践性特征。这种实践性既是S乡当地村民在世俗世界中的社会、经济地位在观念世界的反映，又是地方观念不断生成并由此使村民们习得成为“当地人”的媒介。

由此，地方观念世界的整体性及其回汉交融的内在阶序结构为我们理解与解释以S乡为代表的中原民族乡村的民族交融提供了文化上的解释。在河南省，一方面，作为典型的少数民族散居省份，河南省的少数民族人口在全国未建立民族自治地方的省份中居第一位，其中回族122万人，仅次于宁夏与甘肃，居全国第三位，全省共有数十个回族乡（镇）及数百个回汉杂居的行政村；另一方面，对于绝大部分回族乡村的村民而言，由于世居于此，经过数百年回汉杂居共处，在长期交往中早已形成了“你中有我、我中有你”的民族交融的特定秩序。如何理解这种民族交融的特定秩序？毋庸置疑，村民之间的经济、政治、社会交往是其中的重要内容。但是，文化观念的维度同样不容忽视，在某种程度上更是民族交融行为背后的内在基础。

在此意义上，S乡观念世界的回汉融合与阶序结构为从文化上理解民族交融的基础提供了很好的参照：虽然村民在日常习俗等方面存在差异性，然而地方观念世界所呈现出的神圣涵括于世俗的结构与实践，无不体现出当地村民在观念世界的深层结构中的一致性。这种一致性不仅是数百年当地村民持续不断地交流交融的结果，更为我们提供了一个在日常实践语境下民族交融的当代例证。习近平总书记指出，坚持以铸牢中华民族共同体意识为主线的新时代民族工作，重要原则之一就是要“正确把握共同性和差异性的关系，增进共同性、尊重和包容差异性”。[1] S 乡村民的“寓圣于俗”的观念世界，既是对作为枝叶的民族文化融汇于中华文化主干这一时代要求的典型体现，又是理解当地村民的民族交融以及铸牢中华民族共同体意识实践的文化基础。

---

[1] 习近平：《以铸牢中华民族共同体意识为主线 推动新时代党的民族工作高质量发展》，载《习近平谈治国理政（第四卷）》，外文出版社 2022 年版，第 246 页。

第二章

超越族群：区域认同建构与地方交融

党的民族工作创新发展……要正确把握共同性和差异性的关系，增进共同性、尊重和包容差异性是民族工作的重要原则。……各民族优秀传统文化都是中华文化的组成部分，中华文化是主干，各民族文化是枝叶，根深干壮才能枝繁叶茂。

——习近平《习近平谈治国理政》

2017年10月18日，习近平总书记在党的十九大报告中指出，“全面贯彻党的民族政策，深化民族团结进步教育，铸牢中华民族共同体意识，加强各民族交往交流交融，促进各民族像石榴籽一样紧紧抱在一起，共同团结奋斗、共同繁荣发展”。[1]在2021年中央民族工作会议上，习近平总书记进一步阐述了以铸牢中华民族共同体意识为主线的新时代民族工作的思想内涵，明确指出“促进各民族交往交流交融，逐步实现各民族在空间、文化、经济、社会、心理等方面的全方位嵌入”。[2]与此相应，“民族交往交流交融”与“铸牢中华民族共同体意识”成为学界民族研究的热点议题，中国知网上以此为主题的各类文献共有四千篇以上。

目前学界关于“民族交往交流交融”与“铸牢中华民族共同体意识”的研究，可以粗略地分为两大方向：一是对其理论内涵与实现路径的宏观分析，此类研究大多站在国家战略的高度，分析民族交往交流交融的内在逻辑[3]、铸牢中华民族共同体意识的理论内涵[4]及其实现路径[5]；二是对特定地域民族交融以及民族共同体建构的微观调查，往往基于对多民族杂居的村庄、乡镇、区域的田野调查，从各民族村民或居民在日常生活中的交

---

[1] 习近平：《决胜全面建成小康社会 夺取新时代中国特色社会主义伟大胜利——在中国共产党第十九次全国代表大会上的报告》，人民出版社2017年版，第45－51页。

[2] 习近平：《以铸牢中华民族共同体意识为主线，推动新时代党的民族工作高质量发展》，载《习近平谈治国理政（第四卷）》，外文出版社2022年版，第247页。

[3] 高永久、杨龙文：《马克思主义交往理论视域下的民族交往交流交融：概念内涵与逻辑依循》，载《广西民族大学学报（哲学社会科学版）》2022年第4期。

[4] 青觉、徐欣顺：《中华民族共同体意识：概念内涵、要素分析与实践逻辑》，载《民族研究》2018年第6期。

[5] 麻国庆：《民族研究的新时代与铸牢中华民族共同体意识》，载《中央民族大学学报（哲学社会科学版）》2017年第6期。

往交流交融的具体实践出发，提出对于民族交融以及铸牢中华民族共同体意识的理论理解与相关对策。

通过梳理可以发现，一方面，民族交往交流交融作为铸牢中华民族共同体意识的应有之义，既是其理论内涵的组成部分，又是中华民族共同体建构的必然路径，成为学界共识；另一方面，相较于广泛大量的宏观分析而言，基于田野调查的微观深入研究则相对较少。正如有学者所言，除了系统建构新时代民族政策体系，还应该眼光向下挖掘各民族交往交流交融的地方实践，以此为宏观层面的中华民族共同体提供社会基础。[1]由此，从具体村落的民族交融地方实践出发，进而理解中华民族共同体意识建构的微观基础，无疑成为当前民族研究的重要方向。

无论是民族交融还是中华民族共同体意识，均离不开对"民族"或"族群"这两个核心概念的理解。民族与族群虽然产生于中西不同语境并分别具有不同的使用任意性与政治规定性，[2]但在中国学术话语与政治实践的一般用法中，"民族"更强调借由国家政治力而产生与确认，与国家治理密切相关；"族群"更倾向于不同群体之间的互动而自然产生、建立在群体成员主观认同基础之上的含义，属于社会关系范畴。[3]换言之，"民族"与国家密不可分，相对而言，"族群"则更强调地方性的维度。因此，在具体村落地方实践的层面上，民族交融就被转换或体现为族群的互动、交流与融合，即族群性问题。基于以上分析，本章所要探究的主要问题是，如何从族群性的角度理解具体村落的民族交融以及铸牢中华民族共同体的地方实践。

众所周知，族群性概念的兴起与挪威人类学家巴特密切相关。在一篇影响深远的导言中，巴特明确反对将族群视为一群有着固定清晰的文化特质的客观性实体，族群并非基于同一文化特质或文化差异的本质化，而是体现为群体成员主观上的自我认同以及群体之间的有机互动，族群边界的

---

[1] 李文钢：《从多民族杂居村寨的村落共同体理解中华民族共同体的社会基础——基于贵州省乔央村的观察与思考》，载《西南民族大学学报（人文社会科学版）》2021年第10期。

[2] 范可：《中西文语境的"族群"与"民族"》，载《广西民族学院学报（哲学社会科学版）》2003年第4期。

[3] 斯蒂文·郝瑞：《田野中的族群关系与民族认同——中国西南彝族小区考察研究》，巴莫阿依、曲木铁西译，广西人民出版社2000年版，第260－268页。范可：《略论族群认同与族别认同》，载《江苏行政学院学报》2015年第4期。

建构、变动与维持是族群研究的关键。[1]自此，族群性成为不同主体遭遇的问题，突出体现为一种主体间性。[2]族群性并不是固定不变的，而是相对的、情境性与过程性的，是群体之间相互交往的社会关系，经由有着密切联系的相邻群体的日常互动而产生，日益成为人类学族群研究的共识。[3]在此意义上，族群之间的互动与交流正是族群性概念的固有内涵。在随后的研究中，一方面，将文化概念带回族群研究之中，重新强调族群认同的复杂性及其蕴含的文化差别；另一方面，通过同一区域族群互动所建构的区域认同来突破族群边界的限制，成为族群性研究的新方向。[4]由此，族群边界的建构、流动与超越作为族群互动的三个层次，构成了理解具体村落民族交融实践的重要理论参照。

基于此，本章从巴特的族群边界理论及其超越入手，分别从族群边界的文化建构、族群边界的流动、族群边界的超越三个方面考察 S 乡回汉文化边界的建构以及文化特征的差异性和一致性、基于流动族群边界的村民日常交往与融合，以及回汉交融所形成的超越族群边界的村落/区域认同，以此揭示作为铸牢中华民族共同体意识微观基础的民族交融地方实践的意义与价值。

一、文化边界的实与虚：异同与建构

有研究指出，河南省有回民定居最早出现于唐宋时期，在元代以屯田落籍、为官留居等方式形成第一个定居高峰时期。在此基础上，随着明清时期移民、经商、传教、避难等活动扩展至河南省各地，构成了河南回民分布的基本格局。[5]在河南省中部 S 乡所在的县，根据县民族宗教事务局编

---

[1] Fredrik Barth, "Introduction", in Fredrik Barth, ed., *Ethnic Groups and Boundaries: The Social Organization of Cultural Difference*. Boston: Little Brawn, 1969, p. 10.

[2] 范可：《何以"边"为：巴特"族群边界"理论的启迪》，载《学术月刊》2017 年第 7 期。

[3] Thomas Hylland Eriksen, *Ethnicity and Nationalism: Anthropological Perspectives*. Colorado: Pluto Press, 1993.

[4] 黄应贵：《返景入深林：人类学的观照、理论与实践》，商务印书馆 2010 年版，第 193－195 页。

[5] 胡云生：《河南回族来源考略》，载《中南民族学院学报（哲学社会科学版）》1995 年第 5 期。

纂的县回族志暨宗教志的记载，元代宪宗六年（1256 年）有回族将领带领降民来此冶铁、屯田。作为该县回民聚居的自然村群的 S 乡，形成与分布和这一趋势基本一致。S 乡傍水不依山，有一条宽阔的大河穿境而过。据记载，早在北宋时期，这条大河作为漕运汴京的主要河道，地势平坦的这一地方既是漕运下船的码头，又是上游山区木材、药材等货物的集散地，从而在此处形成村落。元代初叶，由于连年战乱，土地荒芜，开阔平坦、交通便利的 S 乡所在地周围为军屯选中，逐渐成为该地区最早的回民聚居的村群，包括周围七个自然村落，且村落之间相距均在一两公里之内。可以说，与河南省许多有着悠久历史的乡村类似，S 乡的这些村落，早在宋元时期就形成了聚居点，数百年来杂居共处，在长期的族群交往、互动与交融过程中形成了既差异又一致的文化认同。

图 2－1　河村清真寺内保存的从乾隆四十三年到民国初年的十座重修或增建寺内建筑的石碑；据碑文推算，河村清真寺建于明代后期

与族群性相似，文化认同也经历了从本质论到建构论的认识过程。在当前的用法中，认同并不再是本质主义的，而是策略性与位置性的概念，即认同并不意味着稳定的、一成不变的自我内核，而是在相互交叉与对立的话语、实践和立场上建构起来的，处于不断变化与转型之中，因此，认同概念是在“成为”而非“存在”的意义上被使用，涉及的是我们会成为谁、如何被表征以及如何表征我们自己。[1]在S乡，文化认同的这种建构性与表征性主要体现在当地村民对于自身与对方文化特征及其异同的观念上。

田野调查之初，每当问起当地村民有何区别时，总会得到许多似是而非的答案：有的村民说，回汉之间区别很大，主要表现在对教育的态度、生计传统等方面；而有的村民则认为回汉之间在日常生活实践中其实并没有太大差别。随着田野调查的深入，我们看到，在教育与生计上，固然存在着文化特征的表面差异，但是这种文化差异更应被理解为当地村民的主观建构或想象，是当地村民在数百年来日常交往互动之中所形成的对于自身及对方的文化认同的体现。而当地所谓区别及其背后的复杂一致性，不仅意味着当地村民在认同建构过程中所生成的族群文化边界的虚虚实实，而且构成了村民长期交往交流交融实践的重要前提。

（一）文化教育的差异与想象

田野调查初期，很多村民介绍说，与周边村民比起来，回族村民不重视教育。随着深入考察就会发现，这种差异可能更多的只是部分村民的一种表面认知或想象。新中国成立前，只有地主或富农家庭的孩子才有上学的条件与机会，一般贫苦家庭则大都上不起学，更不用提对教育的态度。新中国成立后，村民在受教育方面大体一致，并没有太大差别。在房村，如今60岁左右的村民，大体上都是初中文化水平，也有少数人上了高中，考上大学的则凤毛麟角。在河村，60岁左右的数百位村民中，当年一共只有六个人上了高中，绝大部分则初中没有毕业。改革开放以后，当地各村的学校老师和家长们都意识到考大学是农村孩子的出路，开始向孩子灌输这种认识，更加重视学习与教育。河村丁校长的邻居有一个孩子高三复读了七年终于考上了大学，现在市里当副局长。但是这种复读多年的情况毕竟是少数，对于一般家庭来说，只要孩子愿意上学，一般都会尽全力支持；但是如果孩子成绩不好、不愿意学习，也就不再勉强。

---

[1] Stuart Hall, Introduction: Who Needs Identity? In Stuart Hall and Paul Du Gay eds., *Questions of Cultural Identity*, SAGE Publications, 1996, p. 4.

20 世纪 80 年代到 90 年代，学习成绩好的初中生普遍选择报考中专与中师，因为毕业后可以分配工作，1998 年之后，中专中师取消了毕业包分配，选择考中专中师的优秀学生就几乎没有了。田野调查期间，我详细统计了 S 乡初中从 1987 年到 1998 年考上中专与中师的人数（见表 2.1）。可以明确看出，在考上中专中师的人数方面并不存在较大区别。不论回汉，如果考上大学，包括中专和中师，也都会待客庆祝。但是，能考上大学的毕竟还是少数，在 S 乡，大多数小孩初中毕业后就不再上学，或者跟家人亲戚学做生意，或者出去打工。

表 2.1　1987—1998 年 S 乡初级中学考取中专与中师的人数

民族	1987 年	1988 年	1989 年	1990 年	1991 年	1992 年	1993 年	1994 年	1995 年	1996 年	1997 年	1998 年
回族	1 人	1 人	1 人	0 人	0 人	0 人	2 人	0 人	0 人	3 人	0 人	1 人
汉族	缺	缺	2 人	0 人	2 人	1 人	0 人	0 人	2 人	3 人	1 人	0 人

那么，为什么当地一些村民会有教育重视程度差异的看法呢？其中一个原因，在于传统上村民对于孩子能否考上大学的不同态度。大体来说，在历史上，由于不同的生计模式，特别是回族村民的做小生意传统，即使孩子考不上大学，也可以学做生意，因此对于孩子能否考上大学，多持一种顺其自然的态度。事实上，正如前文所述，当地村民实际接受教育的程度以及考上中专中师或大学的人数并没有太大差别。近年来，随着大学扩招以及做生意的困难，S 乡年轻一代的父母日益认识到孩子学习教育的重要性，为了让孩子接受更高质量的教育，越来越多家长选择把孩子送到县城学校读书，宁愿交学费去县城学习也不愿意在当地的乡村学校免费上学。至此，不论是实践层面还是观念层面，当地村民在孩子教育重视程度上几无差别。

（二）传统生计习性的差别与变迁

在传统的生计方式上，做小生意在回民群体中非常普遍，商业文化甚至被视为回族文化的根本特征。[1] S 乡村民的传统生计方式也体现出这种差异。新中国成立前，当地做小生意的人非常少，贫穷的汉族村民也大多以

[1] 季芳桐：《回族文化的根本性特征》，载《西北民族研究》2018 年第 1 期。

给地主种地为生，那些家业大的地主们除了拥有大量良田以外，即使有生意也都是大生意。与此不同，当地回族村民大多以做小生意为生，特别是与牛羊相关的小生意。改革开放以后，从事牛羊毛皮等小生意的人数更多，几乎每家每户都曾做过与此相关的小生意。一直到现在，S 乡各村集市上的小饭店、早餐摊点也大多由当地回民经营。

传统生计方式的差异造成了当地村民在生计经营上的不同“习性”。布迪厄将人们在长期日常实践中所形成的性情倾向系统称为习性或者惯习，既是人们在日常实践中生成的、身体化的、不假思索的性情结构，又与外部社会条件相结合而再生产出新的实践。[1]在当地村民从事的小生意中，不论是做牛羊毛皮、夜市小吃还是开饭店，特征均是本钱少、风险低、收益快。但这些小生意挣不了大钱，只能是维持生活或者挣些小钱。更为重要的是，做小生意必须斤斤计较、精明算计，否则就赚不到钱。祖祖辈辈做下来，形成了熟门熟路、几乎人人都会做的短平快生意经或文化图式，这也是 S 乡村民对于当地不同的传统生计习性的一致看法。

需要指出的是，生计习性差异虽然存在，但不是本质主义的。在个体层面上，村民内部均存在着差异。因此，传统生计习性的差异更是当地村民对于自身与对方文化边界的主观建构。更为重要的是，这种习性更多体现在老一辈以及传统生计模式的村民身上，随着与外部世界经济社会交往的日趋频繁以及教育水平的提高，年轻一代村民几乎完全摆脱了这种传统生计习性，生产经营视野更加开阔，村民们在生计上的文化边界也随之不复存在。

综上所述，在对族群文化认同的早期研究中，不同族群对于某些文化特征的本质占有被或多或少地强调。例如，正是基于西北地区穆斯林群体独具特色的异文化特征，李普曼做了详尽的整体性历史考察并将之概括为“熟悉的陌生人”。[2] 与此不同的是，新近研究不再简单地从占有某种文化特质的角度考察文化认同，而是放置于族群互动的视野下，某些文化特征

[1] 布迪厄：《实践感》，蒋梓骅译，译林出版社 2003 年版，第 83 页。

[2] Jonathan N. Lipman, *Familiar Strangers: A History of Muslims in Northwest China*. University of Washington Press, 1997.

更多体现为族群共同建构的产物。[1]在本部分讨论中，我们清晰地看到村民的文化边界居于客观差异与主观建构之间的特征。一方面，不论是信仰、教育还是生计，这些看似区分当地村民“他我之别”的文化特征或文化边界，虽然存在于历史或当今的地方社会，但是这些差异的文化特征并不是固定静止之物，不仅不为村民所“占有”，也不存在本质性的区别，表面差异的背后表现出内在逻辑上的一致性；另一方面，所谓族群的文化特征与边界，更多存在于村民相互交往的主观建构与表征层面，毋宁是村民在日常交往交流实践中对于自身以及对方的族群认同的主观建构与想象，从而在当地村民具体的日常实践中呈现出更为复杂的多样性与明显的情境性，是一种虚实相间的族群边界。

二、跨越边界的流动：回汉村民的交往融合

在巴特的族群理论中，边界与交往是相互交织、一体两面的：一方面，族群边界或族群区分并非依赖于不流动、不接触，而是建立在族群之间相互交往、排斥与融合的社会关系进程基础之上，因此文化特质之于族群的重要性，并不是本质性的先天赋予，而在于族群交往融合的结果；另一方面，族群之间稳定、持续且极为重要的社会关系也无法脱离族群认同或族群边界而单独存在，社会关系正是通过族群成员跨越边界的不断流动而得以维持。[2]在此意义上，郝瑞明确指出，族群认同与族群互动是同一个过程的不同部分，必须相互结合在一起才能够被理解。[3]在S乡，我们已经看到，村民之间的文化边界是当地村民长期共同生活互动的认同建构，从而呈现出异同交错、虚实相间的景象。与此同时，正是基于这一虚实相间的文化边界之上的跨越与流动，村民持续不断地进行着日常生活的交往、交流与交融，尤其体现在村民之间的通婚与族群身份认同的互换上。

---

[1] 张亮：《“清真”知识体系与生活方式——以呼和浩特市回民区通道街为例》，载《开放时代》2011年第2期。

[2] Fredrik Barth, “Introduction”, in Fredrik Barth, ed., *Ethnic Groups and Boundaries: The Social Organization of Cultural Difference*. Boston: Little Brawn, 1969, p. 9.

[3] Stevan Harrell, Ethnicity, Local Interests, and the State: Yi Communities in Southwest China. *Comparative Studies in Society and History*, 1990, 32 (3), pp. 515 – 548.

（一）通婚

回汉通婚对于回族而言并不新奇，某种程度上回族共同体的形成即与回汉通婚密不可分。[1]在形成过程中，在明朝中后期形成族内婚或教内婚的传统；但是近代以来回族与其他族群的族际通婚成为趋势，回汉通婚现象一直存在。[2]特别是新中国成立后，随着新的意识形态以及婚姻自主观念的确立，回汉通婚数量较之以前大为增多，一度引起广泛讨论。[3] 20 世纪 80 年代以后，回汉通婚更加普遍，现代化水平和杂居程度越高的地区，回汉通婚率和对于回汉通婚的接受程度也越高。[4]

在大杂居、小聚居的居住格局与共同生活下，S 乡的回汉村民之间的日常交往与相互嵌入是全方位的。在村民日常交往中，回汉通婚是其中的重要内容。一方面，由于周边回族村落比较集中，嫁娶多集中在该县或邻县的范围，全乡各个村庄之间以及村庄内部嫁娶现象较为普遍；另一方面，回汉通婚一直存在并被当地村民所接受。田野调查期间，通过对当地 60 岁以上村民的随机调查与询问发现，回汉通婚的情况并不少见。每个村民小组，60 岁以上村民回汉通婚的户数均在十户以上。改革开放以来，随着越来越多的村民在外地打工或工作，S 乡的回汉通婚更为普遍。对于“90 后”或“00 后”等年轻一代的村民而言，“谈恋爱结婚不会特意考虑民族，关键是喜不喜欢”。

需要指出的是，在 S 乡，无论回汉，娶妻难成为当前摆在许多男孩家庭面前的一大难题。由于外出打工的流行，留在当地农村的适龄女孩非常少。在当地人观念里，理想状态是 20 岁之前订婚，二十一二岁结婚。如果到 26 岁以上还没有对象，就很难娶上媳妇了。超过 26 岁还没有结婚的年轻人，在全乡的每个村庄都有相当的数量。据粗略统计，河村这样的年轻人多达两百人，其中有不少人家庭条件并不差，但仍然没有人说媒。“女孩太少，只要有女的愿意嫁过来就行。”在此背景下，民族标签之于婚恋

[1] 邱树森：《中国回族史》，宁夏人民出版社 1996 年版，第 361－380 页。

[2] 李红春：《回族婚姻制度的历史变迁及文化解读》，载《西南边疆民族研究》2017 年第 1 期。

[3] 翟一帜：《20 世纪 50 年代回汉通婚问题研究》，载《中北大学学报（社会科学版）》2017 年第 1 期。

[4] 连菊霞：《新中国成立以来回汉通婚的发展变迁及研究述评》，载《学术交流》2012 年第 4 期。

的重要性更为弱化。

（二）回汉村民族群认同的转换

在中国语境的族群与族别概念中，族群性的本质是社会关系，是不同群体之间以及群体与国家之间互动的结果，因此族群认同更多表现为地方性特征，并具有较强的流动性，可以在互动中根据需要游移于不同的认同之间；与此相对，族别认同则是国家治理术的组成部分，是国家对人口进行分类的结果，是先赋的、固定性的，一经确立即很难改变。[1]在S乡，除了族群因素在当地村民婚嫁实践中的逐渐消解，在当地村民的观念里，甚至族群界限本身也并没有那么严格刻板，而是可以随意流动与相互转化。村民们对于族群认同也是流动性的，既有汉民改为回民，也有从回民变为汉民再次改为回民。更有甚者，在改革开放之初的一段时间，由于当地基层户口管理的松散，还出现了官方户口与族别身份的改变。

在当地村民看来，只要遵从饮食禁忌与风俗习惯，就意味着族群身份的改变。可以看出，在当地村民的观念世界里，户籍文件上的民族是官方的认定，而在地方观念与实践中，族群是可以流动与转换的，族群边界消失在民间朴素的日常逻辑之中。即使是正式的官方身份，在一段时期内也可以随意转换。九组有几户王姓村民，有一年家里老人亡故，正好遇到洪水，阿訇无法过河主持葬礼，再加上其他矛盾，这家人一气之下买了棺材，按照汉族村民的风俗习惯下葬，并且宣布“变成”汉民。仍然遵从饮食禁忌，但葬礼遵循汉族方式。十几年前，这几户人家又重新改为原来的葬礼仪式，恢复了原有的民族成分。

一组的党小组长吴大叔一家也经历了类似的转换过程。吴姓村民只有十余户，属于同一家族。在旧社会，吴大叔的奶奶带着他的父亲与伯父到此生活，至今只有三代。老家是平顶山地区的一个山村，由于家里太穷，一家人乞讨逃荒来到此处，并落户下来。“逃荒的人没有目标，要饭逃荒，走哪儿吃哪儿，来到这里以后就定居了，有口饭吃就行，因此也是偶然。”最初住在村里一处荒废的破烂草房，靠给当地的地主或富农当“种地户”为生。新中国成立后，全家分得土地，成为当地村民。现在老家仍然有亲

---

[1] 范可：《略论族群认同与族别认同》，载《江苏行政学院学报》2015年第4期。

戚在，早年也常回老家看看。吴大叔介绍说，当年一家人来此生活，饮食风俗逐渐按照当地习俗。奶奶去世时也按照当地风俗下葬。现在的老吴很热心小组公共事务，担任党小组长一职。

在对帕坦人在东、西、南、北各个边界的族群认同的维系与变迁的详细考察中，巴特清晰地指出，族群身份认同的作用是作为纳入、排除与互动的类别。因此，当人们的行为被评价不高同时旁边又有替代性身份认同可以选择的地方，为了避免失败或者获取生活上的优势，个体行动者会毫不犹豫地跨越族群边界，从而改变族群认同。[1]由此，族群认同并不是固定不变的，在不同、变化的背景下，个体行动者往往会做出相应的认同选择。在S乡的上述案例呈现中，与帕坦人族群认同选择相一致的是，对于董姓村民、王姓村民以及吴大叔一家而言，由于族群边界的流动性，族群认同的往返改变既是当地村民长期共存生活交融的自然产物，也清晰体现为个体村民在生活挫折或窘迫背景下为了更好生活的选择与应对。

三、族群边界的超越：区域认同的地方实践

族群边界理论摆脱了将族群与本质性的特定文化实体一一对应的局限，从而开创了族群性研究的新阶段。然而，巴特以边界定义族群，在使族群性成为互动而非静态概念的同时，也造成了对文化与族群性之间关系的忽略。[2]对此，一些研究者聚焦于由不同的族群文化所建构的区域认同，试图以此跳出巴特由边界界定族群的限制：在地方社会，不同族群文化或来自不同地方的人交错生活、相互沟通，再加上象征性沟通系统早已超越人与人的直接互动，使得个人乃至族群日常生活的界限不再清楚一致，他们建构的区域认同或族群文化认同超出了族群边界的范围，而是以地方或区域来认定。[3]在本节将看到，在长期杂居共处过程中，S乡村民不仅频繁发生着基于族群边界及其流动的民族交往、交流、交融的日常实践，更是

---

[1] Fredrik Barth, "Pathan Identity and Its Maintenance", in Fredrik Barth, ed., *Ethnic Groups and Boundaries: The Social Organization of Cultural Difference*. Boston: Little Brawn, 1969, p. 132.

[2] Hans Vermeulen and Coro Covers, eds., *The Anthropology of Ethnicity: Beyond "Ethnic Groups and Boundaries"*. Amsterdam: Het Spinhuis, 1994.

[3] 黄应贵：《返景入深林：人类学的观照、理论与实践》，商务印书馆2010年版，第195页。

在日常交往中产生了以村民小组（即集体时期的生产队）与村落为单位的地方区域认同，从而超越了族群边界。

区域认同与共同体密不可分。共同体概念最早出现于14世纪，意指普遍、共同的关系或情感。[1]在社会学与人类学的学术脉络里，“共同体”概念具有关系性和地域性两大基本内涵：关系性强调作为人们特定联结方式并与“社会”相对立，是基于自然意志（情感与信任）的联结体以及相应的群体认同与团结感，[2]这一内涵也存在于涂尔干、韦伯等经典社会学家的论述中；地域性则强调作为现代社会一部分的地域性共同体，凸显共同体的地域性与区位性。[3]在此基础上，学界围绕共同体概念，形成了两种主要理论：文化论强调共同体意识与群体认同，结构论强调共同体组织、权力等特征，研究者大多将两者结合，群体、范围与认同被视为共同体的核心。[4]就共同体的地域范围而言，在S乡村民的地方观念与交往实践中，虽然内部整合度与社会交往紧密程度各不相同，但是可以粗略地划分为以生产队/村民小组、村落、跨村落区域为单位的三种不同层级的共同体。在这三种类型的共同体之中，村民的族群边界被区域界线所取代，随之产生了生产队/村民小组、村落、跨村落区域的共同体意识与地域性认同。

其一，生产队/村民小组的共同体意识与认同。集体时期的生产队既是生产、核算、分配的行政单位，更是建立在血缘、邻里、朋友、熟人集合之上的熟人社会，正因如此，人民公社改为“三级所有、队为基础”之后才得以持续与稳定。[5]改革开放后的村民小组正是由生产队变迁而来，从而继承了原有生产队的遗产，包括本生产队内部的土地承包权等物质性遗产，以及成员共同劳动、强力交往互动与人情往来的共同体精神遗产，使得村民小组仍然是真正的熟人社会，基于原有生产队的认同依然存在。[6]虽

---

[1] Raymond Williams, *Keywords: A Vocabulary of Culture and Society* (*Revised edition*). New York: Oxford University Press, 1985, pp. 75-76.

[2] Ferdinand Tönnies, *Community and Civil Society*. Cambridge University Press, 2001.

[3] 李荣山：《共同体的命运——从赫尔德到当代变局》，载《社会学研究》2015年第1期。

[4] Stephen Vaisey, Structure, Culture, and Community: The Search for Belonging in 50 Urban Communes. *American Sociological Review*, 2007 (6).

[5] 张乐天：《告别理想：人民公社制度研究》，上海人民出版社2005年版，第195页。

[6] 贺雪峰：《村民组与农民行动的单位——安徽肥西县小井村调查》，载《中共宁波市委党校学报》2005年第6期。

然家庭联产承包责任制与村民自治等经济政治制度的广泛实施，村民小组的集体生产功能与集体所有权不断虚化甚至消失，但是村民小组依然作为农民日常交往和人情往来的社会生活共同体发挥重要作用。❶

在S乡，不论回汉村庄，村民们的日常交往同样多以村民小组为基本单位，特别是对于人数众多的村庄，人们日常交往更是大多仅限于其所在的村民小组或居住较近的周边邻里之间。在面积大且人数多的村庄，村民们大多与本小组的村民交往密切，对于本小组各家情况有基本了解，对于其他小组则没有那么熟悉。七组组长赵民40多岁，全村4000多人中熟知交往的大概有30%，大多是本组村民、本家族居住其他小组的村民、住得较近的邻里街坊以及其他一些朋友，对于居住较远且没有日常交往的其他村民，有的叫不上名字但知道是本村人，有的甚至不认识。

对于同时包含回族与汉族的村民小组来说，由于从集体时期的生产队所延续下来的比较紧密的共同体意识，回汉之间的日常交流互动更为密切。房村第一与第五村民小组即是如此。在一组与五组内部，从集体时期到现在，在村民葬礼上都会相互帮忙，上礼吊孝以及帮忙抬棺木等。在婚礼上同一小组的村民之间也相互随礼。而对于一组与五组的村民来说，“都是邻居乡亲，小时候就一起玩耍，并不觉得有任何不同”。

其二，村落内部的回汉联结与认同。在中国乡村研究领域，能否将村落视为乡村社会的基本研究单位，以及村落是否为成员彼此熟悉、相互依赖、内部高度整合的共同体，有着广泛的争论。对于是否存在村落共同体的著名争论始于20世纪40年代的日本学术界的“戒能—平野论战”，平野义太郎与清水盛光认为中国村落具有强烈的共同体性质，戒能通孝与福武直通过对中日村落的比较指出中国村落并不是共同体性质，即使有也非常淡薄。❷后来学者大多倾向于接受戒能通孝的观点并对两者进行综合与发展，相继提出了硬性/柔性模式、漩涡模式等更为弹性、有解释力的模

❶ 吴理财：《村民小组的历史变迁及其基本逻辑》，载《社会学评论》2021年第4期。

❷ 李国庆：《关于中国村落共同体的论战——以“戒能—平野论战”为核心》，载《社会学研究》2005年第6期。

式。[1]国内学者也从乡村共同体的相对性与弹性[2]、大小共同体的区分[3]等不同角度对村落作为共同体与基本单位进行质疑与讨论。与此同时，不同历史阶段下乡村共同体的不同性质特征也被学者们所认识，例如传统乡村社会的封闭—开放的动态模式[4]，以及新中国特别是集体化时期乡村共同体的生产性与政治化等。[5]可以说，中国乡村从来都不是严格意义上内部高度整合、高度一致与相互依存的共同体，更接近于如费孝通“差序格局”“社群”等概念所呈现出来的弹性的、边界模糊的、相对松散的共同体聚合，成为乡村研究中的一致性认识。[6]

村落共同体具有相对性与薄弱性等特征，而且在流动性日益增强的今天，村落更加呈现出日益离散的趋势。但是在 S 乡，就回汉交往融合而言，本村内部的回汉村民之间的日常交往仍要频繁、密切得多，尤以回汉杂居的房村为代表。在房村，回汉村民交往程度要比与其他村庄更为密切，“毕竟属于同一个大队”。正因如此，在开斋节等重要节日，房村村民都会积极捐款。更能体现房村内部的密切交往是本村内部不少回汉村民之间互认“干亲”。以结干亲的形式建构的拟制亲属关系网络在河南省广大农村较为普遍，[7]有研究指出，回汉村民互相结为干亲其实并不是河南省所独有，在西北等其他地区也广为存在。[8]在 S 乡以房村为代表的回汉杂居村庄中，村民之间也往往通过这种方式来强化个体或家庭之间的交往与联结。“只要两家关系好”，由此建立一种虚拟亲属关系的紧密联结。

其三，村落之间的区域性交融。除了村落之外，地方区域作为乡村社

---

[1] 川濑由高：《日本关于汉人农村的“共同体”论与“祭祀圈”论——回顾与展望》，载《中国研究》2014 年第 1 期。

[2] 费孝通：《个人·群体·社会——一生学术历程的自我思考》，载《北京大学学报（哲学社会科学版）》1994 年第 1 期。

[3] 秦晖：《“大共同体本位”与传统中国社会（上）》，载《社会学研究》1998 年第 5 期。

[4] William Skinner, G. Chinese Peasants and Closed Community: An Open and Shut Case. *Comparative Studies in Society and History*, 1971, 13 (3).

[5] Vivienne Shue, *The Reach of the State: Sketches of the Chinese Body Politics*. Stanford: Stanford University Press, 1988.

[6] 李晓斐：《田野中的乡村与乡村田野工作的新挑战》，载《北京社会科学》2018 年第 5 期。

[7] 黄岩、丛晓峰：《民间社会的拟亲属关系研究——以河南省 J 村认干亲现象为例》，载《中共济南市委党校学报》2011 年第 2 期。

[8] 李静、戴宁宁：《文化人类学视野下的回汉民族“干亲交往”——以宁夏固原市为例》，载《宁夏社会科学》2010 年第 9 期。

会的重要单位，同样在乡村人类学领域被广为关注。例如，施坚雅的区域体系理论将基本研究对象界定为环绕在市场集镇周围的多个自然村落构成的基层市场区域，在区域体系内实现着文化、商品与信息的交互流动。[1]在弗里德曼的宗族研究范式以及中国学者所开展的祭祀圈与水利社会等区域研究中，均跨越了单个村落的界限，而凸显出在一定区域范围内的人群互动与文化合成的关系网络等特征。[2]在 S 乡回汉村民的交往互动过程中，同样存在着超出其各自村落的经济社会文化等各个方面的交流与交融，从而在全乡范围内产生出跨越村落的区域性融合与文化认同。

图 2－2　S 乡的集市

以 S 乡及其各个村庄的集会交流为例。数百年来，出于地方商品交换等需要，S 乡每个村庄在每年春季都会组织举办物资买卖的集会，举办时间均在春天，也被称为“春会”：公村为正月十六、道村为正月二十八、房村为二月十七、河村为四月初一、鲁村则是清明会，定在清明节当天。春会举办期间，除了农具等物资买卖，还有当地剧团唱大戏，热闹非凡。除了各村的集会之外，由于 S 乡成立于 10 月 20 日，因此每年的 10 月 20 日在全乡范围内举办“成乡会”。对于当地回汉村民来说，这些集会不仅是物资买卖，更是社会交往交融的重要平台，特别是社会主义市场经济高度发展的今天，村落集会的经贸功能日益弱化，交往互动功能则更加凸

[1] Skinner, G. William. Marketing and Social Structure in Rural China: Part I. *The Journal of Asian Studies*, 1964, 24 (1), pp. 3－43.

[2] 潘英海：《文化合成理论在区域社会与文化类型研究中的应用》，载张江华、张佩国编：《区域文化与地方社会——“区域社会与文化类型”国际学术研讨会论文集》，学林出版社 2011 年版，第 1－29 页。

显。正如村民们所说，现在每个村庄的“春会”依然热闹，但主要用以人情关系，“每个村庄起会的时候唱大戏，村民们邀请其他村庄的亲朋好友前来看戏，大宴宾客，相互走动，交流感情”。

S乡村落之间的区域性交融，不仅表现为以各个村落以及全乡范围集会为代表的经济与社会交往，而且在该乡村落之间的村民戏谑玩笑的关系互动中得到生动呈现。S乡的鲁村是一个汉族村民聚居的村庄，除了少数外嫁来的回族媳妇之外，绝大多数均为汉族。但是，鲁村的徐姓村民可以和S乡其他村庄的回族村民们相互戏谑、开玩笑而不翻脸。对此，有一个典故在当地村民中广为流传：唐朝初年，李世民引回纥兵帮忙打天下，后来徐、唐、牛三姓氏的女子嫁给这些士兵，因此这三个姓氏的汉民与回族被视为古老姻亲。村民们介绍说，在当地，回族村民和徐姓、唐姓、牛姓的汉族村民之间互相开玩笑也不会真的生气闹僵。田野调查中多次观察到，遇到熟悉的鲁村徐姓村民时，经常有当地的回族村民和对方互开玩笑、戏谑笑骂。

在人类学领域，作为世界各地不同群体之间的普遍现象，玩笑关系很早就得到人类学家的关注。在拉德克利夫-布朗的经典研究中，玩笑关系不仅存在于非洲部落社会内部的平辈姻亲关系中，与回避关系一起构成夫妻之间不同亲属群体的重新组合与结构性压力的化解；而且也广泛存在于部落社会之间，与通婚、经济交流等方式相结合或者单独发挥作用，以此在不同群体之间建立友谊关系，结成表面敌对但真正友好互助的联盟或联合，作为二元统一体在地方社会结构中发挥重要功能。[1]在印度当地，不同种族工人之间同样存在着以对方种姓或宗教戏谑、亵渎的玩笑关系，并通过这种亵渎的玩笑创造一种文化上的亲密性，使说话者成为共同体。[2]在中国，回汉村民之间的玩笑关系并非当地所独有，而是广泛存在于河南省特别是黄河两岸的村庄之中，大都依托于回汉通婚的历史叙事，并且在地方

---

[1] A. R. Radcliffe - Brown, On Joking Relationships, Africa: Tournal of the International African Institute, 1940, 13 (3), pp. 195 - 210. A. R. Radcliffe - Brown, A Further Note on Joking Relationships, Africa: *Journal of the International African Institute*, 1949, 19 (2), pp. 133 - 140.

[2] Andrew Sanchez, Profane Relations: The Irony of Offensive Jokes in India. *History and Anthropology*, 2016, pp. 1 - 16.

历史中以友谊的方式避免冲突、创造联结与和平。[1]在当下和平与发展的外部政治经济语境下，发生于S乡村落或村民之间的戏谑与玩笑，更成为当地村民文化亲昵的具体体现，[2]促成了跨村落的区域性联结与交融。

四、结语

费孝通先生指出，“民族”概念是活的，是一个发展的概念和复杂的社会历史现象，根据中国民族现实的客观特点，民族概念应同时包含三个层次的含义：即中华民族的民族、组成中华民族整体的各个具体民族以及中华民族里各个民族内部的各种“人”。[3]因此，民族认同可以分别代表中华民族认同与56个民族的族别认同，铸牢中华民族共同体的关键正在于尊重各民族差异基础之上的和谐与共生。[4]而在村落地方实践的层面上，民族交融与中华民族共同体意识则更加具体地表现为地方族群之间的交往、交流与交融，正如本章所呈现的，既包含虚实相间文化边界的主观建构、基于族群边界的流动与融合，又表现为村落区域认同与实践中对于族群边界的超越。

首先，提起回族文化，很容易产生出一种区别于汉文化的“异文化”的认识与想象，在已有研究中也可以看出对于文化特色及其地域性差异文化体系的论述。但是，如果抛开整体性的文化概说，放置于具体的日常生活实践的场景中考察其族群性，[5]可以看到，S乡回族村民的文化特征更为丰富或复杂的形态与当地汉民有所不同，但呈现更多的却是各个方面的一

---

[1] Élisabeth Allès, Notes on Some Joking Relationships between Hui and Han Villages in Henan. *China Perspectives*, 2003, 49, pp. 1-15.

[2] 河南省回汉村民之间的玩笑关系几乎全在男性之间进行，S乡徐姓汉民与回民之间的玩笑戏谑也全为男性村民所为。此外，作为友谊关系的戏谑玩笑，不仅存在于村民之间，也同时存在于当地村庄内部。在河村，笔者多次观察到年龄相近的村民，特别是不同姓氏但又关系友好的村民之间相互对骂、摸胸或互开性玩笑，虽然有着不同的形式，但均可视为赫兹菲尔德所述的文化亲昵的具体体现。参见迈克尔·赫兹菲尔德：《文化亲昵》，纳日碧力戈等译，上海译文出版社2018年版。

[3] 费孝通：《民族调查》，载《社会调查自白》，知识出版社1985年版，第22页。

[4] 范可：《略论民族共同体的发展方向——兼及铸牢中华民族共同体意识》，载《广西民族大学学报（哲学社会科学版）》2022年第1期。

[5] Rogers Brubaker, Mara Loveman, Peter Stamatov, Ethnicity as Cognition. *Theory and Society*, 2004, p. 33.

致性，即使存在一些观念上的差异，在村民实践背后也共享着相差无几的内在逻辑。与此同时，究其实质而言，这些既相互区别又内在一致的文化特征并非为当地村民所“占有”，毋宁是当地村民对于自己和对方的文化特征以及文化边界的主观建构。

其次，巴特的族群理论告诉我们，族群性的关键并不是群体的文化特质，而在于群体之间的人际互动及其边界。正是在当地村民所建构与想象的虚实相间的文化边界上，当地村民在漫长的历史过程中发生着交往与交融。在此过程中，当地族群之间的边界随着情境的不同而处于变化与流动的状态，村民们在边界两侧自由地转换游走；而且，族群界限与范围也处于不断的变动之中：既可以消解在通婚等地方实践之中，也可以表现为村民日常交往的个体层面，更是被以生产队/村民小组、整个村落或者跨村落区域为单位的村落区域认同所涵盖。而跨越村落的回汉交融与区域认同不仅突破了族群边界的理论限制，更从地方实践层面为中华民族共同体建设奠定了坚实的社会基础。

最后，不同的界限与范围本身也不是固定不变的，而是在不同的情境下相互转化。由此，文化异同的复杂性以及族群边界、界限与范围的流动与相互转化，与本土文化观念及其实践一起，构成了 S 乡民间社会的流动性与复杂性的特质。这种特质不仅体现在文化观念及族群交往的多重结构之中，而且对当地村民的经济生产与政治实践等各个方面产生影响。

第三章

土地调整：权利与公平观念的地方实践

靠种地谋生的人才明白泥土的可贵。城里人可以用土气来藐视乡下人，但是乡下，“土”是他们的命根。在数量上占着最高地位的神，无疑的是“土地”。“土地”这位最近于人性的神，老夫老妻白首偕老的一对，管着乡间一切的闲事。他们象征着可贵的泥土。

——费孝通《乡土中国》

土地，作为人类生活的重要自然资源，从一开始就得到人类学家的关注。对于土地问题的研究贯穿人类学学术发展的各个阶段，并形成了经济产权视野、社会整体视野、象征意义阐释视野等三个主要研究范式。三者各有侧重，但均强调土地的非经济维度的重要性，即土地并非单纯的经济现象，而是与政治、社会、民族、宗教、文化等其他维度以及当地人的社会组织、亲属关系、信仰仪式和道德伦理观念等各种因素密切联系，成为人类学土地研究的鲜明特色。[1]在中国，“乡土性”作为传统社会的基本底色，土地对于农民而言具有经济、文化、象征、情感等丰富意涵也较早为学界熟知。[2]

家庭联产承包责任制推行以来，由于所有权与承包权的分离，土地对于农村与农民的意义更加丰富与复杂。土地涵盖了资源、社会与制度三重属性，土地不仅是村民最为基本的生产要素与生存基础，也是村民社会关系与集体成员权的基本体现，更承载着农民与集体、国家的互动与治理关系，从而构成了乡村社会秩序的基础。[3]如何协调土地的集体所有权与农民承包权以及确保农民土地权益与促进农业持续稳定增长等，不仅是国家农村政策的重要立足点，也是国内学术界的重要课题，特别是土地产权以及土地调整议题，更涉及生产效率、权力边界以及社会纠纷与治理等各个领域，从而引起众多学者的广泛讨论。

相较于经济学、法学等学科领域在 20 世纪 90 年代对频繁土地调整的

---

❶ 李天静：《产权、社会与象征：人类学“土地”研究的范式与反思》，载《西南民族大学学报（人文社会科学版）》2022 年第 11 期。

❷ 费孝通：《乡土中国 生育制度》，北京大学出版社 1998 年版，第 6 – 11 页。

❸ 杜鹏：《土地调整与村庄政治的演化逻辑》，载《华南农业大学学报（社会科学版）》2017 年第 1 期。

负面效应的关注，21 世纪以来，社会学与人类学的研究者更多地把土地调整作为一个社会事实来看待，认识到土地调整本身具有的重要的社会保障与社会控制职能，[1]进而，土地调整背后的集体产权[2]以及农民对于土地产权认知的复杂性，[3]土地调整实践中蕴含的权力关系及其地方性规则的运用，[4]土地调整的政治逻辑及其之于村庄秩序形成的意义，[5] 以及由于土地调整中所蕴含的村庄公共性成为基层治理有效的基础[6]等众多议题得到深入讨论。概而言之，关于土地调整的已有研究涉及经济产权、权力关系、基层治理以及乡村情理文化与集体成员权等各个方面，但总体来说讨论土地调整的经济政治角度的研究更为集中深入，对于土地调整伦理文化层面的分析则相对薄弱，特别是土地调整中的成员权利与公平正义等观念及其地方实践仍有待进一步深入讨论。

基于此，本章将以 S 乡各村庄土地调整实践为例，旨在从以成员权为主要内容的权利观念以及公平正义观念的角度考察改革开放以来 S 乡的土地调整实践的具体情形及其困境与应对，从而呈现出土地调整中的权利与正义观念之于当地乡村秩序的意义。首先，S 乡各村庄的土地类型、耕地分布以及改革开放以来农业生产的基本情况，特别是种植作物、农业耕种各个环节的技术与组织及其变化，不仅促成了当地村民人地关系的微妙变迁，更是理解当地土地调整实践的前提。

其次，20 世纪 80 年代以来广泛实施于 S 乡村庄的土地动态调整中，各个村组依据了不同的间隔时间与调整原则，蕴含了复杂多样的成员权利与公平观念；更为重要的是，村民的权利观与公平观并不是处于真空之中，而是被嵌入村组内部形式各异的权力关系之中，从而决定了各个村组土地调整实践的成败。

---

[1] 朱冬亮：《土地调整：农村社会保障与农村社会控制》，载《中国农村观察》2002 年第 3 期。

[2] 申静、王汉生：《集体产权在中国乡村生活中的实践逻辑——社会学视角下的产权建构过程》，载《社会学研究》2005 年第 1 期。

[3] 黄鹏进：《农村土地产权认知的三重维度及其内在冲突——理解当前农村地权冲突的一个中层视角》，载《中国农村观察》2014 年第 6 期。

[4] 张静：《土地使用规则的不确定：一个解释框架》，载《中国社会科学》2003 年第 1 期。

[5] 陈义媛、甘颖：《土地调整的政治逻辑：对土地集体所有权的再思考》，载《南京农业大学学报（社会科学版）》2019 年第 2 期。

[6] 贺雪峰：《乡村治理中的公共性与基层治理有效》，载《武汉大学学报（哲学社会科学版）》2023 年第 1 期。

最后，2016年开始在当地实施的土地确权政策对流行于当地的土地调整理念与实践带来了根本性的冲击，土地确权的明晰化与土地调整民间实践的流动性产生了直接矛盾，但土地确权政策仍然可以被吸纳进流动性的民间观念与实践之中，从而既显示了当地村民的公平正义观念的顽强生命力与延续性，也是理解流动与弹性的乡村秩序及其变迁的关键。

一、S乡的土地：居住、耕作与人地关系

（一）土地类型

作为中原农业区的普通村落，在S乡，土地之于每一位村民的核心意义是不言而喻的：建房居住与耕作种植。由此，在村民日常观念中，土地的意义包括宅基地与耕地两大基本类型。这正好与国家《土地法》中所界定的建设用地与基本农田两种土地性质相对应，即建设用地可以建房居住或用作工业厂房，基本农田则属于耕地红线，只能进行农业种植。但是，在村民日常实践中，对于土地类型的划分呈现出与国家对于土地性质的二元划分更为复杂的情形。由于集体时期“三级所有、队为基础”以及为了恢复农村生产力而实施的自留地制度等历史遗产，在如今的S乡，首先，无论是宅基地划分还是耕地调整，均是以村民小组（集体时期的生产队）为单位进行。其次，土地类型除了最初划定的宅基地之外，耕地被分为活地（即可以定期调整的大块耕地）、死地（由于种种原因造成的不可调整的小块耕地）[1] 与自留地（以原有生产队农户为单位划分的、固定下来的小块耕地，多被用作村组新增人口与家户的宅基地）[2] 等不同类型。最后，

---

[1] 例如，河村六组的“死地”位于村北不远处，是一个共28亩的三角地块，两边分别为两条水泥道路所形成的夹角与一条小河。集体解散后，六组村民由于建房的需要而纷纷在河边挖土，从而造成这一地块的坑坑洼洼。由于没有村民同意被分在这一地块，于是作为不可调整的“死地”，平均分配给当时的该组村民，每人为1.3分。

[2] S乡所有村组都有自留地。集体解散后，不同村组的自留地的用途各不相同。例如，河村一组的自留地原来为生产队的菜地，现在全部种上了杨树。自留地如今虽然仍属于村组集体所有，但并不是每家都有份，如果自留地有2分，土地调整时就要在大块耕地上扣除掉2分面积。村民们可以在自家的自留地上建房，但因为只有一小块，相互嵌套，必须把相邻几家的地块占用过来，给一定的金钱赔偿，才可以盖房，如果相邻的几家不同意，就盖不了房子。而河村四组的自留地因为当初每个家户分得的面积很大，田野调查时已经被所属村民盖上了房子。

由于不同村组在土地性质上报时的策略各不相同，“活地”“死地”与自留地等土地类型和国家划定的土地性质并不完全吻合。这种土地类型的复杂性使得S乡各个村庄的耕地调整并不仅与耕地相关，而且与宅基地划分/建房紧密结合，从而促成了村民公平观念的多样化表达以及各个村组土地调整成败不一的复杂局面。

仅就耕地而言，在S乡，不同村庄的人口数量与耕地面积各不相同。根据乡政府2016年的官方统计数字，河村4189人，耕地面积2065亩；房村2224人，耕地面积1494亩；沟村1779人，耕地面积1843亩；公村1723人，耕地面积1650亩；鲁村1156人，耕地面积1370亩；道村1706人，耕地面积1760亩。可以看出，河村人均耕地面积最少，为半亩左右；其次是房村，人均约为6分地；人均耕地面积最多的是鲁村，将近1.2亩。不同村庄的耕地面积与新中国成立前该村村民所拥有的耕地数密切相关。新中国成立前的河村回民以做小生意为主，河村地主及其耕地数量相对较少；而汉民村的地主人数相对较多，特别是鲁村，不仅地主众多，而且所有的耕地面积也比较大，甚至其中一户地主就拥有土地近20公顷，从鲁村一直延伸到沟村、公村的村庄旁边。新中国土地改革仍然以村落为单位进行土地重新分配，虽然在人民公社时期对于村庄耕地做了一些调整，例如把位于沟村与公村村庄旁边的原属于鲁村的地主的部分耕地分别划归了沟村与公村所有，但总体而言仍然以新中国成立前村庄所拥有土地面积为基础，构成了现在村庄耕地面积的基本格局。仅以河村为例，新中国成立前许多没有土地的回民有的给地主种地，有的则做小生意四处迁徙或逃荒；新中国成立以后，人口固定下来，不允许四处流动，于是在耕地总面积本就相对较少的情况下，再加上人口增加速度比较快，因此现在人均耕地数最少。不仅不同村庄的耕地面积与人均耕地数不同，同一村庄内部的不同生产队/村民小组之间的耕地面积及其人均耕地数也各不相同，究其原因，除了每个生产队人口数量与增长速度的差异，还与人民公社时期每个生产队的队长是否愿意多种土地密切相关。[1]

---

[1] 李晓斐：《民间权威与地方政治——一个中原乡村的传统蜕变》，知识产权出版社2016年版，第147－149页。

（二）作物种植

从集体时期到现在，S 乡所有村庄的农业种植皆以小麦与玉米为主。20 世纪 90 年代后期到 21 世纪初，县政府规划建设中药材市场，号召全县种植中药材，S 乡积极响应，除了要求家家户户种植之外，每位乡干部也要承包一片土地种植药材，形成了全乡人人种植药材的风潮，乡政府办公室堆满了白菊花、生地等各种药材。由于只种植不加工，再加上药材市场价格浮动很大且极不稳定，同一种药材，价格高时每斤十几元，便宜时甚至不到一元钱，“贵的时候是药，便宜的时候就是草”，遇到价格下滑的年份亏损很大。有一年全乡村民种了很多牛蒡子，但那一年牛蒡子的价格太低，甚至没有人愿意前来收购，最后扔掉了好几吨。21 世纪初，县政府不再提倡药材种植，村民们又重新种植玉米和小麦。村民们介绍说，玉米和小麦的播种与收割都比较方便，省事省工；去年有几户村民在秋季种了大豆，但需要一直打农药，比较麻烦，今年也就不再种了。田野调查期间正值盛夏，放眼望去，除了少数小块耕地种植花生外，其余几乎全是玉米田。

在农业种植方面，与其他许多地方一样，在改革开放以后的很长一段时间里，S 乡农业耕种的各个环节均由人工进行。21 世纪以来，农业机械化逐步提高。特别是 2011 年“十二五”规划明确提出加快农业机械化，农业机械化程度快速发展并成为现代农业的重要支撑。❶在河南省等广大地区，土地家庭承包制与农业机械化并不相悖，土地小规模经营依然可以实施农业机械化。❷田野调查期间，S 乡农业种植的几乎所有环节都实现了机械化与自动化。以灌溉为例，20 世纪 90 年代以前，当地农田灌溉主要依靠大河里的河水。90 年代末期，村民在小组长的带领下集资在耕地中打了一些机井，但难以满足灌溉需要。2008 年，S 乡新任书记上任以来，利用种种渠道争取到上级水利部门的资金与项目，为全乡耕地打机井。当时机井规划深度为每口井 80 米，为了能多打几口机井，把每口井改为 60 米深。例如，3 口机井，如果每个 80 米深，则总深度为 240 米；但如果每个 60

---

❶ 杨敏丽：《“十二五”中国农业机械化发展形势分析》，载《中国农机化》2011 年第 1 期。

❷ 曹阳、胡继亮：《中国土地家庭承包制度下的农业机械化——基于中国 17 省（区、市）的调查数据》，载《中国农村经济》2010 年第 10 期。

米深，就可以在总深度不变的前提下打成4口机井。2017年暑假期间，由于天气持续干旱，地势较高处的60米深机井无法出水，一些村民抱怨机井数量不够。但现有机井基本满足了全乡村民的灌溉需要。例如，河村九组的耕地面积报表上统计数字是171亩，但实际耕地为180亩，如果再加上南边的20亩林地，一共有200余亩；全组一共7口机井，其中有3口是村民自己集资所建，另外4口则是乡政府免费为村民所建，足够本组灌溉所用。四组也有6口机井，但是其中有2口井已经干涸，无法使用，但也没有集资再建，“凑合用”。机井虽然免费，但浇地所需要的水泵、水管、电线则需要村民自己购买，有的农户自家买了一套水泵与水管，有的则三五户联合起来共用一个水泵，浇地时轮流进行。

图3-1　S乡农田里修建的机井以及灌溉现场

除了灌溉，农业种植的其他各个环节诸如犁地、耕种、收购等，也都实现了机械化与自动化。最初由乡村政府统一组织，随后很快变成市场行为，每到农忙时节，各种大型机械就来到S乡以及周边乡镇，随叫随到。通常情况下，犁地由每个村民小组统一进行。因为大型拖拉机在转弯掉头时势必会压到旁边村民的耕地，因此犁地时必须把全组耕地放在一起统一进行，有一定集体收入的村民小组甚至会由小组出面支付犁地费用，不需要村民付钱。与犁地环节的统一耕作不同，播种则是每家每户分别进行，每家种植的庄稼、使用的种子与肥料各不相同，没办法统一操作，但仍然是机械化进行，许多小播种机就在地头候着，非常方便。收割则介于两者之间，由于每块耕地种植庄稼的质量与产量均不相同，因此收割小麦或玉米必须按照每家地块为单位分别收割，而不可能统一收割再在村民中间统一分配。但由于几乎全部都是玉米或小麦，因此也体现出一定的统一性与组织性。村民介绍说，村民小组长提前联系好大型收割机，并按照每户耕地面积提前把收割费收上来，按照顺序统一收割；如果个别村民因为小麦或玉米还没有完全成熟，也可以不交钱，那么在统一收割时就把他家的地块跳过去，但是这种情况非常少，因为收割机也不愿意在事后单独为某一小块庄稼收割。收割完成后，只要交钱，还可以直接把粮食送到家里。

（三）人地关系

在以农业种植为主要生计来源的传统时代，S 乡村民与土地之间构成了不可分割的紧密依附关系。改革开放以来，随着外出务工的流行，农业种植收入在家庭生计中的重要性日益下降。农业作物种植的机械化与自动化的普及，使种田更加省时省力的同时，也进一步解放了年轻劳动力，使得更多年轻人可以不用担心农忙而专心在外打工，也使原有紧密依附的人地关系出现松动。农业机械化同时为年老村民继续作为种田主力军提供了便利条件，再加上种田补贴等外部因素的激励，造成了外出打工挣钱与在家年老村民强烈种地意愿并行的现象，也使 S 乡的人地依附关系在农业机械化的新时代并未出现根本性的改变，这突出表现在即使不挣钱也坚持以家户为单位的小农种植上。

由于机械化耕作增加了种田费用与成本，田野调查时，许多村民谈及种田的“经济账”：每亩地种子费用 50 元、化肥农药 200 元、浇地灌溉的电费 20 元、犁地与播种 100 元、收割小麦为 80 元（玉米则为 100 元）、粮食拉进家里费用为 30 元、收秸秆 50 元，还不算人工劳动的费用，每亩地要投入的费用与成本至少 600 元左右；而每亩玉米或小麦产量 1000 斤左右，价格较高时为一元钱一斤也只能收入 1000 元钱，遇到价格较低的年份，每斤只能卖七毛钱或五毛钱，这样算下来种田是赔钱的。相比来说，如果出去打工，每个月最低也有两千元收入。然而 S 乡的耕地几乎没有撂荒，全部由村民耕种。既然种田不划算，为什么还要坚持种下去呢？在当地村民看来，其一，虽然不指望种田谋生，但是自己种地收获的粮食，吃起来也更方便，比买粮食要更为便利，而且每亩地还可以领取一定的补贴；其二，也是更为关键的，每家老年人闲在家里没什么其他事，自家耕地，种着总比荒着好，如果荒在那里会被周围的村民嘲笑。由此，种田背后与其说是某种理性计算，毋宁说更多体现为一种“道德感”，[1]在村民们的耕地意愿中发挥着更大作用。

正因如此，即使是全家都外出打工的村民，也不愿意或不好意思把自家耕地撂荒，而是让本家兄弟或亲戚代为耕种。河村九组组长赵军一家种了十几亩地。根据赵军的介绍，九组人均耕地四分二，虽然父亲去世、女儿出嫁，但是还没有到调地年份，因此赵军家现在是7.5口人的耕地[2]，一共将近三亩；赵军弟弟一家在新疆做卖彩票等生意，常年不在家，但户口还在本组，其六口半人的耕地也由赵军耕种；除此之外，赵军邻居赵增一家也因为在江苏做销售卫浴生意而常年不在家，于是赵军又种了这家人的共九亩耕地。弟弟一家的耕地免费耕种，不需要付任何费用；邻居的九亩耕地则每年支付二百元的承包费用。房村七组组长赵鹏家除了耕种自家的两亩耕地外，大哥、二哥与弟弟家一共16口人的耕地也均送给赵鹏家耕种；刘会计也是如此，除了自家四口人的耕地，还种了弟弟与两位堂兄的耕地。

2004年，国务院颁布《关于深化改革严格土地管理的决定》，此后，土地流转逐渐成为促进农业经济发展的重要举措。河南省的土地流转在2008年前后开始较大规模推行，然而流转比例相对不高。[3]在S乡的各个村庄，同样很少有土地流转以及承包大面积土地的种田大户，特别是河村，一个种田大户也没有。在河村村民看来，种田投资大、风险高。不仅要支付高额租金，如果要流转农户的耕地，一亩地要支付1000元或800元钱的租金；而且种地过程中还要雇用很多人工。之前有一个种田大户承包了河村的几百亩耕地，由于经营不善而亏损，当初承诺的承包费一分钱也没有给农户。当时土地流转承包时需要政府签字，农户们整天围着乡政府要赔偿金。现在即使有老板想流转土地搞承包，河村的村民也不同意承包给对方，自己种起码可以有粮食吃；而地方政府也不愿再签字担保，如果盈利还好，万一亏本会引起很多麻烦与风险。此外，村民自身也不愿意做大规模种田的生意，更愿意做小本买卖，不需要太多成本，小打小闹一年挣几

[1] 詹姆斯·斯科特：《农民的道义经济学：东南亚的反叛与生存》，程立显、刘建等译，译林出版社2013年版。

[2] 在当地，父母年老以后，所拥有的那份耕地往往由儿子们平分、耕种。赵军兄弟二人，老父亲的耕地由兄弟平分，每人分得半口人的耕地。

[3] 高会静、吴新静、胡岩：《河南省农村土地流转现状、特征及问题》，载《当代经济》2015年第5期。

万元钱就行。九组组长赵军介绍说，几年前九组也流转了本小组集体的近百亩耕地，承包给同村八组的一个村民种烟草，承包了三年，虽然签订了合同，但由于管理混乱，承包方交给村组的承包费用并没有分发给本组村民，三年内村民们一分钱也没有分到，村民们强烈要求把集体土地收了回来，重新分配给每家每户。

综上所述，S 乡村民与土地之间的人地关系，突出表现在经济生计与社会权利两个方面。对于每一个家户而言，分得一份宅基地与可耕地，不仅是在当地村庄安身立命的必备基础，也是作为本村村民最为关键的凭证与权利。在传统农业时期，村民们仅仅依附于土地而谋生。改革开放以来，随着乡村工业化的发展与打工经济的流行，当地村民的非农收入比重日益增加，农业种植不再成为家庭收入的主要来源。再加上年轻一代村民去县城买房成为趋势，原有的人地之间紧密依附的关系出现松动，特别是在经济生计层面的重要性大为下降。但是，人地关系的紧密性并没有得到根本性改变，当地村民要求分得宅基地与耕地的愿望依然强烈。此时，土地之于村民的意义更多体现在社会权利与道德伦理层面，即除了道义经济的含义外，拥有并耕种土地成为“作为村庄一员”的成员权利与当地村民身份认可的核心基础。

二、土地调整原则：公平观念与成员权利的多样表达

20 世纪 80 年代初实行分田到户以来，围绕土地承包存在着国家与民间两种逻辑与实践。从国家层面而言，考虑到土地频繁调整所导致的碎片化进而损害农民对土地的长期投资意愿，而稳定的地权关系则更加有利于对土地的投资以及农业经济的发展，[1]确保土地承包的稳定性一直是国家土地政策的基本方向。早在 1984 年就提出了“土地承包经营权 15 年不变”以及“大稳定、小调整[2]”的意见[3]；在此基础上，1993 年提出二轮承包

[1] 姚洋：《中国农村土地制度安排与农业绩效》，载《中国农村观察》1998 年第 6 期。

[2] 小调整是指仅仅在人口变动的农户之间进行局部调整，人口没有变化的农户则不做调整；大调整则是把村组内所有村民的土地打乱，主要以抓阄等形式按照家庭人口数量重新分配。

[3] 1984 年《中共中央关于一九八四年农村工作的通知》有关土地调整的规定：（1）土地承包期一般应在 15 年以上；（2）在延长承包期以前……可以本着“大稳定、小调整”的原则，经过充分商量，由集体统一调整。又被称为第一轮承包。

“期限30年不变”并明确提倡“增人不增地、减人不减地”[1]；这一精神随后上升为法律条文，分别体现在1998年修订的《土地管理法》[2]、2002年的《农村土地承包法》[3] 以及2007年颁布的《物权法》[4] 之中；2008年党的十七届三中全会明确提出现有土地承包关系要保持稳定并长久不变，这一要求在此后每年的中央一号文件中被多次强调。

但是，在地方实践层面，土地调整在民间社会的具体实践中比较频繁。[5]土地调整损害农民土地投入以及农业经济发展的单一假设也被打破，土地调整与农民投资土地两者之间的关系更为复杂多样，土地调整能进一步促进农地使用权市场的开发。[6]除此之外，土地调整在体现村民的集体成员权、土地利用效率、社会保障与社会资源配置等方面所具有的较强合理性与必要性得到广泛认可。[7]由此，在民间社会，土地调整实践本身蕴含着丰富的内涵。正如前文指出，相较于对土地调整的政治经济内涵的集中讨论，围绕土地调整实践中所体现出的村民观念的分析则相对薄弱。基于此，本节将聚焦S乡村庄的各个村民小组实际运行的土地动态调整这一实

[1] 《中共中央、国务院关于当前农业和农村经济发展的若干政策措施》（中发〔1993〕11号文），有关土地调整的规定：（1）在原定的耕地承包期到期后，再延长30年不变；（2）提倡在承包期内实行“增人不增地、减人不减地”的办法；（3）少数第二、第三产业比较发达，大部分劳动力转向非农产业并有稳定收入的地方，可以从实际出发，尊重农民的意愿，对承包土地作必要的调整。又被称为第二轮承包。

[2] 1998年8月修订的《土地管理法》，土地承包30年第一次被写进正式法律中，有关土地调整的规定：在土地承包经营期限内，对个别承包经营者之间承包的土地进行适当调整的，必须经村民会议三分之二以上成员或者三分之二以上村民代表的同意，并报乡（镇）人民政府和县级人民政府农业行政主管部门批准。

[3] 2002年8月通过的《农村土地承包法》有关土地调整的规定：第二十七条 承包期内，发包方不得调整承包地。承包期内，因自然灾害严重毁损承包地等特殊情形对个别农户之间承包的耕地和草地需要适当调整的，必须经本集体经济组织成员的村民会议三分之二以上成员或者三分之二以上村民代表的同意，并报乡（镇）人民政府和县级人民政府农业等行政主管部门批准。承包合同中约定不得调整的，按照其约定。

[4] 《中华人民共和国物权法》有关土地调整的规定：第一百三十条 承包期内发包人不得调整承包地。因自然灾害严重毁损承包地等特殊情形，需要适当调整承包的耕地和草地的，应当依照农村土地承包法等法律规定办理。

[5] 全国农村固定观察点办公室：《当前农村土地承包经营管理的现状及问题》，载《中国农村观察》1998年第5期。

[6] 许庆、章元：《土地调整、地权稳定性与农民长期投资激励》，载《经济研究》2005年第10期。

[7] 冯华超、钟涨宝：《土地调整的合理性与必要性：一个研究述评》，载《中国土地科学》2017年第7期。

践本身,❶从调整原则等方面反观土地调整中所蕴含的公平正义观念与成员权利界定，从而窥探地方观念之于乡村秩序的重要意义。

(一) 公平正义观念

作为汉语词汇，公平、公正、正义与平等是含义相近而又各不相同的概念。作为中外政治思想与伦理学等学科领域的核心概念，其理论内涵得到了各个层面的深入阐释。国内学者对此辨析的文章也不在少数。例如，在西方政治学思想中，公平是指人们对人与人之间的地位及相互关系的一种评价，主要表达的是人们对人与人之间经济利益关系的合理性的认同；平等则侧重于对人们的地位及其相互关系的一种事实描述，主要表达的是人们的地位和利益获得的等同性；正义属于人的价值、尊严以及人的发展的根本问题的范畴，是树立社会秩序的基础；公正则是指在一定社会范围内通过对社会角色的公平合理分配使每一个成员得其所应得，公正观念的本质是对一定的人际关系、权利和义务关系的反映。❷俞可平将“平等”视为基本人权的范畴，是指人们享有同等的人格、基础资源、基本权利、重要能力和社会地位；“公平”则属于社会规则范畴，是一个程序和过程的概念，即按照相同的原则分配公共权利和社会资源，并且根据相同的原则处理事情和进行评价；“正义”则是一个应然的概念，即每一个人都能够公平地获得其应该获得的事物。❸

然而，从词源学上来看，平等的最初含义即水平、平均或公正，并逐渐演变为一种对于更普遍、正常或标准的状态的主张。❹ 因此，在宽泛的意义上，不论是公平、正义、公正或平等，均包含了“给每个人他所应得的”这一核心内涵，正如博登海默指出的，“公平、正义、公正、公道乃同一概念，是行为对象应该承受的行为，是给予人应得，而不是给予人不应得的行为；反之，不公平、不公正、不公道、非正义乃同一概念，是行

---

❶ 改革开放以后，村民小组既是村民认同与交往的基本单位，更是基于一定集体财产的相对独立的、最为基本的治理单位。S 乡的土地调整几乎全部在村民小组内部进行。

❷ 洋龙：《平等与公平、正义、公正之比较》，载《文史哲》2004 年第 4 期。

❸ 俞可平：《重新思考平等、公平和正义》，载《学术月刊》2017 年第 4 期。

❹ Raymond Williams, *Keywords: A Vocabulary of Culture and Society (Revised Edition)*. New York: Oxford University Press, 1985, pp. 118 – 119.

为对象不应承受的行为，是给人不应得，而不是应得的行为”。[1]事实上，“使每个人获得其应得的、分走其不应得的”，正是千百年来中国人或中国农民朴素的公平正义观念的核心含义，体现在“不患寡而患不均”等儒家思想以及“均贫富”的传统观念之中。翟学伟由此把中国人的大公平观概括为“在中国人看来，公根本上是指无归属性的事物，公平的含义即凡没有归属的事物应当为个个有份和人人均享，大家可以平等地获利”。[2]这也正是本书将公平与正义放在一起来表述S乡村民公平观或公正观的原因之所在。

与其他村落一样，S乡村民的公平正义观念表现在政治、经济、社会交往等日常生活的各个方面。但就土地而言，这种“获得所应得的”公平正义观念的表达是最为集中且直接的：身为本村人，就应该获得所应得的宅基地与耕地。这也正是S乡各个村庄分配宅基地与调整耕地的基本原则。在S乡，宅基地的划批是以家户男丁的数量为依据的。从集体时期一直到20世纪90年代之前，凡是结婚成家并与父母分了家的成年男丁，只要有经济条件另建新房的，都可以向村大队（以及改革开放以后的村委）申请一处宅基地。90年代以后，随着人口的自然增长以及家庭经济收入的大幅度提高，各个村民家庭的建房意愿日益强烈，出现了可供建房的宅基地供不应求的现象。于是，宅基地分配的原则就变成了“建新房、去旧房”：如果家里有两个儿子，可以拥有两处宅基地，父母跟随其中一个儿子生活；如果只有一个儿子，则全家只能拥有一处宅基地；如果在其他地方新划了宅基地，新房建好以后，就要把老房子扒掉，把原有宅基地交还给村集体，再由村集体重新调配。

与划分宅基地原则类似，土地调整同样体现着包括乡村干部在内的当地村民的朴素公平正义观念。有研究指出，国家土地政策调整的不同阶段均体现了公平原则，即均分式的“一轮”农地承包、立法规定30年不变的“二轮”农地承包以及三权分置下的农地确权这三个阶段分别蕴含了三种不同类型的公平观：生存公平、权利公平与机会公平，而在不同阶段

[1] 博登海默：《法理学—— 法哲学及其方法》，邓正来、姬敬武译，华夏出版社1987年版，第54、238－352页。

[2] 翟学伟：《中国人的“大公平观”及其运行模式》，载《开放时代》2010年第5期。

下，农户均具有相对应的地权公平感知。❶但是对于S乡各村村民而言，一直以来，对于耕地的公平正义观念依然持续不变地体现为“获得应得的”这一核心内涵。归纳为一句通俗的话，即“增人增地，减人减地”。1984年集体正式解散以后，S乡与全国其他农村一样实施分田到户，每个村庄以生产队/村民小组为单位，按照当时每户的具体人数对本小组的耕地进行平均分配。耕地随家庭人口数量变动动态调整的非正式规则或民间实践，也一直流行于S乡的乡村，当地人称为“动地”。也就是说，每隔一段时间❷，对于每个家庭的新增人口要及时分配耕地，对于减少的人口则要把相应耕地及时扣除❸。

需要指出的是，虽然城镇化与社会经济发展带来了混居模式的变化，但是“从夫居”依然是当前中国农村地区最主要的居住方式。❹在此背景下，现行土地政策往往造成对出嫁妇女土地权利的损害，妇女土地权益问题也得到学者们的关注与讨论。❺针对这一问题，国家致力于从政策与法律层面维护妇女土地权益❻，但在贯彻时也面临着种种困境。❼在某种程度上，S乡各个村庄一直以来所进行的围绕嫁女与娶妻等人口变化而进行的土地调整，正是一种保障农村妇女土地权益的民间智慧，既确保了人与地之间相互对应的动态平衡，更是当地村民公平正义观念的集中表达。正如村民们所言，如果分田到户之初有一家四口人，父母与两个儿子，20年后两个儿子分别娶了媳妇并各自生了两个孩子，原有的四口人就增加为十口人，如果耕地不进行动态调整，那么新娶的媳妇与孙子们都没有耕地，这就非

---

❶ 钟文晶：《国家赋权、土地调整与农户地权公平感知》，载《学术研究》2019年第7期。

❷ 当地一般是每间隔五年调整一次耕地，也有间隔三年或十年的。

❸ 在当地，新增人口往往意味着娶媳妇与生孩子，而减少通常则是指女儿嫁出以及成员亡故等。

❹ 杨菊华：《延续还是变迁？社会经济发展与婚居模式关系研究》，载《人口与发展》2008年第5期。

❺ 郭晔：《深化农村土地制度改革的几点思考——以维护农村妇女土地权益的实践为例》，载《妇女研究论丛》2019年第5期。

❻ 例如《土地承包法》第6条规定：农村土地承包，妇女与男子享有平等的权利。承包中应当保护妇女的合法权益，任何组织和个人不得剥夺、侵害妇女应当享有的土地承包经营权。《妇女权益保障法（2018年修正）》第32条规定：妇女在农村土地承包经营、集体经济组织收益分配、土地征收或者征用补偿费使用以及宅基地使用等方面，享有与男子平等的权利。

❼ 王珊珊、赵丽珍：《法律与社会性别平等——以农村妇女土地承包经营权的法律保护为例》，载《云南民族大学学报（哲学社会科学版）》2005年第4期。

常不合常理，也不符合当地的实际情况。在S乡的各个村庄，正是基于这种公平观念，动地成为当地所有村庄的通行做法。

（二）成员资格与权利观念

无论是分配宅基地还是调整耕地，均蕴含着“获得他所应得的”这一朴素的公平正义观念。于是，与之密不可分的另一个问题是“谁具有应得的资格”。这便涉及村落成员资格以及与成员资格紧密相关的成员权利。成员资格及其权利的观念在中国乡村由来已久。早在帝制时期，是否拥有居住权从而获得本村人的身份，决定了其能否享有村庄公共资源的权利，包括在村庄范围内开荒、建屋、拾柴、进入市集以及死后埋葬在村落土地等；本村人的成员资格大多是通过世系继承而来，除非因为全家离开村落而自愿放弃；对于外地人来说，要想获得村庄的成员资格，必须得到现有村民的同意，而他的子孙则顺理成章地继承村落成员资格与权利。[1]新中国成立后，乡村施行集体所有制，成员资格即表现为集体成员权，与集体产权紧密结合，在集体成员内部进行着经济权利的分配，[2]并在改革开放后经历转改股等私有化变化。[3]因此，集体解散之后的乡村成员权又表现为村队成员权[4]或村落成员权[5]。

乡村成员权与产权等经济社会权利密不可分，这在学界得到了充分的讨论。那么，如何获得乡村成员权，或者说，乡村成员资格是如何界定的呢？正如前文所述，在科大卫的研究中，传统社会的乡村成员资格的获得主要依赖于姻亲、血缘特别是世系的传承；除此之外，得到本村现有村民的同意，也是传统社会中外来人获得乡村成员权的重要途径。事实上，获得本村村民的认可，一直以来都是乡村成员资格的关键因素，例如，近代

---

[1] David Faure, *The Structure of Chinese Rural Society: Lineage and Village in the Eastern New Territories*. Hong Kong, Oxford University Press, 1986, pp. 30 – 44.

[2] 申静、王汉生：《集体产权在中国乡村生活中的实践逻辑——社会学视角下的产权建构过程》，载《社会学研究》2005年第1期。

[3] 折晓叶、陈婴婴：《产权怎样界定——一份集体产权私化的社会文本》，载《社会学研究》2005年第4期。

[4] 张佩国：《公产与私产之间——公社解体之际的村队成员权及其制度逻辑》，载《社会学研究》2006年第5期。

[5] 余练：《地权纠纷中的集体成员权表达》，载《华南农业大学学报（社会科学版）》2017年第1期。

江南地区外来人获得地权的关键即是被当地村民认可，获得“村籍”，从而成为“本村人”。[1]新中国成立后，在国家层面上，户口成了决定是否为村落成员的唯一因素，但乡规民约在界定成员资格及其权利义务中仍然扮演着重要角色。[2]

在S乡各个村庄的分配宅基地与调整耕地所涉及的成员资格与权利界定上，户籍同样是重要的参考依据。特别是在宅基地划分中，所有村庄的分配原则是一致的，即拥有本村户籍的男性村民享有划分宅基地的权利。只要生了儿子，均有资格在原有宅基地或申请一处新的宅基地建房，区别仅在于各个村庄对于年龄的要求，有的村庄规定有儿子者须年满18岁才可以申请宅基地，有的村庄则规定13岁以上即可申请，更有村民在儿子刚出生不久就向村组申请宅基地。

相对于宅基地分配中对于村落成员资格与权利的清晰一致的规定，不同村组对于调整耕地的原则是杂乱多样的，从而更加生动地体现了乡村社会对于成员资格与权利界定的复杂多样性。换句话说，对于成员资格与权利该如何界定，应该如何定义“新增人口”，是按照实际人口、居住人口还是村庄户籍，不同的村庄有着不同的理解。在S乡的不同村庄甚至同一村庄的不同村民小组之间，正是由于对“本村人”界定标准的不同理解，其土地调整原则也存在着相应的差异。大致又可以分为以下四种类型。

其一，严格以公安户口为分地的依据。河村六组的规则是每十年调整一次，严格按照公安户口来分地，只要公安户口还留在本小组，就可以分得耕地。“因为现有人头数很容易作假，一听说要分地，就不知从哪里拉来几个人，说是自己家的人，但实际上并不是。而只有严格根据公安系统的户口，才能够把那些虚报户口排除在外。”比如，有些人家孙女或闺女出嫁、孩子在外做生意，早就把户口迁走，却仍然在分地时虚报人数，上一次六组调地，一共清查出了30余口虚报人数。在房村，同样也是每隔五年调整一次，以村民在地户口为依据，但其具体做法又有一些灵活性，即每一生产队的大面积地块固定不变，每家每户在大面积地块中所分得的耕地不做调整，每家每户耕地的增加或减少只在另外较小面积地块进行调

[1] 张佩国：《近代江南乡村地权的历史人类学研究》，上海人民出版社2002年版。
[2] 张静：《基层政权：乡村制度诸问题》，浙江人民出版社2000年版，第90－104页。

整，既确保了动态平衡，又减少了动地时烦琐的工作与潜在矛盾。沟村的调地办法则是每隔三年进行一次小调整，每隔六年进行一次大调整，小调整只针对人口数量发生变化的家庭，人口数量不变的则不做调整。鲁村的规则是每隔十年调整一次，也是按照本村户口进行，最初是从乡派出所调出本村各小组的公安户口，后来改变为每个村民小组召开群众会议，“因为每个小组的村民都知道自家以及其他家的人数与户口情况，群众会议协商决定更让村民信服”。

其二，以实际上的家庭现有人口为依据。在河村八组，虽然也是每隔五年调整一次，但并不以本村户口作为分地依据，而是按照实际的家庭现有居住人口。不论有没有本村户口，只要是八组的人，就有资格获得一份地。“只要是结了婚或生了小孩，新媳妇与小孩就有资格分地；只要是闺女出嫁或老人去世，就把那份去除，不论户口有没有迁来或迁出。”除了分地，集体分钱也按照同样规则：村民家里实际有几口人，就按照几口人进行分钱。对于以实际家庭人口为依据具有虚报风险的这一漏洞，八组组长提出了不同的看法，小组内部村民之间相互都比较熟悉，对于每个家庭实际有多少人，大家都比较了解，也很容易核实；而最为关键的是，这种调整原则能够最大限度地体现“获得应得或去掉不应得的”这一公平正义观念。

其三，以户籍为依据，但将娶媳妇、嫁姑娘、生孩子与老人去世作为例外情况而区别对待。在河村的一组、二组、三组、九组等村民小组，一直以来通行的原则是每隔五年在本组范围内调整一次耕地，媳妇娶进门并且其户口也迁进本村才有资格参与分地，虽然娶了媳妇如果户口没有迁来，则不能参与分地。与娶进村的媳妇严格要求户籍不同，本组的姑娘只要出嫁，不论户口是否迁走，动地时就要把她的那份扣掉。对于小孩，只要出生于动地那天之前，就有资格分地，而动地之后出生的小孩需要等五年之后的下一轮耕地调整再分地。同样，老人如果是在动地当天之前去世，则要扣除耕地，动地那天以后去世的，同样也等到下一轮土地调整时再扣除。河村的这几个小组耕地调整原则一致，区别仅在于调整的年份以及日期上的差异，但一般都会选择在小麦播种之前的某一天。由于当地村民普遍结婚较早，许多人结婚时均小于法定年龄，因此很多新媳妇无法办理结婚证以及相应的户口迁移手续。甚至有不少家庭，已经生了小孩但母亲没有到法定年龄而无法迁移户口。那么，这些年轻的母亲就没有分配耕地的资格。

其四，以拥有户籍且常年在家居住为分地原则。道村的分地标准在全乡六个村庄中最为严格，即只有户口在家并且同时其本人也生活在家才可以分地，人与户口只要有一个没在家就不能分地，而且每个小组均是同一个标准。村民们解释说，有的村民虽然户口在家，但是常年工作生活在城市且早已在城市买了房，这种在动地时就不能再分配耕地；相反，有的村民虽然生活在村里但是户口早已迁走，也同样不能参与分地。

由此，在S乡各个村庄的宅基地分配特别是耕地调整的不同原则中，包含了官方的户籍资格、民间认可的成员资格、男性与女性的不同权利等因素的复杂交错，从而呈现出当地村民对于村庄成员资格以及相应权利分配的复杂界定与多样表达。一方面，就广义的村庄成员资格而言，“本村人”的成员资格界定是宽泛而又模糊的，除了拥有本村户籍的村民之外，新娶的媳妇、出嫁的姑娘、新生的小孩，即使没有本村户籍，也同样被村民们广泛认可为本村的成员。根据第一章所讨论的当地祖先崇拜的观念，即使是去世了的老人仍然属于本村成员的组成部分，出现在村民的信仰实践之中。甚至是那些因为经商、升学、工作等已经脱离了村庄户籍和村庄生活、在各个城市定居的原有村民，在返乡时也同样被认为是本村成员。

另一方面，就狭义的成员权利而言，村落成员资格及其权利又被限定在极其有限的范围，在不同村组有着不同的规定性，并由此形成了从宽松（以民间共识为主）到严格（以公安户口为主）的连续体。连续体的一端是以河村八组为代表的纯粹的民间认定，凡被本组村成员认可并核实的家庭成员均具有成员资格及相应的耕地、金钱等分配权利；另一端则是以河村六组为代表的官方户口原则，这一原则虽然简单易行，但同时也与民间广泛认可的成员资格权利存在差异。在这两端，分布着各种各样的以户籍与民间认可的不同组合，既有以河村一组等为代表的对于新娶媳妇、出嫁女、小孩等户籍在否的区别对待，又有以道村为代表的将户籍与常居相结合的严格规定。

需要指出的是，不论各个村组对于成员资格权利规定有着怎样的差异与多样，均蕴含着公平正义观念或者对公正观念的声称。例如，河村八组以民间认可的家庭实际人数分配耕地，充分体现了民间广泛认可的“既然是本村人就应该获得相应权利”的朴素公平正义观念，而以公安户籍为基准以及在此基础上的各种调整和变通，蕴含的则是以官方法律逻辑为依托或者正式法律与非正式民间规则相混合的公正观念，从而体现了成员资格与成员权利的复杂交错及其所蕴含的公平正义观念的多重维度和多样表达。不仅如此，在下文中将能看到，在具体实践过程中，这种多重性的公平正义观念更被嵌入村组内外的权力关系之中，从而展示出更加复杂的样貌。

三、土地调整困局：公平观念与村庄权力关系的交织

土地调整原则并不自动等同于土地调整实践的顺利实施。20 世纪 90 年代以前，S 乡各村庄的土地调整大致都能按照每个村民小组各自拟定的原则顺利进行，但是 90 年代中期以后，并不是所有村组都能如期顺利开展调地计划，不少村组的土地调整陷入困境，难以或无法顺利进行土地调整的村组逐渐增多。究其原因，用当地村民的话说，即村庄内部利益冲突的程度与调解的效果：利益冲突较少且能够被顺利调解的村组，土地调整就能顺利进行，例如道村，一直到现在，每个小组均能按照既定规则进行动地；相反，利益冲突较多且程度严重而无法顺利调解的村组，调地原则就难以实施，例如沟村，21 世纪以来就没有调整耕地，“因为村庄管理混乱，村民内部利益冲突与纠纷太多，牵一发而动全身，根本没法顺利实施”。换言之，土地调整原则并非处于真空或理想状态，而是被嵌入由村民与村民之间、村民与村干部之间的权力关系所构成的复杂语境之中。

前文已提及，土地调整与乡村政治秩序之间的紧密关联较早就被国内学者所关注，并成为土地调整研究中的核心议题之一。学者们认识到，土地调整不仅蕴含着村庄内部复杂的权力关系，[1]而且是乡村社会自我管理与社会控制的重要途径，以及乡村治理与发展的重要手段。[2]作为乡村政治的

[1] 周飞舟：《土地调整中的农村权力关系：对中国三个村庄的实地研究》，北京大学 1996 年硕士论文。

[2] 陈柏峰：《土地调整中的法律逻辑和治理逻辑》，载《上海城市管理职业技术学院学报》2008 年第 2 期。

基础，土地调整更构成保障村民自治与基层善治的关键，[1]能够进一步强化村民的政治参与能力与村级组织的合法性与治理能力。[2]可以说，土地调整作为村民政治参与能力、村组干部治理能力以及乡村政治是否有序的试金石，成为学者们对土地调整政治维度的普遍认识。然而，在土地调整实践的政治议题之中，仍然有两个相互关联的问题尚待进一步深入；其一，土地调整实践与村落政治秩序的相互交织得到了学术界的广泛讨论，与之相伴随的是，土地调整所蕴含的公平正义观念同样被嵌入村落内部的权力关系之中。那么，这种公平正义观念在村落权力关系中受到了怎样的影响，呈现出怎样的复杂特征或合理性声称，对此问题需要进一步分析。其二，如何理解公平正义观念之所被嵌入的村落权力关系，也是一个需要重新思考的问题。在实际生活中，村落权力关系并不是一个抽象概念，而是具体表现为村民之间的利益冲突与村组干部的政治行为，弥散在村民日常生活的各个方面，尤其集中体现在宅基地分配与建房之中，这又与耕地调整及其公平正义观念和实践紧密相关。

基于此，本节将从与S乡各村庄耕地调整密切相关的宅基地划分等利益关切入手，分别从村民利益冲突与村干部政治行为两个方面探讨村落权力关系影响下的公平正义观念的表达与实践。

（一）村民利益与公平观念的私人化

改革开放以来，随着个体能动性与自主性以及个体权利意识的逐渐增强，强调权利而忽视义务的缺失了个人主义的个体化进程在中国乡村社会广为上演。[3]对此，S乡各村庄村民的其中表现之一，即对以家庭为单位的个人利益的诉求与追求。具体到耕地调整上，这种对于个人利益的追求更是与公平正义观念相结合，无论是耕地调整的支持者还是反对者，均以自己的个人利益最大化为目的，并将公正观念作为追求个人利益的合理化声称，从而促成了公平观念的私人化与多样性表达。

---

[1] 杜鹏：《土地调整与村庄政治的演化逻辑》，载《华南农业大学学报（社会科学版）》2017年第1期。

[2] 杜姣：《农地调整的治理内涵——基于山东S镇的考察》，载《南京农业大学学报（社会科学版）》2017年第4期。

[3] 阎云翔：《中国社会的个体化》，陆洋等译，上海译文出版社2012年版，第21－22页。

20 世纪 90 年代中期以来，随着土地政策日益对稳定地权的强调与提倡，各个村组定期进行土地调整的约定俗成的非正式性特征愈发凸显。对于在上一次土地调整以后家庭人口过多增加的家户而言，“增人增地、减人减地”的土地调整最符合他们的个人利益，因此对于该小组如期调整耕地也最为关注与支持，其理由自然是一直以来村庄中广泛接受的公平正义观念；但是，对于上次调地时分到了肥沃便利地块或者家庭人员减少却尚未被扣除耕地等所谓“沾光”的村民来说，下一轮耕地调整意味着自家所分耕地面积的大量减少，因此对于耕地调整并不热心，少数对于政府土地政策的稳定地权精神有所了解的村民则以政策与法律作为新的公平观念的准则而反对耕地调整。除此之外，更有极少数村民直接将公平观念置于宗族或家族势力之中，以此作为支持或反对土地调整的方式。

河村十一组的几户铁姓村民，家里儿子众多，家族势力强且行为霸道，打架不要命。20 世纪 90 年代，小组长召集村民商议如期调地，这几户铁姓村民均因为家庭人口减少需要扣除耕地，因此极力反对土地调整而导致土地调整无法进行。到了 21 世纪，这几户的儿子们长大娶妻生子，由于十一组自从上次调地失败后一直没有调过地，铁姓几户新娶的媳妇、孙子都没有耕地，让这几户铁姓村民吃了大亏，于是又向村组强烈要求土地调整。更有一户铁姓村民为了让本组村民们同意调地，在秋天耕种时拦着拖拉机不让犁地。但是当年打架不要命的几个铁姓男性成员年纪渐老，家族势力远不如以前，而且在一旦打伤对方就要支付高额赔偿的法律背景下，人们也不敢再用拳头和打架方式达到目的，因此调地诉求并没有得到全体小组村民的支持。在村民们看来，“当年占便宜时不让调地，现在吃亏了又要求调地，好事哪能全由这几家占着?”

在这一案例中，土地调整中的公平正义观念不仅作为个人利益的合理性声称而存在，更呈现出复杂的多重面向：当年村民们打算如期调地体现了一如既往的朴素公正观，如今铁姓村民因为家庭人口的增长而要求进行调地也蕴含了同样的公正观念；但是，由于铁姓村民当年借助类似于费孝通所言“横暴权力”[1]而对公正观念的践踏，反对铁姓家户调地诉求的其他村民则凭借着对其追求自我利益的强势霸道行为的抵制，从而也蕴含了公

[1] 费孝通：《乡土中国 生育制度》，北京大学出版社 1998 年版，第 59 页。

正观念的合理性。

然而，在S乡各村庄，能够熟知并运用土地法律精神或以宗族或家族势力为基础的公平性声称的人毕竟为少数。对于大部分村民而言，由于土地调整所具有的公共性特征，必然涉及村民的各种利益关切，[1]由此，耕地调整中的公平正义观念也被普遍嵌入日常生活中的各种利益关切与利益冲突之中，尤其集中体现在围绕宅基地建房的得利与失利的利益诉求或抵抗等方面。

前文提及，作为本村成员的基本权利以及公平正义观念的体现，S乡各村庄奉行“建新房、退旧房”的宅基地审批与建房原则。20世纪90年代中期以来，特别是1995—2003年，在当时土地管理政策宽松的背景下，为了发展壮大当地的机械加工等乡村工业，乡政府采取“先发展后治理”的思路，把各村主干道两旁的耕地全部开发为建设用地，鼓励各村村民在路边建工厂。现在被命名为“民族创业大道”的马路两边的大批厂房均为这一时期所建。与此同时，为了满足村民建新房的需要，各村干部也酌情在村旁道路边划出一些土地用作村民的宅基地建设，凡是获得新宅基地建房资格的村民，只要给村集体上交8000元到1万元费用，即可建房。

从公平正义观念的角度来看，不论是乡村企业主响应地方政府号召在马路边开发建厂，还是获取新宅基地资格的村民交钱建房，皆是因为这些村民符合条件且拿得出建房所需的大量资金，这无疑是公平的。但问题在于，出于个人利益的考虑，在新宅基地建了新房的村民们，越来越少地履行“拆掉旧房、把旧房所在宅基地归还集体”的义务。随着越来越多的村民们选择争取在村庄马路旁边建房而不拆旧房，这些村民们大多拥有两处宅基地与房屋，而旧有的房屋则大多废弃无人居住，这不仅在住房形态上形成了明显的空心村，而且严重损害了村庄中的公平观念，从而导致了村组村民在土地调整时的异议与反对。

路边建厂则属于另外的情形。在田野调查时，房村五组就已经八年没有调地了。其原因正在于乡村企业主路边建厂所带来的公平正义观念的纠缠。乡道两旁的耕地开发时，房村旁边乡道的耕地多属于第五小组，因此

---

[1] 贺雪峰：《乡村治理中的公共性与基层治理有效》，载《武汉大学学报（哲学社会科学版）》2023年第1期。

该小组的乡村企业主建房人数最多。由于厂房建在路边，就把原来路边的一垄垄完整长度的耕地分成了两半，靠近马路的部分被建成厂房，厂房后面则留下了四五十米长度不等的小块土地。这些小块耕地因为地垄变短，耕地、收割、播种等各个环节都不便利。机械化种植流行之后，大型农业机器也难以顺利进入这些小块地垄进行操作，种植成本也更为增加。在每次打算调地时，这些小片土地就难以处理，很多人不愿耕种。耕地有远近之分、肥沃或贫瘠之别，以及紧靠还是远离机井、紧临还是远离马路等区别，因此才会采用抓阄等方式来体现公平观念。但是，建厂房形成的小块耕地属于人为造成。企业主建了厂房，造成的后果却要其他村民承担，也同样违反了村民的公平观，因此好多年该小组的耕地一直难以调整。

图 3－2　乡道两侧耕地开发后，房村等企业主所建厂房，导致了土地调整困难

需要指出的是，在土地政策宽松的 21 世纪初，马路两旁耕地开发为建设用地并建厂房这一行为陆续在房村、鲁村、沟村、道村等村庄进行。一般情况是，如果自家所分到的责任田正好在马路边，就向地方政府申请同意后直接在自己责任田上建厂；如果自家责任田不在路边，或者所分到的责任田亩数不够，就需要和其他位于路边的耕地互换或承包，每年向该农户支付承包费用。这样一来，因为不可能把厂房拆掉，就意味着厂房及其家人所占的耕地被固定化，这固然造成了土地调整的困难，但是也同时呈现出土地作为商品流转与经营的雏形及一种新的权利与机会公平观念。[1]

（二）村组干部权力背后的公平观及其实践

耕地调整实践中的公平观念不仅被嵌入村民自我利益追求或利益冲突之中，而且也鲜明蕴含在各个村组干部的权力行为之中。学者们已广泛认识到，调整土地的过程必然是一个乡村内部矛盾激化与解决的辩证过程。[2]在此过程中，村组干部承担着正反两个方面的关键角色。从正的方面来说，虽然土地调整作为村组内部的公共事件而牵涉各种各样的利益关切与矛盾，但是只要村组干部坚持公平正义观念并在行动中做到一心为公，在村组干部的多方协调之下，也能把调地顺利推行下去。从反的方面来说，如果村组干部抛弃公正观念或者为了追求个人利益不惜滥用权力，则不仅不可能开展土地调整，而且其政治行为更是村组内部利益冲突的原因之所在。

河村第九小组在调地实践中也存在着各种自我利益的关切与矛盾。例如，由于历史原因，八组村民家的许多坟地位于九组的耕地上，有的坟地还种了树。因为树会影响庄稼生长，而树的主人不愿意把树砍掉，因此，许多村民不同意分到这些地块。面对各种利益诉求或利益纠纷，九组的历任组长充分认识到沟通协调的重要性。小组内部常年成立一个由六户家庭主要成员组成的队委会，在每次耕地调整之前，深入所有村民家庭，充分了解每一位村组成员的调地意愿与利益关切。对于抵制土地调整的那些村民，充分掌握其抵制的原因与利益诉求，并且队委会和这些村民坐在一起，协商解决办法，即使不能立即解决这些村民的利益诉求，也会充分做通思想工作。

正是在历任村组干部对于土地调整的公平正义观念的遵守与行动下，九组多年来坚持每五年调整一次耕地，一次也没有中断。田野调查时，现任组长对此有着清醒的认识："矛盾一旦积压，后面工作就更加难以开展，如果有一次不调，以后也就更加难以顺利调地。"反过来，土地顺利调整

[1] 钟文晶：《国家赋权、土地调整与农户地权公平感知》，载《学术研究》2019 年第 7 期。

[2] 杜鹏：《土地调整与村庄政治的演化逻辑》，载《华南农业大学学报（社会科学版）》2017 年第 1 期。

在及时化解九组内部利益矛盾的同时，也持续强化了村组所有村民的公平正义观念，使得九组成为河村利益关系最为和谐、土地调整最为顺利的村组之一。

需要指出的是，这种公平正义观念不仅依赖于村组干部的一心为公与秉公办事，而且还嵌入村组干部灵活变通的政治行为之中。九组调地工作做得最好，村组干部在调地过程中的灵活性也是其中一个关键因素。例如，虽然九组的调地规则是新媳妇必须把户口迁进来才可以分地，但在实际执行中组长们大多采取灵活方式，往往会再给这家人半个月时间，半个月内只要能把户口迁进来，仍然有分地资格；但如果半个月之内仍然无法迁进户口，就只能等到下一个调地周期。

此外，小组干部还会根据村民家庭的实际贫困程度给予灵活对待。有一户村民非常贫困，新娶媳妇的户口一直没有迁进本组。按照原则这家新媳妇不能分地，但是调地时这家提出希望新媳妇获得分地资格。在组长与队委会成员看来，每人耕地只有四分，如果是经济条件好的人家肯定不在乎这一点儿耕地，而这家人经济贫困才会如此看重土地，在此情况下，如果严格执行分地规则就显得不近情理。于是，小组长私下分给了他家这份耕地，虽然为了避免其他村民的议论，名义上是小组集体的耕地承包给了这户村民，实际上相当于分地给了他家。

另有一户，小孩的爹死了，妈妈带着小孩改嫁别处，家里只有爷爷一人在家，但爷爷是非农户口，由于小孩户口在本小组，一直以来就给这位爷爷分了他孙子的这一份耕地。前几年，孙子户口也迁走了。按道理爷爷应该分不到地，但队委会考虑到实际情况，分了爷爷半份地，又免费承包给他半份，实际上也分了他一份耕地。

九组现任组长总结说，农村的具体工作，大是大非的原则性问题一定要按照规则进行，其他事情就需要及时变通，特别是调地过程中，不能太教条化，需要灵活性，具体问题具体对待。但变通的核心是以村民利益以及公平正义为首要考虑。除了村组干部的灵活变通以外，参与分地的村民往往也灵活进行。在河村，许多兄弟家的地块都是紧靠一起的，原因是在分地抓阄时，亲兄弟之间或者平日关系好的村民之间会选择联合起来只抓一个号码，然后再私下协商分地，以便几户人家的地块能够分在一起，种地、灌溉等农活可以互相帮忙，使用机械操作协调时也更加方便。

与九组等顺利完成土地调整的村组相反，河村第四与第十一小组等村组则因为村组干部的徇私而导致利益矛盾凸显，最终导致土地多年无法调整，日益积压的利益矛盾又进一步造成了村组内部公平观念的式微与混乱，成为难以解决的恶性循环。河村第四村民小组从1998年以后就再也没有调整过耕地。究其原因，1998年耕地调整以后，一位叫赵恩的村民开始担任四组组长。当时位于村庄附近有一块七十余亩的自留地，正值政府鼓励村民办小企业，赵恩家的自留地正好靠近马路，于是就在自家耕地上建了一个厂房。两年后，工厂生意没有做起来，赵恩就把工厂改建为一座楼房，外加一个大大的院子，作为自家住宅。在队长的带动下，村民们纷纷在属于自家的自留地上盖房子，而且也不再遵守宅基地的面积要求，有三间面积的就盖三间房子，有六间面积的就盖六间房子，村组干部均对此不管不问。因为管理混乱且为自己谋私利，赵恩的队长工作很快难以为继，另一位村民赵立接任组长。但是赵立与赵恩相比有过之而无不及，只要送礼就给村民批宅基地，占用的均为本组的自留地或空余土地。

图3-3　河村四组的自留地以及所建住宅：图中最远处是已建好的住宅，中间只打了地基，最近处在自己自留地上种了树

前几任组长的不作为导致了难以协调的利益矛盾。对于田野调查时的现任组长老赵而言，如果土地调整，需要先清算自留地盖房情况，就要把当年在小组集体自留地上违规建房子的这些面积也算进去：房子占了多少面积，就应该从大块耕地中扣除相应的面积。然后再对剩余耕地在全组村民中重新分配调整。但是当年违规盖房子的村民占了便宜，而且已成既成事实且办有合法证件，因此坚决反对扣除自家耕地。于是，每次到了调地年份或者家里人多地少的村民提出来要求调地时，就有村民提出必须解决当年违规盖房子的问题，形成死循环，一直到现在的近二十年内也没有调整过耕地。

多年没有调整耕地造成了在村民们看来非常滑稽且不公正的现象：许多家中老人去世多年，但属于老人的那份耕地依然还在；另一些家庭娶妻生子增加了许多人口却一直没有耕地。对此组长老赵也无可奈何，因为周期性耕地调整属于民间行为，并不是明文规定的正式要求，能否顺利推行全靠小组内部村民之间的相互协商，乡镇或村干部均不会强制要求。由于是前几任队长造成的利益矛盾，现任组长也不愿意强制得罪人，“既然多年都不调整土地，现任队长也不会自找麻烦，索性一直这样下去”。

在人类学与社会学领域，乡村社会的公平正义观念被多有论及。学者们看到了税费改革前后乡村治理性危机背后的农民公平观念的重要因素，❶ 以及公平正义观念在化解冲突从而实现和谐相处的角色。❷与此同时，公平正义观念的情境性也被强调，互惠构成了乡村社会公平观念的基础，在差序格局下人与人之间是一种差序性的互惠关系，从而形成了以关系的亲疏差等来判定是否正义的“差序的正义”的观念。❸除了情境性，公平正义观念也被视为在法律条文、宗族势力与精英人物秉持利益最大化等原则而重新定义与建构，从而呈现出鲜明的建构性特征。❹与上述讨论不同的是，在本节呈现的土地调整实践中，并不是运用公平正义观念解释乡村权力，而是把公平观念放进乡村权力关系的语境中，特别是放置于村民自我利益追求与利益矛盾以及村组干部或公平灵活或谋求私利的政治行为之中。正是在此权力关系之下，公平正义观念展示出情境性与建构性的特征。

换句话说，在要求土地调整、抵制土地调整、顺利实施了调地以及常

❶ 赵晓峰、刘涛：《农民公平观念与乡村治理性危机的关联》，载《调研世界》2009 年第 7 期。

❷ 赵旭东：《乡村社会的“正义观”——一个初步的理论分析》，载王铭铭、王斯福主编：《乡土社会的秩序、公正与权威》，中国政法大学出版社 1997 年版，第 568 页。

❸ 赵旭东：《权力与公正：乡土社会的纠纷解决与权威多元》，天津古籍出版社 2003 年版，第 303－304 页。

❹ 柳发根、刘筱红：《乡村社会的公平是如何建构的？——以江西 Y 乡一起交通事故的调解为例》，载《理论导刊》2015 年第 1 期。

年难以调地等不同情境下，都可以看到村民对于公平正义的不同理解与合理性声称。在赚钱能力被视为衡量一个人的主要标准的背景下，道德评判标准也发生了变化，赚钱甚至是为自己谋取最大利益也具有了一定的正义性。[1] 由此，那些违规多占宅基地建房、村组干部以权谋私从而导致村民利益矛盾等行为，也呈现出了一种扭曲了的正义性声称，与原有的公平正义观念一起，构成了乡村公平正义观念的混乱复杂。这种公平正义观念的多重与复杂，进一步增大了土地调整实施的难度，成为土地调整困局背后的文化因素。

四、土地确权实践：朴素公平观念的挑战与应对

如前文所述，土地调整的民间规则与国家一直以来致力于稳定地权的政策法律是两种逻辑。这种差异在 2009 年和 2010 年中央一号文件要求做好集体土地所有权确权登记颁证工作[2]的背景下被进一步扩大。正是基于两种逻辑，有学者提出允许小调整以及赋予新增人口可替代性保障等解决路径。[3]与之不同的是，如果我们暂时从对策建议的思路中跳出，聚焦于村民日常生活实践本身，那么，当耕地动态调整理念实践背后的这种公平观念遇到了国家层面的土地确权政策时，会产生怎样的挑战与应对？或者说，面对新的宏观背景，当地村民又产生了对于公正观念的怎样理解与本地化实践呢？在本节的讨论中，我们将看到，一方面，在土地确权的清晰化逻辑背景下，S 乡耕地调整中的公平正义观念遭遇到了较大挑战；另一方面，在日常实践中，土地确权的实施却被纳入民间社会模糊性的非正式规则之中，在此过程中，既显示出村民朴素公平正义观念的延续性，又呈

---

[1] 阎云翔：《私人生活的变革：一个中国村庄里的爱情、家庭与亲密关系：1949—1999》，龚晓夏译，上海书店出版社 2006 年版，第 204 页。

[2] 《中共中央关于推进农村改革发展若干重大问题的决定》（2008 年 10 月 12 日中国共产党第十七届中央委员会第三次全体会议通过）。2009 年中央一号文件《中共中央国务院关于 2009 年促农业稳定发展农民持续增收若干意见》以及 2010 年中央一号文件《中共中央国务院关于加大统筹城乡发展力度进一步夯实农业农村发展基础的若干意见》中规定：强化对土地承包经营权的物权保护，做好集体土地所有权确权登记颁证工作以及全面落实承包地块、面积、合同、证书“四到户”，做好确权发证工作。

[3] 刘玉珍、程军：《土地调整的普遍性习惯与法律性规定的冲突及其化解路》，载《农村经济》2019 年第 3 期。

现出向新的符合现代发展的新公正观的转变。

（一）土地确权及其对朴素公正观念的挑战

为了进一步搞活农村经济，突出市场在农村资源配置中的作用，早在2009年，国家就开始了土地确权的试点工作。2013年党的十八届三中全会上通过的《关于全面深化改革若干重大问题的决定》提出要“建立农村产权流转交易市场，推动农村产权流转交易公开、公正、规范运行”。2014年中共中央办公厅、国务院办公厅《关于引导农村土地经营权有序流转发展农业适度规模经营的意见》更是明确提出了土地确权颁证工作的时间表，要求“用5年左右时间基本完成土地承包经营权确权登记颁证工作”。河南省于2015年被列入“整省试点”，到2017年年底，全国有28个省份开展“整省试点”的土地确权工作。S乡的土地确权工作于2016年9月开始进行。2017年夏天，我在S乡的村部看到了土地确权的证书，每家每户拥有几块耕地以及每块耕地的面积、位置、东西南北的地邻是谁等所有信息在证书上均有精确呈现，不仅有对每户耕地的文字与数字说明，而且每个地块还配有相应的卫星照片。

图3－4 田野调查期间下发到村部的土地确权证

显而易见，这种旨在清晰化、固定化土地产权的确权政策的实施，对于S乡一直以来所持续的土地调整及其朴素的公平正义观念带来挑战。具体而言，惯行于当地的耕地调整，其核心正是要保证耕地的面积与具体位置于不同时间在不同村民内部的持续性流动。虽然少数小组因为村组干部以权谋私等行为导致村组内部利益矛盾无法调解而多年无法调地，但是对于多数村民小组来说，能做到耕地定期调整。即使有的小组在耕地分配上占到便宜的村民不同意调地，但在村组干部的沟通协商下，也能够通过各种方式做通思想工作而确保调地顺利进行。但是，土地确权把耕地的面积与位置完全固定化，并且受到国家法律政策的保护，因此，占了便宜的村民就可以理直气壮地拒绝土地调整。以前如果小组内少数村民不同意调地，村组干部做思想工作一般都可以解决，但是土地确权以后，做工作已基本无效，不同意调地更加具有了国家政策所赋予的合法性与正义性。

田野调查时，土地确权对于朴素公平正义观念的挑战已经有所显现。河村三组因为上一次耕地调整没有顺利进行，距离上一次分地已有九年，本来打算明年进行调地。因此耕地调整工作还没有来得及开展，此次土地确权已经开始了，而且确权仍然按照九年前村民所拥有的耕地面积与位置，这就相当于把人数已经增加的家庭的吃亏状态加以确认并且固定化，“吃了亏也没办法”。正因如此，在S乡田野调查期间，虽然每家每户的土地确权证书早已送到了村部，但是各个村庄干部都把证书放到了村部柜子里集中保存，而并没有发放到村民手上，村干部告诉我说，“村民没有见到证书，以后的土地调整还好办一些”。

（二）朴素公正观的韧性与现代变迁

土地确权的核心是农户产权的精确性与固定化，这在S乡的土地确权证书上得到了直观体现。然而，在当地村民的观念与实践中，土地确权的清晰与精确并不是绝对的，而是呈现出诸多模糊性的特征，并且与村民一直以来的公正观念相互交织与融合，进而呈现出朴素公正观的强大韧性。

首先，土地确权的实施及其含义对于村民而言是模糊的。虽然几乎所有村民都知道土地确权这回事，但是对于土地确权政策并不甚了解。2016年土地确权，国家只告诉村民土地确权后会颁发证件，但是对于土地确权的目的以及土地确权以后耕地应该如何处理等具体事宜并没做具体说明，村民们也不知道是怎么回事。不仅如此，土地确权的具体实施也是在农民们稀里糊涂之中进行的：没有人下来丈量，只是每个小组长向上汇报本组的户数、每户土地的面积以及卫星拍照的具体位置。对于一些村民来说，土地确权后，自家的耕地是否可以抵押或出租以及如何抵押或出租，或者说土地确权的固定化及其内在含义让他们困惑不已，“根本说不清楚”。众多年纪大的村民也看不懂耕地确权的意义，更不清楚以后能不能再调地。河村老赵介绍说，如果国家不禁止就仍然可以调整，如果以后不再调整，自家已经有了六个人的耕地，也不吃亏。

其次，在多数村组干部与村民的认知中，即使土地确权也不能阻止土地动态调整的民间实践。田野调查期间与村民聊起土地确权，许多村民均一致表示，虽然土地确权从原则上意味着耕地不能再在小组内部进行动态调整，但是每个村民小组仍然可以自行安排，只要村民内部同意，仍然可以继续进行耕地的重新分配。村民解释说，耕地每五年调整一次是小组村民一起协商通过的，现在虽然土地确权，但也只是确权而已，如果村民内部达成一致以后还会继续调地。可以说，在当地村民看来，动态调整才是实现人地关系中公平正义的正确方式。一方面，由于每家每户添人或去人，家庭人口一直在不断变动；另一方面，不同地块的耕地质量也各不相同，既有诸如紧靠机井便于灌溉、紧靠马路便于耕作或者土质肥沃的“好地”，也有情况正好相反的“坏地”，因此为了公平起见要每五年调整一次耕地，既符合每个家庭人口变动的具体情况，同时又通过抓阄碰运气的方式在“好地”与“坏地”之间进行调换。

最后，即使是旨在明确化与固定化的土地确权，在当地具体实践中仍然可以被吸纳进当地村民的公平正义的观念之中，并以某种流动性的方式予以应对。前文提及，每个村民小组所有土地有许多不同类型，除了大块自耕地（也称为责任田）以外，有些小组还拥有由集体时期的自留地所转化而来的林地或菜地，以及一些位于河坡等处的荒地等。土地确权除了确定村民所拥有耕地与面积以外，同时也确定了每个村民小组所拥有的所有土地的不同性质。如果全部上报，则意味着以后的土地调整难以存在任何活动空间，于是，一些组长在上报时就会把荒地、菜地、林地以及仍然由村民耕种的小块自留地申报为集体用地。

以河村一组为例，河村的最西边有一大片树林，集体时期是第一生产队集体的自留地，后来变成了生产队的菜园，供应全队村民蔬菜；分田到户之后，这块菜地也分给了各家各户，仍然种菜，也有的村民改为种粮食。由于紧靠村落，后来大家干脆在这块地上种树，这几年树很便宜，卖不了好价钱，于是就一直长在那儿，成了现在的大树林。最初有七十余亩，盖了几处宅子之后，现在大概有五十亩。这块土地在土地确权的时候就没有被计算在内，而是认定为由村民小组集体所有。大河东岸的一些土地也没有算进土地确权的范围，同样划定为集体用地，属于小组集体所有。这样一来，就给村民小组集体留下了一定的调整空间，如果以后国家不再允许耕地调整，小组长也可以从这两块集体用地上想办法，做出相应的分配与调整。相反，如果有的小组长没有留下余地和空间，面对后续的宅基地与耕地诉求，可能会产生不尽的纠纷。

综上所述，旨在清晰化与固定化的土地确权被流动性、灵活性的民间规则吸纳，显示出当地村民公正观念的持续性与韧性。但与此同时，土地确权政策对当地村民传统公正观念的影响也是直观可见的。在家庭内部，随着青年一代日益摆脱父权控制以及对于家庭财产意识的增强，包括个人财产权在内的个人权利发生着巨大变化。[1]然而，在家庭外部或者说在由一个个独立家庭所构成的村组之中，个人财产权利又同时表现为以家庭为单位的财产权利观念的增强。在个人与家庭的财产权利不断增强的双重背景下，土地确权也为当地村民特别是年轻村民捍卫自家对所分到的耕地承包权利提供了坚实的政策与法律基础。

2022 年，笔者又一次来到 S 乡短暂回访，可以明显看到，虽然村庄之中的中老年村民对于土地确权的公平观感知并没有出现明显变化，但是，农地确权所赋予农户土地继承权以及通过稳定承包关系以实现就业机会公平和自由使用土地的公平观念，[2]开始被越来越多的年轻村民所接受与认可。由此，一直以来存在于当地村民之中的以“使每个人获得其应得的、分走其不应得的”为核心内涵的传统公平观念虽然韧性依旧，但是就耕地承包经营而言，开始慢慢向“基于固定的土地承包权之上的公平流转机会”的新公平观念变化。这种与土地确权及现代经营方式更加契合的新的

---

[1] 阎云翔：《私人生活的变革：一个中国村庄里的爱情、家庭与亲密关系：1949—1999》，龚晓夏译，上海书店出版社 2006 年版，第 180 页。

[2] 钟文晶：《国家赋权、土地调整与农户地权公平感知》，载《学术研究》2019 年第 7 期。

公平观念的出现与认可，无疑是当代乡村以土地调整为主要内容的文化秩序变迁的新方向。

五、结语

流动性已经成为当今世界与以往最大的区别，全球化的主体就是流动，这种流动已不再是单纯从一个点到另一个点的直线运动，而是包括资本、信息、人口、族群乃至文化在内的全球性流动，是全方位的互动、扩展与传播。[1]对于中国乡村社会来说，流动性不仅意味着村庄与外部世界联系的日益密切及其村民在空间、生活甚至心态上的流动；从前面几章的讨论可以看出，流动性也同时表现为信仰观念的相互影响、族群身份的互换，特别是本章所讨论的耕地动态调整的民间规则，更体现出村民日常生活中基于朴素公平观念之上的流动性。这种“流动性的公正”既与成员资格及其权利密不可分，又与村组内部的村民利益诉求、矛盾以及村组干部或一心为公或谋求私利的政治行为相互交织，在当前土地确权中经历强大的韧性与新的变化趋势。因此，我们既可以将 S 乡村庄多年以来基于土地承办权流动调整的公平正义观念称之为“流动性的公正”，又可以把这种公平正义观念随着流动性的变化而变化的趋势视为“公正观念的流动”。

概而言之，从集体时期到现在，S 乡村民的耕地占用与分配经历了明显的从流动到固定化的变化过程。集体时期，以生产队为单位集体耕作、统一分配，其全部耕地由生产队集体所有，在人民公社初期耕地甚至能够在每个生产队之间不断流转或互换。对于村民来说，去哪个生产队落户也并没有严格的限制。例如，河村有几户王姓村民在集体时期从九队来到了八队，就在八队参加劳动、按照工分参与分配。总而言之，在集体时期，村民与耕地之间的联系是间接的、松散的，并不存在一一对应的占有关系。集体解散以后，S 乡于 1984 年前后开始推行分田到户，于是每一家村民与每一块耕地之间建立了直接的占有关系；与此同时，村民居住在某个生产小组也予以固定化，不能再像集体时期那样在不同小组随意流动。但

[1] 范可：《在野的全球化——流动、信任与认同》，知识产权出版社 2015 年版，第 92 页。

是由于农地产权制度本身的模糊性，[1]从一直施行于 S 乡农村的耕地动态调整理念与实践可以看出，这种占有是短期的或期限性的，每隔三年或五年，每一块耕地在小组内的村民中间进行重新分配与流动。虽然若干村民小组因为村组干部或一些个别村民的自私行为而导致较长时间内动地难以顺利开展，但对于大部分村组来说均能够一直推行下去。

2016 年开展的土地确权从国家政策的层面对人地占用关系予以明确化与固定化，虽然当地村民仍然对其进行流动性的理解与在地化实践，但毫无疑问给原有的流动性公平观念本身带来挑战。在这种挑战与应对过程中，不同小组村民特别是年老村民在流动性与固定化中间摇摆，而对于更多年轻村民而言，基于土地流动的朴素公正观念最终被基于稳定权利关系的现代经营机会公平的新的公正观念所替代。由此，就土地承包经营权利而言，流动与公正之间的紧密联结逐渐松绑，日益与固定土地权利相结合，这或许是土地确权之于乡村社会变迁的文化意义之所在。

---

[1] 黄砺、谭荣：《中国农地产权是有意的制度模糊吗?》，载《中国农村观察》2014 年第 6 期。

第四章

生存之道：文化经济学视野下的生计变迁

这是一个农业的社会，但却是重商性农业的社会。它将个体农民编织进了一个庞大的经济网络里。这种格局与普遍所认为的那种由无数分散的、孤立的、自给自足的农户细胞所构成的古代中国农业社会的图景相去甚远。

——许倬云《汉代农业》

经济从来就不是一个独立或单一运行的要素，而是嵌入社会关系之中，与社会网络、社会结构甚至宗教及文化产生着紧密关联。在马克思的理论体系里，物质生产是理解人类社会的出发点，经济结构作为社会基础决定着包括文化观念在内的上层建筑的形态与机制。[1]与马克思强调从生产关系的经济基础角度解释文化现象相反，韦伯开启了从宗教伦理观念等文化因素出发讨论资本主义经济的新路径，富有洞见地分析了新教天职观与禁欲主义伦理对于理性、财富、节俭克制等资本主义精神的亲和性，从而作为一种重要的文化基础，与其他方面一起促成了现代工业资本主义的形成与发展。[2]这一文化基础是不可或缺的，由此成为包括传统中国在内的非西方社会难以生成现代资本主义经济的重要原因。[3]

与马克思一样，韦伯的研究路径同样产生了深远影响，文化之于现代资本主义经济发展的影响与意义成为人类学解释现代经济发展的重要视角之一。在韦伯思想的影响下，格尔兹从爪哇与巴厘两个地区传统价值观念模式的比较角度讨论了经济起飞与现代化转型中的文化作用。[4]面对东亚四小龙的经济腾飞，资本主义经济现代化发展与传统儒家伦理之间的关系得到了广泛的重新思考，由此与韦伯关于儒教与道教伦理阻碍资本主义经济

[1] 马克思：《德意志意识形态》，载《马克思恩格斯全集（第三卷）》，人民出版社1995年版，第42页。

[2] 马克斯·韦伯：《新教伦理与资本主义精神》，阎克文译，上海人民出版社2010年版。

[3] 马克斯·韦伯：《中国的宗教——儒教与道教》，简惠美译，广西师范大学出版社2004年版。

[4] Clifford Geertz, *Peddlers and Princes: Social Change and Economic Modernization in Two Indonesian Towns*. Chicago and London: The University of Chicago Press, 1963.

的相关命题进行了直接对话。[1]

韦伯式的研究路径虽然看到了经济体系与当地文化观念之间的相互交织，但在某种程度上，均将现代工业资本主义经济体系视为普遍性、进化论式的通则，而这正是经济人类学的形式论与实质论长期学术争论的焦点之一。在实质论者看来，西方资本主义经济不仅不能用以解释非西方的经济现象，而且与其他经济形态一样，都是地方性的，嵌入当地的社会结构与文化体系之中。形式论与实质论在研究目的、分析单位、方法论等各个方面各持一端，从而造成两者难以有效对话而最终衰落——例如前者强调理性个人与客观科学，后者则更注重对于社会文化特性的主观分析。[2]

在此背景下，古德曼提出“文化经济学”视角，试图同时涉及个人与社会两个方面，并将地方性的经济形态及其与地方文化之间关系的讨论继续深化。一方面，文化经济学强调对地方性价值体系与理论概念的关注并且将此作为理解当地经济形态的基础，另一方面，在伯德－大卫等批评者看来，文化经济学应该避免经济研究的文化决定论风险，即强调经济行动者不但创造地方文化模式，而且行动也在他们所理解的经济体系的文化框架下进行。[3]

这种将地方经济嵌入当地文化观念模式之中，特别是从文化观念来理解经济形态与个人行为的文化经济学视角，为思考 S 乡地方经济秩序变迁提供了有益启发。在此视角下，S 乡村庄的经济形态与村民经济行为呈现出怎样的特征，蕴含着怎样的文化观念模式？文化观念与地方经济之间又是如何相互交织的？总而言之，应该如何从地方文化观念的角度理解当地的经济形态及其发展变迁呢？

对于上述问题，本章首先聚焦于 S 乡村民的集体心态。改革开放以来，这种以挣钱为宗旨的经济观念与利己主义观念一起作为当地的社会心态，不仅塑造着 S 乡几乎每一位村民的经济行为与生计策略，而且构成了 S 乡村庄经济形态的共同的文化基础。

---

[1] 金耀基：《儒家伦理与经济发展：韦伯学说的重探》，载《金耀基社会文选》，幼狮文化出版社 1985 年版，第 253－280 页。

[2] 黄应贵：《返景入深林——人类学的观照、理论与实践》，商务印书馆 2010 年版，第 201－203 页。

[3] 迈克尔·赫茨菲尔德：《人类学——文化和社会领域中的理论实践》，刘珩等译，华夏出版社 2009 年版，第 109－112 页。

其次，分别以河村与房村为例，考察S乡在改革开放后所形成的两种不同的生计类型及其变迁，即以河村为代表的牛羊毛皮相关联的生计形态的兴起与衰落，包括从宰羊、毛皮收购市场到毛皮加工业的高峰，以及小制革被取缔以后当地经济的断崖式衰退和村民寻找新出路的挣扎与努力；以及以房村代表的当地机械配件加工产业的兴起与发展，特别是集体时期的配件加工集体企业随着集体制度的解体而“散落”进个体化的村民家庭之中，以及改革开放以来不同阶段下第一代、第二代与第三代企业经营者的发展与特点。

最后，在挣钱的心理动力下，何以产生两种不同的生计类型？原因是多重的，但其中一个重要因素在于，两种不同的生计类型蕴含的是两种不同的观念模式，即精明的短平快生意观念与基于人情关系的生意观念，这两种不同的观念模式反映了两种不同的人观，既是村民长期经济社会生活特别是生计策略的结果，反过来又作为一种惯习，促成了村民们在改革开放后对于不同生计类型的选择。

一、挣钱：作为经济动力的社会心态

社会心态是一段时间内弥散在整个社会或社会群体类别中的宏观社会心境状态，能够对社会行为者形成模糊的、潜在的和情绪性的影响；来自社会个体心态的同质性却不等同于个体心态的简单加总，反映了个人与社会之间相互建构而形成的最为宏观的心理关系。[1]王俊秀进一步讨论了社会心态的特点，既包括一个时期作为历史片段的相对静态的社会心理特点，也包括在历史长河中社会心理的演变；既具有普遍性、稳定性，也具有地域性、特异性、暂时性；受到一定时期的社会环境和文化包括亚文化的影响而不断变化的。因此，既是社会转型的反映，也是影响社会转型的力量。[2]在此基础上，周晓虹澄清了社会心态所具有的动态性、宏观性与社会

---

[1] 杨宜音：《个体与宏观社会的心理关系：社会心态概念的界定》，载《社会学研究》2006年第4期。

[2] 王俊秀：《社会心态：转型社会的社会心理研究》，载《社会学研究》2014年第1期。

事实意义上的突生性，以及由个体心态到社会心态的产生机制。[1]需要指出的是，与讨论整个中国人或中国社会的宏大范围内所经历的社会心态变迁不同，本节对于社会心态的讨论只立足于S乡的范围，也并不涵盖所有方面，而是聚焦于与S乡各村庄经济发展密切相关的集体心态，作为当地村民在不同经济阶段所表现出来的较为普遍一致的心理特征与观念模式，为理解当地经济形态发展变迁提供了文化上的基础。

（一）挣钱观念

对于S乡村民而言，挣钱观念是不言而喻的。自古以来，即使在主要以农业耕种为生计来源的传统时代，挣钱也一直是当地人们的普遍追求。在改革开放的宏观背景下，挣钱观念被进一步激活放大，并与外部社会环境相结合，形成了有着微妙差异的两种不同表现形式的集体心态。概而言之，在改革开放初期，在集体解体、分田到户以及商品经济蓬勃发展的大背景下，当地大多数村民特别是年轻村民既延续着集体时期农业种植以及农忙劳作、农闲无事的传统生计与生活方式，同时又混杂着挣钱的冲动以及追求时尚与各种新鲜事物的热情，再加上社会飞速发展的外部环境以及年轻人自身无处释放的青春活力，从而日益形成了集传统与现代、繁荣与驳杂、有序又混乱等特征糅合于一体的集体心态，尤以20世纪八九十年代当地的打架、歌舞现象为代表。进入21世纪，挣钱及改善自身生活条件日益成为包括年轻人在内的当地所有村民的第一追求。

人民公社时期的集体劳动、生产与学习占据着当地村民的大部分生活。20世纪80年代初期，村民们一下子从集体中解放出来，拥有了大量自由支配的时间。对于当时的大部分村民特别是年轻人来说，当地农村是其挣钱与娱乐的主要场域。除了种田、做生意之外，在空闲之余，赶会、歌舞厅等成为当时村民们热爱的娱乐活动。在第一章已经提及，改革开放初期，S乡每个村庄兴办物资交流大会，时间均为春天，例如公村为正月十六、道村为正月二十八、房村为二月十七、河村为四月初一、鲁村则是清明节当天。春会举办期间，除了农具等物资买卖，还要请当地剧团唱大

---

[1] 周晓虹：《转型时代的社会心态与中国体验——兼与〈社会心态：转型社会的社会心理研究〉一文商榷》，载《社会学研究》2014年第4期。

戏，剧目均为豫剧或曲剧等地方戏。

由于是农闲时节，无论能否听懂唱的是什么，大部分村民都会前去看戏，年轻人则穿着当时流行的花布衫、喇叭裤，在戏台周围闲逛。随后，歌舞团等新生事物传到了当地，年轻人爱赶时髦，三三两两结伴组团去看录像以及歌舞团表演。

村民们介绍说，当时农村的娱乐项目不多，录像厅或歌舞团非常吸引人，那时大多数村民家里也有了一些闲钱，年轻人又躁动，旺盛精力无处释放，唱唱歌、跳跳舞、打打架成了许多当地年轻人20世纪八九十年代的生活状态。

进入90年代，录像厅、歌舞团等娱乐活动逐渐过时，年轻一代的村民们更加注重生计与赚钱，无事闲逛打架的风气较之以前大为减少。90年代初，无论是河村的毛皮加工行业还是其他村庄的机械加工产业，均处于市场繁荣、利润较高的最佳时期，村民们的经济收入渐渐提高。

21世纪以后，金钱日益成为衡量村民成功与否的标准，再加上结婚成本（高额彩礼、城市婚房、汽车等必备要素）的激增，挣钱成为所有村民的主要追求。即使是刚刚初中或高中毕业返回家中的年轻人，也不会在村庄里到处闲逛，而是跟着家人或亲戚朋友学做生意或者外出打工挣钱。于是，年轻人无事打架的风气彻底消失，而村民之间因为纠纷而发生的打架，其“成本”也发生了翻天覆地的变化，打人不再像以前登门道歉那么简单，只要打伤（甚至有人会装作被打伤），不仅要支付医疗费，还会被索要高额的赔偿，严重的甚至还会判刑，因此村民内部现在即使发生了纠纷，也很少通过打架的方式解决。再加上政府治理的规范与加强，原有的打架斗殴、三陪歌舞等喧嚣杂乱从而彻底消失，村民相互之间琐事纠纷与冲突也大大减少。

（二）利己主义

对挣钱的追求促进了个人与社会的发展，但也在一定程度上导致了利己主义。2016年田野调查的第二天，乡干部小铁开着一辆面包车带我沿着乡间道路到S乡每一个村庄熟悉情况。正值天旱，很多农户在田间浇地。因为水井位于马路对面，浇地的时候，水管必须从马路对面拉过来，一般而言，在浇地时应该把经过路面的水管两侧垫上土，既保护水管，又不影响过往车辆通行。但是，行走途中，发现有一位村民把水管直接铺在马路上以后，因为担心过往车辆经过压坏他的水管，因此该村民就把一辆手扶拖拉机挡在水管前面，把道路完全封堵，不让车辆行走。乡干部没办法只好开车掉头回去，一边掉头一边告诉我说，灌溉或者三秋时，全乡主要道路到处都被灌溉的村民用各种东西封堵，开车根本无法通行，前面过不去，想掉头从另外一个马路走，但到了一看，那条马路也无法通行，转了一圈只好原路返回。

图 4-1　拖拉机横放在马路上，拦住了面包车的去路

在随后的田野调查中，吃过晚饭和一些乡干部在田间的道路上散步，当时道路两旁的玉米苗长得很高了，有些已经结穗，但令人好奇且印象深刻的是所有靠近道路的玉米苗的里面却“种”了一排杨树。看到我的困惑，乡干部解释说，为了方便农耕，乡政府对通往耕地的所有田间道路做了水泥硬化并在道路两侧种上小树苗，然后才是村民们的耕地。但是为了能够多种一垄庄稼，所有耕地紧靠道路的农户均把庄稼种植到紧紧挨着水泥路面，庄稼长起来以后，就把树苗包围进了土地里，形成了树苗种在玉米里面的“奇怪”现象。

在田野调查期间，村民们损害公共利益而谋求自己利益的事例也让村组干部苦恼不已。房村干部告诉我说，乡政府搞绿化工程，美丽乡村建设，要求居住在道路两边的农户门前留出一部分空间，政府免费提供花草树木，栽种在各家门前的空地上，由农户自己管理，花草树木也归农户。但即便如此，有的村民也不乐意，要么把门前全部硬化成水泥路面，要么把政府种的树拔掉，自己种上时令蔬菜。有一次，一个村干部看到房村一

图4－2 树苗种在玉米田里的“奇怪”现象

户村民把政府种在他家门前的三排景观树全部拔掉种上蔬菜，狠狠批评了这个村民一顿。

需要指出的是，对私利的追求在乡村社会中并不少见，费孝通早就对乡土社会私的观念以及公私模糊性做过精彩讨论。[1]王斯福在此基础上提出了社会利己主义的概念，在王斯福看来，自私是人的本性，在所有文化中都存在，然而在中国传统社会中作为文化逻辑的社会利己主义，其核心就是中国人只在其代表的社会关系框架（如家庭和家族）之内行动，看似自私的个体行为，实际上不仅必须以某个社会单元的名义进行，而且也的确出于对该社会单元利益的考虑；反过来，也只有通过个体对团体履行利于他人和团体的义务时，个人利益或私利才能够实现。[2]阎云翔认为，在中国传统社会里很难看到那种公开的、赤裸裸的利己主义，这种利己主义在社会行动和家庭生活中都不被认可，自我利益从来没有被合法化，追求个人

---

[1] 费孝通：《乡土中国 生育制度》，北京大学出版社 1998 年版，第 36 页。

[2] Stephen Feuchtwang, Social Egoism and Individualism: Surprises and Questions for a Western Anthropologist of China Reading Professor Fei Xiaotong's Contrast Between China and the West，载马戎、刘世定、邱泽奇、潘乃谷：《费孝通与中国社会学人类学》，社会科学文献出版社 2009 年版，第 18－32 页。

利益一定得披上为了某个社会单元谋求集体利益的外衣。[1]此外，阎云翔在下岬村的研究中指出无公德个人的泛滥，由于村民主体性被限制在了私人领域，从而导致只强调自己权利而无视对公众或他人义务与责任的自我中心主义。[2]

在S乡的上述案例中，不仅打破了社会利己主义的传统做法，而且在一定程度上也超出了无公德个人的概念。某种程度上，这种利己主义作为S乡村民中的一种社会心态，与挣钱观念相互交织，构成了当地村民谋求生计以及经济形态的内在的心理基础。

二、河村：毛皮加工业的兴与衰

（一）以牛羊毛皮为核心的生计变迁

前文提及，一直以来，S乡河村村民的生计方式与牛羊密切相关。除了种田以外，不少村民从事与牛羊肉或毛皮相关的小生意，例如宰羊或者收购牛羊皮并初步加工做成皮鞭、牛挽具等。这类小生意延续到集体时期。

事实上，作为日常生活的一部分，宰羊对于河村村民而言一点也不陌生，即使不做卖羊肉的生意，绝大多数村民也都会熟练地宰羊、分割羊肉。从20世纪70年代末开始，随着商品经济的逐渐恢复，牛羊肉生意成为更多的河村村民的生计选择。通常的做法是，早上出去买一只或几只羊，中午回来宰杀，下午给周边饭店送羊肉，剩余的羊肉第二天在集市上摆摊卖掉，从中赚取差价。村民们介绍说，宰羊业的利润关键环节是买羊，有的羊体重很重但是出肉量很少，骨架大，骨头分量比例高，就不赚钱甚至会赔钱，虽然羊骨头、羊内脏、羊皮都能卖钱，但价格要比羊肉低很多，最重要的还是卖羊肉；有的羊看着很小，但其实全身都是肉，就能

---

[1] Yan，Yunxiang. "Moral Hierarchy and Social Egoism in a Networked Society：The Chaxugeju Thesis Revisited." In Stephan Feuchtwang，Xiangqun Chang，Kent Deng & Daming Zhou（eds.）*Understanding China and Engaging with Chinese People：The 100th Anniversary of the Birth of Professor Fei Xiaotong.* Airiti Press，Taiwan，2012.

[2] 阎云翔：《私人生活的变革：一个中国村庄里的爱情、家庭与亲密关系：1949—1999》，龚晓夏译，上海书店出版社2006年版，第261页。

赚钱。买羊需要经验和技巧，有经验的把羊抱在怀里一掂量，就知道大概的出肉量。

到了80年代，随着分田到户与家庭个体经济的兴起，除了宰羊以外，河村村民开始做毛皮收购与销售的生意。最初只收购皮子，例如羊皮、狗皮、黄鼠狼皮等，大部分村民主要在省内收购，有的村民甚至还到全国各地收购，集中运回河村集市销售，很快就在河村形成了远近知名的皮货销售市场。几年后，又有不少村民改为收购羊毛。村民们介绍说，收羊毛特别简单，每人只需携带一把剪刀，把活羊羊毛剪下来，剪完之后就和一只羊一样，摊在地上还是囫囵的。周边村庄养羊非常多，特别是苏绵羊，长着小细尾巴，每只羊能剪出二三十斤的羊毛。由于毛皮销售利润较高，80年代中期河村几乎全村出动，外出收购羊毛。河村的毛皮销售市场的规模也越来越大，生意红火，全省甚至河北、安徽等临近省份的回民汉民也都会聚在集市上买卖毛皮。

但是好景不长，到了80年代末90年代初，由于村民们在买卖羊毛时掺假，毛皮市场逐渐衰落下去。由于羊毛油性比较大，掺上沙子也不容易看出来，于是为了赚取更大利润，一些人就对收购回来的羊毛里面掺沙子❶。掺沙子的比重越来越大，外地客商前来收购羊毛，回去一看全是沙土泥块。掺假最为兴盛之时，甚至还出现外地客商反过来坑骗当地村民的事情。掺假老手老杨反被骗的故事在河村广为流传。

有一个安徽客商在河村毛皮市场收购了老杨的羊毛，老杨是当时河村做羊毛生意中掺假最为大胆也最知名的一个，不仅往羊毛袋子里掺沙子，甚至还放了砖头石块。发现自己被掺假坑骗以后，安徽客商又一次来到河村，向老杨订购了一大车羊毛，老杨按照惯例塞进沙土与砖块过磅称重，称重以后客商谎称自己没有带够现金，先付一部分货款，等下次来收购时再付剩余的部分。老杨同意了，于是客商拉上一大车的羊毛离开但再也没

---

❶ 事实上，羊毛收购以后掺上少量沙子是当时羊毛买卖中普遍存在的现象。由于羊毛剪下来之后其重量会有折损，而且剪羊毛与收购羊毛的时候难免就已经带上了一些屎尿或者沙土，如果把收上来的羊毛清洗干净再出售肯定赔钱，因此当时不少村民在羊毛买卖过程中都会掺上一些少量沙土等杂质。一般来说，1斤羊毛的掺沙量不能超过2两，以便确保销售出的每斤羊毛能够洗出七两纯净羊毛。与此类似，卖鸡肉的村民也会给鸡注水。一般做法是，前一天下乡收购活鸡，第二天五更左右宰杀之后开始注水。卖鸡挣的就是水钱，如果不注水，根本就不挣钱。当时做此类生意均是如此。

有回来过。老杨只知道客商来自安徽省某县，但并不知道具体在哪个村，最后也只好不了了之。

除了老杨，还有其他几位掺假坑骗突出的人，被村民们编制成顺口溜："钱要飞，找小威；钱不要，找大茂；要想不要钱，就去找老源；谁要坏良心，出门见老信。"正如村民们所说，"败坏名声往往只需要这些少数几个人就够了"。羊毛掺假行为严重损害了河村羊毛市场的声誉，不仅外地客商再也不来收购羊毛，而且也影响了集市上的其他生意。到了90年代初期，兴盛一时的河村毛皮市场迅速萧条，村民们转向毛皮加工。实际上，在毛皮销售市场兴旺的80年代中后期，就已经有村民从事毛皮加工，利用大锅炉烧热水，将生皮做成熟皮，为周边的制衣厂提供熟皮材料。90年代以后，随着羊毛买卖的萧条，越来越多的村民转向毛皮加工，不仅加工成熟皮，而且制作成成衣对外销售。

图4－3　村民家里堆放的初加工的羊毛皮和废弃的锅炉

由于工艺简单易学，容易操作，特别在1991—1995年，河村几乎所有村民的家庭生计都与制革业有关。大部分村民在自己院子里办起小作坊，架起锅炉加工皮革。那些没有加工小作坊的村民，出去收购生皮卖给小作坊。当时正值90年代初期，年轻人追求时尚，皮衣、皮裤、皮袄非常流行，而且价格很高，质量好一点的皮衣每件能卖到600元。S乡的一个乡干部通过熟人关系直接从河村小作坊买了一件皮衣，也花了550元，相当于半年工资。

小制革给村民带来丰厚的收入，同时也造成了严重的环境污染问题。

毛皮加工的各个环节需要使用大量的化学药剂，污染很大。当时人们只以挣钱为中心，没有环保意识，把废弃污水直接排放进村旁的大河里。河水很快变成黑色，就连地下水也遭到污染，30 米深井里面的水，烧开以后上面漂的全是白沫子。因为污染，有不少村民在当时得了癌症，井水也不敢再直接饮用。一直到现在，河村的村民仍然不吃井水，而是每家每户购买桶装纯净水，井水只用来洗衣、洗菜等。与此同时，环境污染问题受到国家重视。1996 年，国务院发布了《关于加强环境保护若干问题的决定》，明令取缔关停小制革、小造纸、小染料等 15 种重污染小企业❶。河村的制革业首当其冲。1997 年，市县两级政府着手对河村毛皮加工作坊进行强力整治，对所有制革小作坊无条件强制关停。整治工作持续四年之久，一直到 2000 年，河村所有小制革企业与作坊被全部取缔。

邻县有一个大型毛皮加工集中地，投资上亿元资金修建污水处理厂，有村民就把最为污染的程序拿到那里代加工，做成半成品之后再拿回河村进行加工。虽然符合环保要求，但需要交不少加工费，利润大不如前，很快就难以为继。另有一些村民改行做其他生意，去外地“开档口”❷。但是，成功改行的毕竟为少数。对于河村的绝大部分村民而言，制革业的取缔使其失去了重要的收入来源。

在田野调查之时，河村全村只有不到十户从事皮革生意。规模较大的只有三家，其中一家在广东等地开门市部经营皮革生意，另外两家则办有加工厂，把所有污染环节放在邻县处理。其余从事毛皮加工的几户村民则规模很小，且以老年人为主，利润不大，仅仅是补贴家用。十组杨会长全家六口人，孩子们全部在外地，只有老两口常年在家。田野调查时，杨会长家院子里堆放了不少带毛的羊皮。杨会长介绍说，由于在家闲着没事，他每年冬天去河北的毛皮市场进货，每年买一千多张皮毛，由于进货数量不大，有时候也会委托别人顺带捎回。买回来之后先把毛皮清洗干净，拿

---

❶ 《国务院关于环境保护若干问题的决定》（国发〔1996〕31 号文件）：在 1996 年 9 月30 日以前，对现有年产 5000 吨以下的造纸厂、年产折牛皮 3 万张以下的制革厂、年产 500 吨以下的染料厂，以及采用“坑式”和“萍乡式”、“天地罐”和“敞开式”等落后方式炼焦、炼硫的企业，由县级以上人民政府责令取缔；对土法炼砷、炼汞、炼铅锌、炼油、选金和农药、漂染、电镀以及生产石棉制品、放射性制品等企业，由县级以上地方人民政府责令其关闭或停产。对逾期未按规定取缔、关闭或停产的，要追究有关地方人民政府主要领导人及有关企业负责人的责任。

❷ 当地人把在全国各地皮革市场开门市部销售称为“开档口”。

去附近加工厂加工成熟皮，漂白以后，就在自家院子里剪裁做成衣服，主要是老年人喜欢穿的马甲与皮袄，销售价格在 100 元到 300 元。制作规模很小，也不需要雇人，每年挣 3 万元左右。

当今，河村村民的生计方式主要分为两类，一是外出打工，二是在亲戚朋友带动下从事销售卫浴等生意。2005 年前后，周边其他乡镇陆续兴办起烧制瓷器的工厂，S 乡的其他村庄也办起大大小小的机械加工厂，河村不少村民就在这些瓷厂或机械加工厂里打工，住在家里，当天往返。瓷厂是计件工资，收入不错，夫妻两人每月能挣万元以上，但是劳动强度特别大，还要承受高温作业，身体不强壮的人干不了这种工作[1]。除了在工厂打工外，另一些村民特别是年轻村民重新做起了小生意，其中以从事卫浴（浴柜、卫生瓷器）、餐饮、五金（不锈钢）生意为主。

丁尚是一位 30 多岁的年轻人，曾经做过皮衣生意，皮革不景气以后转型做餐饮。现在县城开了一个小饭店，饭店规模较小，以面食、烧菜为主，每年大概能挣十万元，与打工差不多。对于绝大多数 60 岁以上的老年人来说，只能守着自家的一二亩耕地，“每年实实在在挣一千斤粮食，够吃就行”。总体而言，在当地村民看来，现在的河村经济在全乡村庄中处于较差水平，与此前经济兴盛时期相比更是大不如以前。村民们不无伤感地说，之前河村村民雇用外村人前来干活，现在却要跑到外村打工。

（二）五位河村村民的家庭生计历程

从宰羊卖羊肉、贩卖牛羊皮与羊毛、小制革到小制革取消之后外出打工与做小生意，构成了以河村为代表的 S 乡生计形式变迁的总体图景或生计结构。但是，对于每一个个体村民而言，家庭生计方式并不是整齐划一的，而是既在某种程度上彰显总体性的生计结构变迁，又更多地呈现出多样化的生计形态与自主选择。下面五位河村村民的家庭生计历程，既有以牛羊毛皮为主、与全村生计结构变迁相类似的案例，也有不以牛羊为主而

---

[1] 瓷厂干活的工序是：把石头磨成粉，搅拌成浆糊状，和稀饭一样，再浇灌到各种模子里，一小时后，糨糊状慢慢硬化，石膏模子打开，就形成了物件的雏形，再用砂布人工打磨，全是粉尘。整天不见太阳，“温度很高，外面下大雪，里头也不冷，在里面，男的就只穿个小裤头，女的就穿个小坎肩”，时间久了，脸上都发黄。里面粉尘很大，温度太高也没法戴口罩，身体太遭罪。开高工资是以牺牲身体为代价。

以其他经营为生计来源的案例。虽然不能代表河村全体，但是作为个案，无疑能够给上述总体性的生计结构补充更加丰富具体的细节，从而进一步展现总体性生计结构的多重性，并且以个人生活史等方式展现社会各个要素之间的多重关联，有助于呈现出较为完整的全体图景。[1]

四组赵站的生计历程：赵站1946年生，老伴1948年生，两人1971年结婚，现有两个儿子均已成家。赵站一家还照顾着一个身体有点残疾的单身汉哥哥。赵站小学文化程度，为人正派、工作能力强，会写材料，集体时期先后担任生产队会计、政治队长、生产队长。担任队长时，善于种田，布置任务井井有条，执行严格有序，当年就把小麦产量标准从73斤提高到160斤。由于表现突出，一直担任四队队长。集体解散后，河村做各种小生意的风气日益流行。赵站不喜欢牛羊毛皮的相关生意，20世纪八九十年代，与岳父一起在城南开饭店。随后自己单独开了一家饭店。2002年，由于生意惨淡，赵站关了饭店，去周边工厂打工了几年。挣了钱，给两个孩子分别盖了房子。随后赵站与老伴一直在家里种田，中间也在周边村庄的机械加工厂打工了一段时间。现在年纪大了，儿子们虽然分了家，但都不愿意种田，全家七口半人的共四亩耕地由赵站与老伴耕种。赵站的两个儿子结婚后也都曾在周围瓷厂打工，工资最高时儿子媳妇两人一个月挣了13800元。儿子们攒了钱以后，都在县城开饭店。现在家里三个老人，经济来源主要依靠耕地收入以及三个人的养老金。

一组赵立的生计历程：赵立1954年生。由于兄弟姐妹众多，小学毕业后辍学回家，在生产队挣工分。1974年年底当兵正好赶上越战，被派去战场参加了一些战斗，1980年复员，复员后任生产队长。复员安置费200元钱，又凑了一些钱，与二哥两人烧制砖瓦，盖起了三间瓦房，1984年30岁时结了婚。结婚以后，和当时河村的很多村民一样，到全省各地收购羊毛与各种毛皮，回来后在集市上买卖羊毛，把羊皮初步加工成熟皮，卖给周围皮革厂。干了没几年，不愿意再从事毛皮生意，改行做买卖白条鸡生意。把收购上来的鸡宰杀并收拾干净后，卖给县里的食品公司，每只白条鸡能挣一元多。生意起伏很大，生意好的时候扣除成本与开销，每天能有三四十元钱的利润，有时候跑出去收不到鸡，就赚不到钱，但只能硬着头

[1] 渠敬东：《迈向社会全体的个案研究》，载《社会》2019年第1期。

皮慢慢干。也做过宰羊生意，先从周边村落或集市买羊，回来后宰羊卖羊肉与羊皮。作为经验之谈，赵立介绍说，小羊出肉更多，大羊都是骨头没有什么肉。

20 世纪 90 年代，赵立在省道路口开了一个小饭店，顾客大多是司机，但生意惨淡，坚持干了半年后关门了事。90 年代中期以后，附近村庄开办一些瓷厂，赵立一家人住在该村附近亲戚家的空闲房子里，夫妇两人在瓷厂打工。因为瓷厂工作太过辛苦，几年以后，回家不干了。回家以后再也没有出去做过生意，一边担任小组组长，一边以种田谋生，儿子结婚生孩子以后就在家照顾孙辈。儿子婚后给本村其他经营瓷器生意的村民打工，因为没有本钱，也缺乏开拓市场的能力，只能给老板打工，做些拉货、送货等粗活。2016 年，在本村其他村民的介绍下，赵立与儿子两个人一起去海南钻井工程队打工，每人每月 3500 元。赵立介绍说，还得再干几年，为家里多攒一些钱。

七组老丁的生计历程：老丁 1958 年生。1986 年，老丁开始做皮袄加工制作的生意。每年在外地收购三百多张皮子，加工成熟皮，然后漂白、剪裁，制成皮衣和皮袄，在周围各村的庙会上销售，每年能挣几千元钱。没有发大财，但能够维持全家的生计和花费。由于没有改进制作工艺的意识，年复一年重复加工，皮袄生意逐渐做不下去了。到了 1994 年，因为老丁岳父家是回民，岳父村庄当时流行熬胶，于是，老丁就跟着岳父学习熬胶，整个河村只有三家从事熬胶行业。收购零碎牛皮边，在家里支一口大铁锅，把清洗干净的牛皮边放进大锅，加水烧火，直到把牛皮熬成胶糊状。熬好之后，放到平整地面上晾干，切割成薄片或者用磨打碎，作为半成品再卖给生产木工胶水的工厂。熬胶第一年生意非常好，厂家直接来家里收购。零碎牛皮一开始非常便宜，一吨 200 元，甚至免费赠送。

过了两年，牛皮边涨价，没了利润，老丁就改用零碎的蓝叶❶，但因为蓝叶里面包含各种化学元素，煮了之后胶水不会凝固，于是拿着中学化学书自学酸碱中和知识，最后在锅里添加了碳氨，才最终制成了可以凝固

❶ 蓝叶是制革业中的术语，是指生羊皮通过各种化学原料被加工成熟皮时的最初形态，因为在染色之前熟皮的颜色是蓝色的，当地俗称“蓝叶”。

的固体胶。干了四五年后，市场上白乳胶、化学胶等胶水开始流行，传统的木工胶水劳动成本高，使用不方便，渐被淘汰。熬胶业被淘汰之后，从2002年开始，老丁不再做生意，开始在周围工厂打工。老丁的这种从做生意到打工的经历，在河村村民中比较普遍。

九组赵军的生计历程：赵军1965年生。1981年初中毕业后第二年，由于不喜欢毛皮类生意，去了姐姐婆家村庄的工厂打工，一年半以后，姐姐一家买了一台车床，带着赵军干起农机配件加工生意。年轻的赵军非常喜欢车床，爱钻研，平时看到不一样的车床都会留心观察一番。一直干到1987年，因为结婚回到河村。婚后，赵军买了一台车床自己在家单干，一直到1996年，挣了不少钱。由于不想再下力气，把车床卖给孩子干爹，自己在家歇了两年。1999年，赵军从熟人手里买了一辆二手面包车，在S乡与县城之间跑客运。2002年由于家中老母亲身体不好，把面包车转卖给别人，在家待了几个月。随后去黄河北岸的一处毛坯加工厂打工，那里工资很高，每月1500元。由于离家远，半年后又回到了河村。为维持生计，花3万多元钱从别人手里买了一辆二手少林牌客车，跟村里一个朋友搭档，重新跑起乡镇到县城的短途客运。一直到2008年，由于客车到了报废年限，再加上儿子结婚，就回了家。

2008年儿子结婚以后，赵军和老伴就没有再做什么生意，而是围着儿子与孙子打转。几年前，儿子事业稳定，孙子也长大了，赵军接收了河村一家濒临破产的机械加工厂，也是目前河村唯一的一家。厂房与机器都是原厂主的，赵军租了下来，除了缴纳租金，利润都归自己，每年可以挣5万元左右，用于家里的日常开支，不用向孩子们伸手要钱。

赵军儿子的生计历程：赵军儿子小赵生于1988年，现在秦皇岛经营卫浴生意，是河村最早一批从业者。卫浴生意并不是河村的传统行业，而是在制革业被取缔以后，逐渐通过亲戚朋友的带动，自发形成的生计方式。卫浴生意做的是供应环节，不需要自己生产，而是从广东等地的生产厂家直接拿货，再在全国各城市或地区销售。关键是区域划分，只要不在同一个城市或地区形成内部恶性竞争，就都有生意可做。如今河村不少村民都在外从事卫浴生意，尤以八组、九组最多。

在S乡所在区域，距离河村15公里外的新村较早从事卫浴生意。小赵舅舅的表兄曾在新村瓷厂打工，遇到一位杭州的生意人前来拉货，无意中了解到这个生意有很大市场。于是这位表兄去了杭州，逐渐站稳脚跟，独立单干。然后就把表弟（即小赵的舅舅）带过去一起经营。舅舅学会后，来到石家庄开拓市场，专供不锈钢脸盆和洗浴瓷器。舅舅经营也取得了成功，销售片区覆盖整个河北省位于北京以南的大部分地区。

2002 年小赵初中毕业后，去石家庄跟舅舅学习卫浴生意。当时整个河村其他村民还都不了解卫浴，没有人从事这个生意。用工需要至少满 16 岁，但当时小赵刚刚 15 岁，于是到派出所把户口年龄改为 17 岁。这个生意针对的客户是门店而不是个人。小赵来到石家庄以后，负责推销各种卫浴产品，拉着货物样品去各个门店推销。市场覆盖以后，需要开车送货。但是小赵没有驾驶证，就和同村在此打工的一位发小共用一个证件开车。后来驾照检查严格，小赵回家考了驾照继续送货。

2008 年小赵结婚，生意的各个业务也非常熟悉。为了避免内耗，进一步开拓市场，舅舅就让小赵单独负责一个片区。小赵夫妻二人来到秦皇岛地区，并带上了妻子娘家兄弟与弟媳，该地区不大，下辖四个县两个区。不再向外辐射的原因并非人手不够，而是每个地方都有布点，保证一个地级市布一个点，大家连成网络，货源上互相补给。通过亲戚网络，最后覆盖更大区域，资源共享，达到优化配置。小赵一家年收入在 10 万 ~20 万元。因为现在生意与 80 年代河村毛皮生意大有不同，经营规范，产品价格透明，不可能再像以前一样掺假坑骗，因此，利润比较固定。

三、房村：机械配件加工业的常与变

在 S 乡，除了以河村村民为主要经营者的牛羊毛皮加工外，另一个支柱产业是农机配件加工业。据乡政府部门统计，截止到 2017 年，全乡共有带独立厂院的机械加工厂 94 家，其中房村 30 家、道村 17 家、公村 21 家、沟村 13 家、鲁村 12 家、河村 1 家；机械加工家庭小作坊 400 余家，尤以房村、道村为最多；全乡现有车床等设备 2500 余台、四轴数控加工中心 10 台、常年从业人员 2000 余人[1]。而在 20 世纪 90 年代末到 21 世纪第一个十年期间，除了河村，全乡其余五个村庄有一半以上的家庭从事机械加

[1] S 乡政府文件，2017 年 7 月。

工行业，尤以汉族村民居多。以房村为例，在兴盛时期，全村有近300户从事机械加工行业。即使现在，房村的家庭小作坊仍有100多家。不仅从业人数众多，而且产品种类齐全，涉及农机、矿山、汽车、工程等各类机械的各种配件。制作工艺上则涵盖切削加工、铸造、锻造三大类，其中又以切削加工方式为最多，特别是刨床、铣床、磨床、滚齿机等。

图4-4　农机配件的家庭小作坊、带有独立厂房的机械加工厂

S乡机械加工业之所以有如此规模，与集体时期各个村庄开办的社队企业密不可分。20世纪70年代初，S乡周边城市国营农业机械厂与农机公司数量较多，房村支书张学率先看到机械配件产品的市场前景，带领村民建了一个小型机械加工厂，生产插销、螺丝、齿轮等简单的农机配件产品，直接供应给周边机械厂。工厂最初规模不大，但效益非常好。在房村村办机械加工厂的带动下，S乡的六个村庄包括河村在内均办起机械加工厂。特别是房村机械厂、道村黄河机械厂等，规模与效益在当时颇有影响力。集体解散以后，各村的集体企业也随之解体或破产。但是许多村民已经掌握了机械加工生产与市场的相应知识，纷纷单干，机械加工产业在村民中不断发展壮大。下文主要以房村为例，讨论这一产业发展的具体过程以及不同时代的个体在此经济变迁过程中的生计与选择。

（一）第一代经营者

与河村一样，集体时期的房村也是人多地少，人均只有六分地，仅依靠种田难以维持村民生活。20世纪60年代末，村支书张学带领村民兴办社队企业。最初建了一个糖色厂，用红薯干为原料熬制用于生产食用醋或酱油的颜料，卖给周边国营醋厂。几年后，无意间得知其他县的一些村庄兴办了配件加工厂并且效益不错，1972年，张学带领村民筹集资金、购置设备，兴办了全乡第一个农机配件加工厂。配件厂最初规模很小，厂区只有三间房子，一些生产设备例如皮带车的运转还需要人力助推。当时由于工业体系落后，国家工厂农机配件供应难以满足市场需要，为房村加工厂带来发展机遇。虽然生产的螺丝、齿轮等配件比较粗糙，但并不影响使用，再加上价格便宜，因此得到快速发展。集体企业规模也逐渐扩大，成立了专门的电机组与钳工组，车间细分为精工车间、铸工车间，工人也达到 100 多人。在工厂工作 8 小时相当于 10 个工分，每月还有 5 元钱工资。但并不是所有人都可以进厂干活，而是挑选能力强、聪明能干的年轻人，老实巴交或干活粗笨的村民则难以进厂，只能种田挣取工分。集体企业效益非常好，最红火时连续 3 年给村内每位村民发放 10 元奖金。

1984 年，随着土地包产到户，当地的集体制度正式解体。房村机械加工厂没有立即解散，但随着个体意识的增强，村民们更愿意为自己家庭挣钱，集体企业很快难以为继。房村机械厂把车床分配到户，由个体村民承包单干，实行集体管理分散经营。集体管理体现在使用同一个公章、统一印制购销合同、统一汇款账户。原则上只要每年向村集体缴纳一定的管理费，所有村民都可以承包车床、自负盈亏。但是能够承包车床的大多是以前就在村集体企业里工作的村民，特别是当时负责联络市场销售的业务员以及精通加工的车间主任。这些人成为房村机械加工个体产业的第一代经营者。随着个体生意的兴旺，第一代经营者们纷纷绕开村集体，个体独立开章立户，直接与客户进行产品合同等业务联系，一段时间内虽然“实亡”却“名存”的集体企业也彻底解体。

（二）第二代经营者

进入 20 世纪 90 年代，随着农机公司由国营改为私人承包，通过给农机公司经理送回扣等方式来确保稳定订单的销售模式无法运行。再加上设备陈旧，经营者文化程度不高，缺乏创新意识与能力，产品难以适应市场要求，于是有的被慢慢淘汰，有的则由儿子继承并进一步发展，成为房村机械加工业的第二代经营者。

第二代经营者现已 60 岁左右。现任支书老刘与村长老朱是第二代经营者中工厂规模最大且效益较好的两位。两位的父亲分别是集体时期铸工车间主任与金工车间主任。父辈年老，两个人自然而然接手继续办厂。老刘从小看着机械加工生产长大，耳濡目染中掌握了生产技术。对他而言，铸造、精加工甚至根据图纸来个小设计这些技术都不在话下，因此他既是工厂老板也是工程师，遇到不懂的地方就自己买书钻研，实在不懂就请大厂工程师前来指导。在最初接手企业的几年里，老刘请过漯河铸造厂、洛阳一拖加工中心的专家前来指导。现在的老刘已经拥有专业技术方面的丰富经验，不需要其他工程师的指导。老刘的工厂在鼎盛时期，每月产值接近两百万元，仅每月电费就需十多万元。工人多达近百人，工人三班倒，既有本村的也有外地的，还曾招过重庆来的工人。

现在需求下降，工厂只剩下十几个工人，主要负责与各地客户对接以及具体的业务联络，把一些生产环节分给村内的家庭作坊，既调动了村民家庭作坊的生产，也降低了生产成本。老刘的儿子早已大学毕业，但是不愿意子承父业。老刘介绍说，机械加工行业非常辛苦，要一边跑业务一边抓生产，每天连轴转，常年无休，到了逢年过节还要去各地客户处走动联络感情。自己入了这一行，只能继续做下去。

在第二代经营者中，除了上一代经营者的后代继承父业，还有白手起家的类型。现任副村长的老杨在 20 世纪 80 年代初从部队复员回家后，看到机械配件加工行业的火热，自己买了一台机床设备，一边生产，一边出去推销联系业务。由于头脑灵活，订单不断，由此逐步增添加工设备，逐渐发展成房村数得着的配件加工厂。第二代白手起家的经营者大都循此例：推销产品、联系业务、在家生产，从一台机床设备干起，逐步发展壮大。

与房村绝大多数第二代经营者相比，老赵是“另类”，也是房村较大规模的机械工厂经营者中唯一的一位回族村民。老赵家位于一条横穿房村的乡道旁边，三层封闭式楼房，在旁边村居的衬托下显得格外醒目。家厂一体，前面住宅，后面厂房。与房村其他机械厂生产机械齿轮等各类配件不同，老赵生产的则是数控机床，全村仅此一家，别无分店。工厂最初雇工 20 人，近年来因为经济效益变差，只剩下 5 个工人。效益最好时每年生产销售 30 台机床，每台售价 20 万元左右。田野调查时，当年只生产销售了 5 台，勉强挣回成本。

除了产品，老赵的经营历程也同样与众不同。老赵生于 1965 年。1980 年初中毕业后，一边种田劳动一边琢磨如何挣钱。虽然身为回民，但不喜欢牛羊毛皮的味道，尝试过学习木匠、乐器、摄影等各类挣钱门路，但都没有成功。80年代中期，他看到电视机在农村的需求潜力，运用在电器方面的知识与天赋，购买电阻、电容、三极管、二极管等零件，组装14英寸的黑白电视机，出售给当地村民。生意非常红火，一直到1993年，长虹、熊猫电视机开始流行，自己组装的没有品牌的电视机日益卖不出去。1994年，因为老赵懂得电路原理，在附近一个电钢厂应聘做了电工，两年后因为钢厂倒闭而回家创业。创业之初，老赵就决心不能和其他村民生产同类低端的齿轮产品，要做就做当地的独家产品。一番思考之后，决定生产三角形齿轮：传统齿轮是平面，人人都会做，三角齿轮则是立体形，技术含量高，需要计算数据，当时全乡的加工厂都不会做。老赵花了一万多元购买了一台滚石机，买书籍资料，自己钻研摸索一年多，终于生产成功。产品供不应求，非常赚钱，一直干到2001年，三角齿轮技术逐渐普及，当地人都会生产，利润变得微薄，就停工不干了。

到了2002年，老赵自己在家琢磨：既然大家都在生产齿轮，那么索性生产用以加工齿轮的机器，即生产机床，这个机床并非用来加工一般齿轮，而是可以加工技术含量高的双曲线弧形齿轮。于是自己购买资料，钻研图纸，花了两年时间，自己设计、生产机床。最初是手动机床，2006年以后改为生产数控机床，一直到现在。这种机床能够制作出各种型号的弧齿轮，销售渠道也很固定。从来不做广告与推销，只通过熟人网络推荐介绍。田野调查期间，老赵带我去看了生产车间。车间堆放着好几个机床、各种各样的半成品、齿轮和其他零件。工厂是作坊式组装，并不是流水线生产；这些机床都是自己设计，画了图纸，请本村的工人生产，很多毛坯件还能够重新使用。这些产品的外观设计都不美观，如果按照市场销售的标准，外观不合理，但是使用方便且非常耐用。

（三）第三代经营者

在房村，40岁左右的年轻人可称为本村机械加工行业的第三代经营者。2003年，时年23岁的小朱决定进入机械配件加工行业。小朱父母都是老实巴交的村民，从来没有做过生意或办过企业。但是小朱从小机灵调皮，爱交朋友。2003年，小朱刚刚上班，还没有结婚。恰逢当时工作非常清闲，闲暇时间较多，就琢磨做生意赚钱。因为父母也没有多余积蓄，就跟朋友借了3000元钱跑业务。与许多白手起家进入机械加工行业的经营者类似，刚刚进入这一行业的小朱同样从“跑外交”或者“拎包”[1] 做起。骑着摩托车，到周边市县的各个机械厂，每家工厂挨个联系，询问他们是否需要齿轮等配件。如果对方需要，就签订合同，回家后，自己买原材料请村里的小作坊代加工，给作坊支付加工费即可。然后再骑上摩托车送货，每次能送货两百斤左右。几年之后，有了一些积蓄，小朱就逐步购买加工设备。把设备慢慢配置整齐后，自己跑来的订单业务，再由自己在家里的小作坊加工成产品，不再请别人代加工，省去一大笔的加工费，提高了利润。随着业务的发展，建立起来的销售关系网络也日渐牢固，就不用再出去跑订单业务，而是打个电话就可以联系并生产。

小作坊经营10年后，2013年，小朱在村东边自家三亩耕地上建了一个大型厂房，前屋后厂，连同厂房设备，成本100万元左右，一共有数控车床20余台。因为铸造成本太大，一开始做的就是配件加工，主要供应对象是农业机械生产厂家。因为农机配件可以稍微粗糙一些，农村作坊做不了精密件。小朱介绍说，近年生意不好做，2011—2012年生意最好，前年也不错，卖废弃铁屑一项就卖了十几万元。但是生意风险也很大。因为这个行业并不是摆摊卖货，一手交钱一手交货；而是先送货，等对方把产品卖出去了之后再去收钱，中间有一个过程。这就容易出现送货之后款项无法收回的情况。2005年，给一个厂送了3万元的货，但货款没有要回来。2013年也有一笔款项没有要回来。此外，也容易受到国家整体形势的影响，几年前曾经生产过钻机上的配件，国家集中整治钻机行业，禁止生产这种类型的配件，一下子就赔了很多钱。

小朱是从“拎包”做起并发展壮大成拥有独立厂房的配件加工厂的成功经营者。但与此同时，从20世纪80年代以来，也有很多曾经做过“拎

[1] 当地村民把在外面联系供货订单的业务称为“跑外交”或“拎包”。集体时期，每个村的机械加工厂都有很多个交际能力强的人负责对外跑业务；改革开放后，集体企业解散，村民开始单干，“拎包”更多的是指自己没有加工设备，只单纯在外面联系订单，签订供货合同后，自己购买原材料，找本乡有生产加工能力的小作坊代为加工，支付加工费以后从中赚取利润；有的拎包人甚至连原材料也不需要自己购买，在订购会上或客户厂家那里拿到订单，回家后联系小作坊代生产，仅仅充当小作坊与外地客户的中间人，从中赚取差价。鼎盛时期，全村只做“拎包”生意的村民就多达100余人，特别是初中或高中毕业后闲在家里的年轻人。“拎包”虽然成本很低或几乎没有成本，但是对个人交往等能力要求很高，并且还要承担产品质量或市场不稳定等风险，因此最适合头脑灵活有交际能力且胆大心细的年轻人。如今全乡许多有规模的机械加工企业老板最初大多都是从“拎包”开始的。

包”但没有成功的村民，以及没有市场开拓能力的村民，则大多选择购买两三台车床设备，在自己家里进行家庭作坊式的加工经营。除了一些家庭作坊经营者有能力联系到外地订单以外，其他绝大部分小作坊主要为本乡的机械工厂代加工。2016 年，小朱把自家的老宅房子租给了一位外村的远房表弟，表弟购置了 3 台机床，加工齿轮配件。这样规模的小作坊，全村有 200 家左右。表弟介绍说，现在生意不好做，每年大概能挣 5 万元左右，跟外出打工差不多，但好处是时间自由灵活，也不受人管制约束。以订单生产，对方客户需要什么产品就生产什么产品。因为是远房亲戚，刚刚开始生产，租金还没有谈。小朱豪爽地说：“无所谓，挣到钱了就给一点，挣得少了就少交一点，也不指望这点租金过日子。”

需要指出的是，即使是房村这种机械加工业发达村庄的村民，也并不是所有人都开办机械工厂或小作坊。2008 年以前机械加工行业繁荣时期，从事机械加工行业人数较多，除了办工厂或小作坊以外，没有能力兴办小作坊的村民则在当地机械厂打工，“每天挣一百元钱，既省心又不承担风险”。2008 年以后，在国际金融危机以及国内产业升级等外部因素影响下，S 乡的机械加工业效益下滑，订单减少，一部分小作坊只能关门停业，一部分村民则选择外出打工。仅以房村为例，因为仍然拥有一定数量的机械加工企业，因此与河村相比外出打工的较少。但打工同样是当前房村村民生计的重要来源，有超过 1/4 的人口常年在外打工。特别是 30 岁以下的年轻人，除了正在经营企业或作坊的村民以外，几乎所有年轻人都在外打工。

2017 年 8 月下旬，河南省派出环保干部在 S 乡开展环境与企业整治运动期间，我与房村的刘会计和各组组长一起统计了各组常年不在家的户数。结果如下：一组 68 户，19 户不在家；二组 45 户，5 户不在家；三组 59 户，8 户不在家；四组 90 户，9 户不在家；五组 98 户，16 户不在家；六组 85 户，28 户不在家；七组 39 户，3 户不在家；八组 27 户，6 户不在家。全村常年不在家的共有 95 户，占全村总户数的近 20%。其他 4/5 户数即使有家庭成员常年居村，但也多以老人与小孩为主。而对于加工企业较少的其他村庄而言，常年不在家的人口比例更高。村里人不禁感叹，“外出打工的风气不过十来年光景，农村就成了空心村，实在让人没想到”。

四、人观：两种生计类型的观念基础

以河村为代表的毛皮加工业与以房村为代表的机械配件加工业，虽然现在日渐衰微并正谋求产业升级创新，但是作为改革开放以来S乡曾经的两大支柱产业，在很长一段时间里，不仅构成了全乡各村村民赖以生存与致富的重要生计来源，而且也在当今与未来全乡经济产业的进一步发展调整中继续产生着重要影响。如果将这两种产业加以比较，就会发现，两者的区别并不仅仅体现为加工的产品不同（牛羊毛皮与机械配件），更意味着两种不同特征的经营模式或生计类型。那么，这两种生计类型分别具有什么特征？应该如何理解与解释这两种不同的生计类型及其族群分布？或者说，这两种生计类型与S乡村民的生计观念有着怎样的联系呢？

（一）短平快生意经及其生计习性

毛皮加工业属于短平快的生计类型：投资成本少、经营周期短、经济风险低、利润收益快。对于经营者来说，向周边县市等地区农村收购牛羊皮毛，不需要太大成本，而且手里有钱就多收一些，没钱则少收一点；在家里制作一个锅炉以及购买加工所需要的化学原料都较为便宜。收购回来的生毛皮经过较短时间的熬制与加工，即可制作成柔软的熟毛皮，连毛带皮一起的半成品被称为“球革”，不带毛的皮质半成品被称为“皮革”。因为市场需求量大，不论是球革还是皮革，经营者可以将其直接卖给前来收购的毛皮厂，也可以自己进一步缝制成皮衣等成品出售。出售时都是现钱交易，因此经营风险极低，而且利润是肉眼可见的。

事实上，这与河村村民一直所从事的生计类型是一脉相承的。无论是宰羊卖羊肉、贩卖牛羊毛皮，还是摆摊点、开小饭店，这些生计形态的特征均是一致的，即不需要太大本钱，风险低、收益快。正如村民所说，例如宰羊生意，两三元钱买一只羊，宰了之后卖羊肉，立即就能赚到现钱，还有羊杂可吃；夜市卖小吃、羊肉串，也是当天就能赚到现钱；即使是改革开放以后规模稍大的毛皮加工或者开饭店等生意，同样也属于看得见利润的行业，其时间短、赚钱快的内在逻辑也是一样的。这些小生意挣不了大钱，只能是维持生活或者让生活过得稍好一些。

布迪厄将人们在长期实践中所形成的性情倾向系统称为习性或惯习，既是人们在日常实践中生成的、身体化的不假思索的性情结构，又与外部社会条件相结合而再生产出新的实践。[1]在此意义上，这种以短平快小生意为主要内容的传统生计方式造成了河村村民在生计经营上的特定“习性”。用当地人的话说，做小生意要想赚到钱，必须斤斤计较，把任何蝇头小利都要算计进去，“都是从牙缝里挤出来的利润，因此做这些小生意时必须精明算计，否则就赚不到钱了”。祖祖辈辈做下来，村民慢慢形成了熟门熟路、几乎人人都会做的短平快生意经，以及“只重视眼前利益”的经营心理或文化图式。[2]

某种程度上，这种传统的生计习性反过来塑造了改革开放以来当地村民的生产经营与行业选择。换句话说，20 世纪 90 年代兴起的以毛皮加工为主的小制革业可以视为这种短平快生计习性的升级版本。小制革被取缔之后，当下河村村民新出现的从事卫浴生意等生计形态虽然经营的产品与之前所从事的牛羊相关生意千差万别，但是仍然蕴含着追求低风险以及眼前或现时利润的短平快生计习性的内涵。由此，对于河村毛皮加工业的理解，必须将其放置于长期以来河村村民生计形态的历史脉络之中，才能得以准确把握。在此过程中，除了经营牛羊毛皮生意的传统惯性以及其他因素的影响之外，长期小生意所形成的短平快生计习性的地方观念无疑是理解河村毛皮加工业兴衰的重要维度。

（二）人情经济及其关系观念

与毛皮加工业的短平快相反的是，机械配件加工业可以称得上是“长、险、慢”的生计类型：成本大、周期长，虽然利润很高但也同时具有较高的风险。首先，与毛皮加工相比，购置钢铁材料与加工机床的成本要比锅炉的成本大得多，农机配件的生产制作周期也要比毛皮加工时间更长。其次，与购买方前来收购毛皮成品或半成品不同，农机配件经营者需要先生产出少量样品，然后由自己联系订单业务，之后再购买原材料并生产出厂家所需要的配件产品，供货很长一段时间之后才能拿到货款，不仅

---

[1] 布迪厄：《实践感》，蒋梓骅译，译林出版社 2003 年版，第 83 页。

[2] Sherry Ortner, On Key Symbols. *American Anthropologist*, 1973 (75), pp. 1338 – 1346.

利润回收周期非常长，而且还要承担对方厂家拖欠货款甚至干脆不付货款的风险。最后，虽然拖欠货款的风险时有发生，但是相对于毛皮加工而言，机械配件加工的利润要高得多，与当地其他生计类型相比，是一种高投入、高回报的“大生意”。

对于经营者而言，这两种不同的生计类型意味着两种不同的核心能力要求。毛皮加工业的核心在于经营者的技术，包括在收购时能够辨别毛皮质量的好坏以及在加工时对各种化学元素的添加与火候的掌握等专业技术。而对于机械配件加工的经营者来说，要想经营成功，获取厂家的订单永远是第一位的。由于订单并不是自动送上门，而是需要经营者自己联系而获得，与周边城市的厂家特别是厂家的采购销售部门建立关系、维持关系的关系网络营造的能力就成为当地机械加工业经营成功的关键。

房村村民将这种建立维持关系网络的能力称为“拎包或跑外交”，也是房村成功经营者的必备能力，概莫能外。例如，第一代经营者大多来自集体时期在集体企业中对外联系业务的村民，正是凭借此前与周边县市农机公司销售经理所建立的紧密关系，第一代经营者才能获取稳定订单而站稳脚跟。国营的农机公司解体后，第二、第三代经营者的订单对象转向了周边的大型机械厂，但是与对方建立并维持关系以获取订单这一核心是不变的。前文提及的第二代经营者老杨与第三代经营者小朱，创业之初都从与机械厂建立关系开始。可以说，无论是分得集体企业车床回家单干的第一代经营者，还是或继承家业或从“拎包”做起、白手起家的第二、第三代经营者，除了要有一定本钱以外，经营成功的最重要一条就是要具有建立并维持产品销售渠道或关系网络的能力。

有研究指出，由村民自己建立和培养起来的非亲属关系越来越成为当今村民关系网络建构的重要方面，在村民生活中发挥着重要作用；而且这种非亲属关系的关系网络建构与礼物流动和人情往来密不可分。[1]对于房村成功经营者来说，与周围机械厂相关部门人员关系网络的建立同样离不开礼物与人情的观念和实践。诸如平时的请客与礼物、逢年过节的走动看

---

[1] 阎云翔：《礼物的流动——一个中国村庄中的互惠原则与社会网络》，李放春、刘瑜译，上海人民出版社2000年版，第102－141页。

望，均是礼物与人情的集中体现。在房村村民中广为流传的经营者与农机公司经理奇遇的故事，更反映出当地村民对于人情以及恩情，对于企业经营和关系网络建构重要性的理解。

20 世纪 90 年代，一位叫朱明的村民，一个人在外面跑业务。有一次，坐火车去参加邻市的一个订货会，对面坐了一个农机公司经理，两个人车上闲聊，突然，经理犯了急性阑尾炎，朱明一路照顾，把经理送到了医院，自己垫付了 3000 元。经理问朱明是做什么的，朱明说是去订货。于是经理把随身携带的合同掏出来："上面的这些产品合同只要能生产出来，随便挑。"虽说是碰巧，但的确救人一命，有恩情在。朱明和这个农机公司经理建立了长久的朋友关系，农机公司的许多订单都给他做。需求量大、利润高、不欠账，送货之后立即打货款。朱明因此成了当时全村机械加工经营者中数得着的富裕户。

需要说明的是，对于房村的机械配件加工业来说，基于礼物与人情而建立与维系的关系网络的观念与实践能力并不是孤立、抽象的教条，而是情境性的，并且与敢于冒险、眼光长远、诚实守信等能力相互关联。经营者到机械厂建立关系时，先给一部分货让对方免费试用，如果对方觉得行，就逐步建立并发展关系；如果对方试用后觉得不行，之前免费送给他的货也就不要了。正如老杨指出的，"办企业，要有本钱，没有本钱开拓不了市场；更要大气，眼光长远，比如今天送的货如果当时就让对方付钱，对方下次就不会跟你打交道了"。

田野调查中另一个被村民们多次提起的故事，更生动体现了关系网络建构与眼光长远、敢于冒险等能力之间的关系：朱某开了一个机械加工作坊，十几年前，有一个连云港的客户，利润很高但是对方付款的周期很长。朱某去连云港送货，送第一批货，对方没有付款，送第二批货，对方还没有付款。对方说，如果信任，就尽管送货，等对方货款回来一起支付，肯定不赖账。朱某相信对方，一直给那个厂家供货，过了将近一年，对方销售资金回笼后，一次性支付 50 万元总货款。朱某从此站稳脚跟，在房村建了机械配件工厂并逐步发展壮大。

综上所述，不论是礼物互动、人情往来，还是眼光长远、敢于冒险，其核心都是为了与客户建立并维持一种持久性的人情关系网络。在此意义上，可以将以房村为代表的机械配件加工经营称为"人情经济"，即以构建维持人情关系网络为核心并以此谋求经营利润的生计类型，这与以河村为代表的毛皮加工业的短平快生计形成鲜明对照。而在这两种生计类型背后，体现出的是经营者的两种不同的生计习性：前者体现为追求现时利润的短平快生意观念，后者则主要表现为人情关系网络的构建与维系的生意观念。

需要指出的是，这两种观念并不仅仅存在于生计领域，更是两种不同的“人观”。从广义上说，人观涵盖了当地人对于三个维度的“人”的观念：生物意义上作为身体的个体、自我经验与意识层面的自我以及作为社会中的行动者的社会人。[1]而仅就社会人而言，既与个人的社会角色和当地的社会规范密不可分，也与社会情境或脉络息息相关，并随着社会情境与角色的不同而改变。[2]在儒家思想等传统文化下，社会人层面上的“人观”更体现为人在社会关系中的意义。也正因如此，基于人情与关系的非亲属关系网络的构建成为广大乡村村民对于社会人的观念与意义的普遍追求。在下岬村，“一个在地方上构造了较大关系网的人被称为‘社会上的人’，一个在社会生活这个方面不太成功的人被称为‘死门子’”[3]。与此一致，房村机械配件加工业的人情经济及其人情关系构建的观念实践同样集中体现了这种以人情关系网络构建为核心内容的“人观”，反过来，机械配件加工经营的成败更使这种“人观”得到进一步强化。

与之相对的是，在河村，人情关系网络在村民们的经济社会生活中固然同样重要，但仅就其一直以来的短平快的传统生计模式而言，人情关系构建为核心的“人观”并不是毛皮加工等短平快生计的首要目标，表现出的毋宁说是一种非社会化的“人观”，在不同程度上具有萨林斯所言的“消极互惠”的文化意涵：在短平快生计中，经营者为了赚取个人经济利益而精于算计，特别是曾经发生的羊毛贩卖掺假等行为，更是这种凸显个人化的人观与个人化交换的消极互惠的典型。[4]这种“人观”更被当地人视

---

[1] Grace G. Harris, Concepts of Individual, Self, and Person in Description and Analysis. *American Anthropologist*, 1989, 91 (3), pp. 599 - 612.

[2] 黄应贵：《人观、意义与社会》，“中央研究院”民族学研究所1993年版，第13页。

[3] 阎云翔：《礼物的流动——一个中国村庄中的互惠原则与社会网络》，李放春、刘瑜译，上海人民出版社2000年版，第215页。

[4] 马歇尔·萨林斯：《石器时代经济学》，张经纬、郑少雄、张帆译，生活·读书·新知三联书店2009年版，第226页。

为“眼光短浅、只追求眼前利益而不重视关系网络的维持”。

正是在此意义上，这两种不同的“人观”成为当地人对于毛皮加工业与机械配件加工业分布格局的解释因素。河村村民在短平快生计中所呈现出来的非社会化人观，使其难以在以人情关系网络构建为核心要求的机械加工业这一人情经济的竞争中获得优势，从而造成了虽然河村也曾经兴办过机械配件加工但没有成功。也正是在这种非社会化人观的作用下，改头换面的各种短平快生计仍然是不少村民的首要选择。我们不能将这两种人观的区分扩大化或本质化，它们更多体现在曾经兴起的毛皮加工业等传统行业以及机械配件加工业这两种生计类型之中，并非河村与房村村民铁板一块的脸谱化体现。而且，随着这两种生计类型的衰落、多样化生计的兴起以及村民之间的交流融合，两种人观之间的区别也日益不复存在，而均呈现出既强调个体同时又重视人际关系网络建构以及“你中有我、我中有你”的碎片化、多样化的形态。

五、简短的讨论

经济人类学的形式论者将以理性计算与市场交换等为主要特征的资本主义经济视为普遍性的规则，以波兰尼为代表的实质论者则强调了资本主义市场经济的地方性，除了资本主义市场交换，还存在着以互惠、再分配为机制的非资本主义的交换体系。[1]除了交换体系，非资本主义经济还表现在生产上。换句话说，除了理性经济人假设基础之上的资本主义生产方式，还存在着部落社会中诸如狩猎采集、园艺农业、密集农业、畜牧等主要的生计模式，以及占传统世界最多人口的乡民社会的经济形态，尤其是以恰亚诺夫为代表的农民经济以及萨林斯在此基础上所提出的“家户生产模式”。[2]概而言之，这种模式强调以家庭以及具有亲属关系的成员作为经济活动的基本单位，一方面主要以满足家庭成员的基本生活需要为生产目

[1] Karl Polanyi, Conrad M. Arensberg, Harry W. Pearson, *Trade and Market in the Early Empires: Economies in History and Theory*. Glencoe, Ill.: The Free Press and the Falcon's Wing Press, 1957.

[2] 迈克尔·赫茨菲尔德：《人类学——文化和社会领域中的理论实践》，刘珩等译，华夏出版社2009年版，第126页。

的，另一方面也可以部分参与市场，从而与资本主义等其他经济体系相结合。[1]

那么，从这一学术脉络出发，我们应该如何看待S乡各个村庄特别是以河村为代表的毛皮加工业与以房村为代表的机械配件加工业等经济形态及其兴衰变迁？从表面上看，无论是贩卖羊肉羊毛、毛皮半成品或成品，还是齿轮等各种农机配件产品，并非自用，而是作为商品被纳入以市场交换为核心机制的社会主义市场经济之中。然而，如果从当地村民的视角出发，深入到当地村民日常生活与本地观念之中，就会发现，S乡各村庄的经济形态并不具有资本主义市场经济的性质，毋宁体现为一种以获取谋生手段或谋取生计为目标的生计经济。如果以作为现代经济学研究对象的狭义经济概念——以市场为基础、以货币计算的价格形成和调节机制为手段的运行方式——作为参照，即体现为非经济的“食货”内涵：以满足人们对物质财富的基本需要为出发点，第一是维持生命，第二是活得更好。[2]换句话说，为了养家糊口、过上更好的生活，自始至终都是当地村民从事各种形式的经济生产的首要目标。传统农业社会的农耕与小生意是如此，集体时期的农业劳作与兴办集体企业是如此，改革开放之后随着市场经济大潮而兴起的制革业、配件加工业以及在加工业衰落之后的卫浴经营、外出打工均是如此。这也正是本章使用生计类型、生计变迁来探讨S乡经济发展变迁的用意之所在。

许倬云先生指出，中国传统农业社会的生计形态从来就不是完全依赖于农业生产，而是农业耕种与手工业以及商业经济网络相互结合的生产类型。[3]在此意义上，S乡各村村民以谋取生计与生活得更好为目标从事种田、打工、做小生意甚至各类产品加工等各种经营方式，从生计经济的视野下，与传统社会的生计方式是一脉相承的，并没有出现根本性的变化。也正是在生计经济的框架下，S乡的毛皮加工与机械配件加工的经营者并没有采取理性计算、不断积累资本、持续扩大再生产的资本主义生产方式，而是小富即安，大多以小作坊以及小型加工厂的规模赚取在当地村民看来

---

[1] 黄应贵：《返景入深林——人类学的观照、理论与实践》，商务印书馆2010年版，第214页。

[2] 刘志伟：《非经济的“食货”概念》，载《开放时代》2023年第1期。

[3] 许倬云：《汉代农业：早期中国农业经济的形成》，程农、张鸣译，江苏人民出版1998年版，第160页。

比较丰裕的收入，过上富裕生活。而在订单与销售等流通方式上，虽然参与了更大范围的外部市场，但就其本质而言也不是纯粹的市场竞争的交换机制，而更多的是通过亲属关系网络或非亲属的人情关系网络的构建等非市场的传统方式进行。

也正因如此，S 乡的生计形态及其变迁蕴含了更为显著的当地文化与观念的意涵，以挣钱与利己为主要内容的集体心态成为 S 乡各村村民在改革开放后积极投入各种生计方式从而过上好日子的重要动力；而不同的“人观”更是促成了河村与房村村民不同的经营方式与策略选择，从而呈现出两种不同的生计类型。在当前，S 乡回汉村民的本土观念与生计类型均出现了新的变化，这种新的变化以及新的文化与经济的交织方式将是理解 S 乡经济进一步发展变迁的重要方向。

第五章

善治之路：村落政治变迁的文化机制

> 人类个体是能动的世界参与者。……被理解为“有序”或“无序”的是指那些被个体当作是正常规范的或是非正常病态的一定事物之间的特定关系；……“无序”和“有序”是由个体做出的解释和陈述，由个体的思想状态决定，个体是一个具有一定意图的认知实体。
>
> ——奈杰尔·拉波特　乔安娜·奥弗林《社会文化人类学的关键概念》

本章立足于乡村治理的“村落本位”，从乡村社会的内部结构出发，通过对具体乡村地方政治及其背后文化机制的分析，反观本土性的乡村善治之路的形成过程与内在逻辑。首先，以河村与沟村为例，分别从村干部与村民的政治行为两个层面详细探讨21世纪以来两个村庄地方政治秩序的不同特征与变化历程。其次，村落政治秩序的结构性特征是表层显见的，背后隐藏的是两种不同的村民主体的情感意义模式或文化心态，成为两种不同类型村落政治形貌及其转变背后的“文化与心理机制”。由这种情感意义模式所彰显出的积极能动性的“内卷”与“再生”成为村落政治从“劣序”到“良序”[1] 转变的关键。河村与沟村地方政治秩序的变迁以及村民能动性的积极转化意味着，对于乡村治理而言，遵循以村民为主体的地方观念的内在逻辑，以此为基础促成村民能动性与地方政治结构之间的良性互动，才是实现乡村有效治理与乡村善治的要义所在。

一、乡村善治：村落本位及其文化内涵

在国内学界，对村落政治的考察是与乡村治理紧密结合在一起的。20世纪90年代以来，随着政治学研究的下沉以及村民自治制度实践研究的不断推进，研究者认识到此前村民自治制度研究忽视具体场景的弊端，日益注重从乡村社会内部特别是具体时空村落社会秩序与权力运作等角度

[1] “良序”即良好的秩序，主要由道德因素与规制因素建构与保障；如果道德或规制力量过弱，则会导致乡村“劣序”的产生，又可分为道德“不足型劣序”与“规制不足型劣序”。参见邓大才：《治理的类型：从“良序”到“善治”——以乡村社会为研究对象》，载《社会科学战线》2018年第9期。

讨论乡村治理，强调乡村治理的经济、社会与价值基础。[1]在乡村治理视角下，诸如乡村政治结构发展与变迁[2]、权威类型与政治秩序[3]以及村民之间的关系联结与权力结构[4]等与村落政治相关的议题得到了详细讨论。党的十八大以后，村落政治逐渐和自治、法治、德治相结合的乡村治理体系与治理能力现代化等国家战略紧密结合。党的十九大报告首次提出实施乡村振兴战略，以及“产业兴旺、生态宜居、乡风文明、治理有效、生活富裕”的总要求。其中，“有效治理”特别是创新乡村治理体系进而实现乡村善治，被视为决定乡村振兴成败的关键。[5]党中央和国务院出台的一系列重要文件构成了乡村振兴的顶层设计。其中，2020 年发布的《中共中央关于制定国民经济和社会发展第十四个五年规划和二〇三五年远景目标的建议》所制定的，“完善社会治理体系，健全党组织领导的自治、法治、德治相结合的城乡基层治理体系，完善基层民主协商制度，实现政府治理同社会调节、居民自治良性互动，建设人人有责、人人尽责、人人享有的社会治理共同体”，成为当前社会各界对乡村治理特别是乡村善治的共识理解与奋斗方向。在此背景下，学界围绕乡村善治的研究也如火如荼，可粗略分为理论与实践两个方面。

其一，乡村善治概念内涵的理论研究。乡村治理并不是新鲜课题，早在 21 世纪初，乡村治理就成为乡村研究者关注的重心，包括乡村治理的概念、结构、类型、主题等得到广泛而深刻的讨论。在乡村振兴战略背景下，乡村善治概念及内涵成为乡村治理研究的新热点。在俞可平的经典论述里，善治就是使公共利益最大化的社会管理过程，本质特征在于政府与公民对公共生活的合作管理，有赖于公民的积极参与以及对权威的自觉认同。[6]在此基础上，熊小青强调乡村善治的乡土性以及通过村民参与、政府

---

[1] 贺雪峰：《什么农村，什么问题》，法律出版社 2008 年版。

[2] 于建嵘：《岳村政治：转型期中国乡村政治结构的变迁》，商务印书馆 2001 年版。

[3] 吴毅：《村治变迁中的权威与秩序：20 世纪川东双村的表达》，中国社会科学出版社 2002 年版。

[4] 贺雪峰：《乡村治理的社会基础：转型期乡村社会性质研究》，中国社会科学出版社 2003 年版。

[5] 魏后凯：《乡村善治决定乡村振兴的成败》，载《群众》2018 年第 4 期。

[6] 俞可平：《治理与善治》，社会科学文献出版社 2000 年版，第 8 – 11 页。

与村民协作实现公共利益最大化。[1]邓大才将乡村善治定义为“乡村和谐秩序的实现”，包括秩序性、参与性、成本性与稳定性四个要素，组成乡村秩序三种类型，即由道德与规制建构的良好秩序，秩序与农民参与构成的基本型善治，以及同时兼具成本与稳定的改进型善治，其中，社会秩序与村民参与为乡村善治的关键。[2]

其二，乡村善治实现路径的实践研究。党的十九大报告提出“健全自治、法治、德治相结合的乡村治理体系”以来，学界围绕“三治”之间的内在关系，形成了自治为主体、法治与德治为两翼，[3]“三治”有机融合，[4]以及“三治”按照各自不同强度进行组合形成多种形态善治类型等不同观点。[5]在此基础上，学者们以各地乡村实践经验为例，讨论“三治结合”在具体乡村实践中面临的困境、经验、路径，就如何更有效地实现“三治结合”达到乡村善治提出诸多思考。除此之外，还包括具体实践中乡村善治的其他路径，例如正式制度与非正式乡规民约的契合、[6]多主体参与的权威引导式协商、[7]乡贤参与等，[8]尤其关注到人情关系、[9]社会资本等乡村本土资源之于乡村善治的价值与利用。[10]

已有研究为我们理解新时代的乡村善治提供了有益参照。在现有关于乡村善治的研究中，无论是对乡村善治的理论探讨还是经验分析，共同之

---

[1] 熊小青：《乡村善治：内涵、演进及特征——对乡村善治逻辑的中国特色刍议》，载《安徽农业大学学报（社会科学版）》2021 年第 3 期。

[2] 邓大才：《治理的类型：从“良序”到“善治”——以乡村社会为研究对象》，载《社会科学战线》2018 年第 9 期。

[3] 何阳、孙萍：《“三治合一”：乡村治理体系建设的逻辑理路》，载《西南民族大学学报（人文社科版）》2018 年第 6 期。

[4] 郁建兴、任杰：《中国基层社会治理中的自治、法治与德治》，载《学术月刊》2018 年第 12 期。

[5] 邓大才：《走向善治之路：自治、法治与德治的选择与组合——以乡村治理体系为研究对象》，载《社会科学研究》2018 年第 4 期。

[6] 张爱军、张媛：《迈向善治：制度与乡规民约的契合逻辑与建构理路》，载《河南师范大学学报（哲学社会科学版）》2019 年第 5 期。

[7] 李华胤、张海超：《权威引导式协商：新时代乡村善治的有效形式及运行机制——以天长市“7 + X”协商委员会为例》，载《广西大学学报（哲学社会科学版）》2020 年第 1 期。

[8] 孟祥林：《“村官缺位 + 乡贤补位 + 管理归位”：乡村治理走向乡村善治的问题与出路》，载《盐城师范学院学报（人文社会科学版）》2019 年第 2 期。

[9] 刘津：《人情关系重构与乡村善治的路径探索》，载《重庆社会科学》2020 年第 3 期。

[10] 许垚、申鲁菁：《社会资本整合与治理效能提升：乡村善治的逻辑路径——基于浙江的经验研究》，载《浙江学刊》2021 年第 4 期。

处在于或明或暗体现出的强烈国家视角与自上而下的研究路径。国家力量作为乡村治理与善治进程中的决定性因素，成为大多数研究的逻辑前提与论述中心。在现有研究中能够清晰地看到，国家因素或各级政府部门在乡村善治中扮演着关键性的主体地位，即使讨论“三治”结合或其他路径实现乡村善治的经验研究，虽然也强调乡村自治、德治以及固有文化资源的重要性，但立论前提与分析的出发点仍然是诸如各级政府通过各种举措在乡村治理中实现了“三治”结合、成功挖掘了固有资源、引导了村民积极参与等，治理主体依然是国家。

毫无疑问，在乡村善治研究中，以国家视角为中心是准确的，因为近代以来中国乡村治理结构及其变迁均离不开国家力量的介入与影响，甚至可以说是现代国家政权建设的直接产物；即使是当前的乡村振兴战略及其背景下的乡村治理能力现代化建设，也同样由中央顶层设计并由各级政府部门层层推进。但是，对乡村治理中的国家主体的单一与过度强调，往往会忽略具体乡村各不相同的经济、政治、文化等内生构造，其最大弊端就是，经验研究针对乡村善治的各种策略与路径，“悬浮”在了乡村内在社会结构之外，在此情况下，关于多元主体参与或协商的呼吁和理论分析也就显得格外苍白无力。

可以说，无论是乡村治理体系的健全与完善，还是乡村治理方式的改进与创新，均不是在一张白纸上描绘美丽图画，而是深深嵌入一个个具有丰富内涵的村落结构之中，特别是由村干部和村民的行为以及村庄内外权力关系所构成的地方政治之中。如果脱离此点，乡村善治的美好目标只能成为空谈。换句话说，乡村善治的有效达成与村落政治秩序之间是一种相互投射的“互嵌”关系：只有在乡村振兴特别是乡村善治视角的观照下，乡村地方政治才能焕发出新的时代意涵；反过来，也只有在对具体村落政治及其变迁历程深入分析的基础上，才能深刻把握乡村善治的本土机制与内在逻辑。在此意义上，理解乡村善治的关键就在于对村落地方政治从“劣序”到“良序”的变迁过程的理解与解释。

那么，什么是村落地方政治，应该如何解释村落政治秩序变迁进而达到对乡村善治的深入理解呢？在人类学视野下，村落政治或地方政治是相对于正式的国家政治又与之密切相关的概念。20 世纪 70 年代以来，政治人类学突破异域社会的限制而转向对现代社会、民族国家乃至全球化跨国组织的研究，但基于特定乡村社区的地方政治特别是地方权力的产生与派生依然是主要的研究课题。[1]与人类学对地方政治的早期研究相比，当今政治人类学更为注重通过聚焦地方的政治过程来审视大的、外在的政治经济学语境如何对这一过程产生影响，强调进入任何与政治过程相关的人物和群体的内在世界，直接捕捉他们参与政治过程的动机与心灵世界。[2]与此同时，国际学界的农民研究在进入21世纪之后其研究重心也发生了类似变化，农村与农民被视为国际资本主义体系的组成部分，农民作为文化主体的赋权与能动性也随之被强调；[3]在此基础上，农民心态以及对于治理的农民知识研究也日益凸显。[4]在中国乡村研究领域，地方政治与村落政治在概念上几乎完全等同，传统上尤其关注宗族、民间宗教、民间权威等主题。[5]

因此，本研究将村落政治界定为村庄内部尤其是村干部与村民的政治行为及其权力关系进程，这一进程既与村庄内外的政治经济等结构性因素密切相关，又与村民的日常行为与能动性密不可分，更蕴含着广泛存在于当地干部与村民之中的内心世界。从村民情感意义的角度理解村落政治，不仅能够揭示村落政治变迁背后的文化心理机制，而且能够为乡村善治的达成提供文化的解释。

二、河村政治：有序—混乱—再稳定

（一）村干部更迭与政治行为

改革开放以来，随着村干部对资源的垄断地位被打破，再加上个体经济与挣钱意识的日益增强，乡村干部政治行为随之出现各种变化。在河

---

[1] 马克·阿伯勒：《政治人类学：新的挑战、新的目标》，载《国际社会科学杂志（中文版）》1998年第3期。

[2] 范可：《政治人类学今昔》，载《广西民族大学学报（哲学社会科学版）》2008年第2期。

[3] Tom Brass，The Journal of Peasant Studies：The Third Decade. *The Journal of Peasant Studies*，2005，32（1）.

[4] Henry Bernstein，et al. Forum：Fifty Years of Debate on Peasantries，1966—2016. *The Journal of Peasant Studies*，2018，45（4）.

[5] 王铭铭：《社会人类学与中国研究》，广西师范大学出版社2005年版。

村，仅从村干部行为与更迭的角度而言，经历了较为明显的从有序到混乱再到重新稳定的三个不同阶段。

第一阶段的有序时期从20世纪80年代到90年代中期，以集体解散以后老赵长期担任村支书为代表。马克思列宁主义与传统儒家思想的配置与组合，成为新中国成立后广大农村基层干部的世界观、道德观与工作实践的指南。当然，具体乡村的村干部政治行为并不是铁板一块、整齐划一，赵文词就将其分为侧重于从传统亲属关系网络或恩惠关系获取权力、强调人人平等的单一的村落大家庭而深受边缘村民支持、与上级保持完全一致的“道德说教革命者”以及更强调经济发展的“实用主义技术派”等不同权力类型。[1] 但是，在政党伦理的指引下，以身作则、带头劳动、威权作风等道德伦理成为集体时期绝大多数乡村基层干部的共同特征，并在具有振兴运动意涵的历次政治运动的推动下不断强化；凭此工作伦理而获得权威的乡村干部构成了乡村社会秩序的基础。[2]

某种程度上，改革开放后很长一段时间里，河村地方政治的稳定有序正是集体时期乡村干部伦理延续的结果。集体时期长期担任生产队长、大队会计、支部书记等职务并拥有较高威望的老赵，顺理成章成为改革开放后河村首任支部书记。与集体时期相比，农村干部在村庄经济、政治等方面的权力大为削弱，但老赵依然延续了集体主义村干部的伦理道德，例如作风强势、说话办事说一不二；处事公正、对待所有村民一视同仁；不谋私利，担任干部这么多年，一直到现在居住的仍然是一层平房。由于老赵公正廉洁、为村民及集体利益考虑，在村民中拥有较高的声望与评价。这也直接促成了20世纪八九十年代河村地方政治秩序的良好运行。这么多年过去，老赵担任河村支书时“作风强势、办事公正、不谋私利”等品质与事例仍然在河村村民中流传，特别是在与后面几任村支书的对比中，显得格外难能可贵。

第二阶段的混乱时期从20世纪90年代到21世纪的第一个十年，以村干部追求私利与更迭频繁为特征。1992年，老赵辞去支书职务，由大海接

---

[1] Richard Madsen, *Morality and Power in a Chinese Village*. Berkeley and Los Angeles: University of California Press, 1984, pp. 244 - 256.

[2] Sulamith Heins Potter and Jack M. Potter, *China's Peasants: The Anthropology of a Revolution*. Cambridge: Cambridge University Press, 1990, pp. 283 - 292.

任。与老赵相比，大海并没有能够一心为公，而是开始在任上出现了谋取私利的行为。尤其是他把村集体财产诸如已经停产的毛革厂设备与厂房、老村部房子以及集体时期购买的拖拉机等全部卖掉并将部分款项据为己有。这一明显的谋私行为立即招致了村民们的强烈不满，不到三年，大海被免职。间隔了大半年后，曾经在集体时期的村办工厂里当过会计的老王出任改革开放以来河村的第三任支书。

老王为人正派、不谋私利，但是由于税费收缴等任务难以完成，1998年，在担任支书不到两年之时，老王选择了主动辞职。

老王辞职后，大海再一次接任支书，但是谋取私利等行为并没有改变。村民们讲述了大海谋求私利的各种事例，特别是占用耕地建造住宅从而导致所在的河村第十一小组耕地再也无法调整，更是多次被村民提起。第三章提及河村第十一小组的耕地常年无法调整，其中一个重要原因就是大海。1998 年，第十一小组土地调整时，大海家分到了位于紧靠村旁马路的一块耕地，大海利用当时政策上的模糊与宽松，在这块耕地上建了住宅。但等到下一轮耕地调整时，小组村民要求把大海家所占耕地扣除之后再进行重新分配，大海强烈反对，各方僵持不下，一直就再也不做调整。大海的谋私行为使得其工作遭到了不少村民的反对，干了不到三年就又一次下台。

有研究指出，改革开放后针对农村的行政整顿与去集体化过程，一方面削弱了农村干部的权力与权威，另一方面导致基层干部原有以政治为中心的典范式伦理道德的式微，被追求经济上成功的功利主义或实用主义观念所取代。[1]在河村，从 20 世纪 90 年代以来，特别是老王辞职之后，接任的村干部谋取私利或者不按规范公正处事的现象更加突出，而这种政治行为又遭到了河村村民的普遍不满与抵抗，从而在一段时间内进入了“谋取私利—村民不满—被迫下台”的“村庄劣序”的循环往复，仅在 1998 年到 2008 年的十年间支书更迭有八人之多。

第三阶段从 2010 年特别是小赵 2014 年担任河村支书开始，河村村庄政治进入了一个逐渐规范与有序治理的新的时期。小赵为老支书老赵的儿

---

[1] Yunxiang Yan, Everyday Power Relations: Changes in a North China Village, Walder, Andrew G., ed., *The Waning of the Communist State: Economic Origins of Political Decline in China and Hungary*. Berkeley: University of California Press, 1995, pp. 215 – 242.

子，1965 年生。20 世纪 80 年代高中毕业后和村民一起做毛皮生意，去新疆、内蒙古等地收购羊皮或狗皮，收购以后并不加工，直接拿到河村集市上出售。1990 年，小赵在家办了一个加工小作坊，改行做起毛皮加工。1995 年进入村部担任村委委员。制革业被取缔以后，小赵和兄弟合伙在广州等城市开了几家门店，经营皮革制品的制作与销售。由于头脑灵活、善于经营，生意逐渐做大，成为河村数得着的富裕户。业务已经成熟，不需要前往广州门店，而是常年在家，平时用手机联系业务。

家庭富裕以及作风正派、行事稳重、具有较好文化水平、能够理解国家政策等个人特征，再加上服务型政府建设深入推进的宏观背景，小赵担任支书后，注重民生建设、加强村民思想教育、及时处理村民纠纷、为弱势村民排忧解难，解决了邻里以及宅基地纠纷等不少难题。田野调查期间，河村的村干部几乎每天都坐在村部办公室值班，经常一起商议如何处理每个村民小组中发生的种种纠纷或者回应某些村民的特定诉求。由于村干部每日都在村部值班，村民也养成了有事先去村部反映情况与寻求解决的好习惯，一改几年前只要有事就去乡或县政府堵门的不良风气。在小赵的带领下，村庄各项工作顺利推进，村落政治日趋规范有序。小赵本人也先后荣获市县各级优秀村支书等荣誉称号，并得到了多数村民的认可。

（二）村民的“劣序”行为及其变化

除了村干部从公正有序、谋取私利再到规范治理等行为的变化趋势之外，河村村民的政治行为及其变化也同样构成了河村村落政治秩序的重要内容。从广义上来说，在村民的日常生活中，与权力关系、利益诉求以及权利表达等相关的行为是无处不在的，蕴含在村民生活的各个方面。本部分则侧重于从狭义上来呈现村民的政治行为，特别是聚焦于河村村民为了维护权利或获取利益而发生的较为激烈的行为与事件，例如与前述第二阶段的村干部谋取私利且频繁更迭同时期的、以村民讹人与群体行为等为内容的“劣序”行为及其良序转化的过程。这些行为并非所有村民参与，也不能代表河村村民全体，甚至有的还是非常少见或极端的个案，但是从分析的角度而言，能够较典型地呈现出村民行为的特征与变化趋势。

2000 年河村制革业被强制取缔以后，许多村民没有生意可做，少数痞子村民就在街上讹人。常见做法是，路上的人或者物如果被过往外地车辆蹭到，就往地上一躺，索要赔偿金。有一次一个司机不小心把一只狗撞死了，狗主人谎称是藏獒，索要上千元钱。有一个广为流传的例子：有一条狗卧在了马路中间，外村一个拉着石子的货车经过，看到狗在前面趴着，就把车子停下来，一直等着这条狗自己离开才开车过去，生怕因为不小心碰到了狗而被讹钱。田野调查期间，曾经发生过的讹钱现象早已成为过去，但仍有唯一的一位老人经常在集市人多处晃悠而意欲碰瓷讹钱，这位老人的行为早已被村干部和村民们所熟知，并成为被村干部严厉批评教育的重点对象。

与讹钱相比，曾经在2005—2010年频繁发生的聚众闹事更令当地村民与干部印象深刻。综合田野资料，曾经的聚众闹事可大致分为维权与谋利两种类型。维权是指村民由于陷入纠纷或自身利益受损而引发。有许多典型事例至今仍为当地村民所津津乐道，以河村七组村民自行侦破肇事逃逸并获取赔偿为例。第七村民小组皆是丁姓且为同宗。2006年盛夏的一个晚上，年轻人丁某骑摩托车回村，快到村口时，被迎面而来的一辆货车上横放的家具撞翻在地，当场死亡，货车司机趁天黑逃逸，但事发现场有被撞碎的家具碎片。丁某家人报案，乡派出所登记后说要慢慢侦查。未等派出所出警，七组在家男性村民全体出动，沿着货车司机逃窜方向到沿途所有家具店询问排查，并通过各自的私人关系询问家具店送货情况。最后找到了肇事家具店，司机是老板娘弟弟，老板娘不给人，于是村民们把老板娘强制架到车上，送到乡派出所。在此压力下，对方很顺利地支付了赔偿金。

在其他一些情况下，村民的利益诉求不那么正当合理，聚众闹事成了谋求经济利益的手段。这特别体现在工伤或医疗事故等纠纷中。21世纪最初几年，不少村民在附近机械加工厂打工，一旦出现工伤，就向厂方索要高额赔偿，如果厂方不同意，则动辄召集村民堵门。到后来，少数村民即使不是由打工直接导致的伤病，也会要求工厂赔钱。除了周边工厂，县城医院也成了那些年聚众闹事的主要对象。一个有正当职业的村民，由于其60多岁的父亲晒玉米时不小心从房顶掉下来，送到医院没有抢救成功，打电话给一位任乡干部的远方亲戚，询问是否应去医院闹事，被乡干部及时制止。

正如前文所述，曾经发生的讹钱与闹事等行为，参与者是村民中的少数，却与村干部更迭频繁的现象一起，强化了那段时期河村村落政治秩序的相对混乱状态。2010 年前后，大海的弟弟小海担任村支书。小海又瘦又矮，其貌不扬，但是脾气暴烈，爱喝酒，而且打起架来不要命。通过这种火爆脾气与强硬作风，小海迅速打击了村中的一些痞子与无赖，但是并没有根本性扭转聚众闹事的行为，自己也因为涉嫌黑恶势力而被免职。针对这一局面，小赵任职以后，一方面努力改善民生，另一方面及时处理村庄内外的矛盾与纠纷，并加强在各个场合对村民的提醒与教育，再加上地方政府的严厉打击与乡村基层治理的规范化，河村的聚众闹事行为最终被完全制止。

三、生活世界：乡村纠纷治理的整体理解

正如前文所述，村落政治不仅包括狭义上的村干部政治行为以及曾经发生的突出的或典型的村民集体行动或个体性上访事件，从广义上言，村落政治更涵盖了包括村干部在内的所有村民在日常生活中与权力、权利或利益密切相关的行为。在某种程度上，这种存在于日常生活各个方面的此类行为可用“乡村纠纷”这一宽泛概念来指称。本部分先聚焦于对 S 乡的乡村纠纷的整体理解，作为村落政治变迁的文化阐释的基础与前提。

与周边下辖十多个行政村的大型乡镇相比，S 乡的行政范围与人口数量要小得多，但针对乡村矛盾纠纷的治理同样是乡政府日常工作的重要内容。田野调查资料显示，至少从 2012 年开始，信访秩序宣传、信访积案化解、信访工作基层基础建设、千名干部入万家、争创“四无”（无非正常信访、无集体信访、无重复信访、无信访积案）乡镇等活动一直都是 S 乡政府每年重复实施的工作内容。此外，乡政府还充分发挥下辖村庄少的优势，构建了包括乡级信访协调中心、村级信访接待室以及居民组信访联络员的乡村组三级信访网络，通过乡村领导干部到各个村组下访与走访等方式，切实做到对下辖各村的弱势人群、特殊人群以及不安定因素和人员的定期排查与上报，对于一般信访问题和重大信访案件均要求及时发现、提前介入，力争实现“小事不出组，矛盾不出村，问题不出乡”。

乡村矛盾纠纷治理工作取得了显著成效，田野调查显示，21 世纪以来

的将近20年里，特别是党的十八大以来，S乡所辖村庄的矛盾纠纷与信访数量越来越少，纠纷治理成效显著。一个显而易见的事实是，乡政府与乡村各级干部的治理工作并不可能完全消除乡村的矛盾纠纷现象，据不完全统计，2011—2017年，全乡共发生信访案件107次，涵盖打架斗殴造成伤害等损害赔偿、宅基地、土地调整与承包、生产经营、道路交通事故、医疗、涉法涉诉、村干部谋私以及村委换届选举问题的村务管理等各种纠纷类型。

鉴于乡村矛盾纠纷往往会涉及农民和基层政府两方这一客观事实，运用国家—社会关系框架无疑是适切而又有效的。但不可否认的是，国家—社会框架给乡村纠纷治理研究也带来一定的制约与局限。这种局限性一方面来自该框架固有的系统论与实体论假设，国家与社会均被视为有着清晰边界的独立范畴或整体；另一方面，也来自国家—社会框架自身的批判反思：国家与社会的实体性被打破，国家不再是统一的整体，而是作为一系列松散联系的实践碎片存在于社会混合体网络之中[1]，社会也不再是单一的一元整体，而是由多重交叠和交错的社会空间的权力网络构成[2]。

中国国家与社会的复杂性与内部分化也被学者重视[3]，强调应立足于中国的历史经验与社会现实，在具体分析场景中关注非同质性的国家与非同质性的社会之间的具体互动关系[4]。问题在于，碎片化或关系网络状的国家与社会并没有完全跳出二元论的窠臼，在此框架下的乡村纠纷治理研究虽然注意到国家和社会构成的复杂性，不再简单套用抽象的整体性概念，但核心仍是国家与社会的互动，只不过互动过程更为复杂多样而已。

考虑到国家与社会框架无法完全跳出二元论从而难以完全把握乡村社

---

[1] 乔尔·米格代尔：《社会中的国家：国家与社会如何相互改变与相互构成》，江苏人民出版社2013年版，第43-59页。

[2] 迈克尔·曼：《社会权力的来源（第一卷）：从开端到1760年的权力史》，刘北成、李少军译，上海人民出版社2015年版，第1-12页。

[3] Elizabeth J. Perry, Trends in the Study of Chinese Politics: State-Society. *The China Quarterly*, 1994 (139), pp. 704-713.

[4] 邓正来：《国家与社会：中国市民社会研究》，中国法制出版社2018年版，第110-112页。

会的复杂性，学界相继提出诸如“过程—事件”、“结构—制度”、多元化与分析、多重逻辑分析以及正式制度与非正式制度关系等分析方法以补充或替代国家与社会框架。相较于以往的替代性视角或侧重于行动或侧重于制度以及对日常生活的文化与民情的忽视，肖瑛提出制度与生活视角，将制度与行动并重：一方面，正式制度与日常生活的秩序和逻辑之间呈现出诸如塑造、变通、反抗，以及相互转化、吸纳与利用等各种复杂关系；另一方面，由于正式制度代理人和日常生活主体内部均存在着基于价值、利益与权力的矛盾和分化，前者本身就是日常生活主体的一分子而生活在具体的民情与习惯法之中，后者也大多拥有了解、援引、利用各种正式制度的能力，因此真实的互动不能被简化为代理人与生活主体两种界限分明的主体类型之间的互动，而是具体事件中的不同行动者（包括年龄结构、社会阶层、受教育程度、生活的社区等集体特征及拥有资源、影响力、地位、经历、关系、性格等个体特征等）跨过理论上的制度与生活的界限，依据情势和需要有选择性地诠释、重组习惯法和正式制度而结成长期或短暂的矛盾、妥协与联合关系，从而在宏观与微观两个方面实现了对国家与社会二元论的超越。❶

制度与生活视角通过对正式制度与日常生活及其行动者的“打碎”与重组将国家与社会的二元论转变为制度与生活的二重性，为乡村纠纷治理提供了富有解释力的研究框架。但严格地说，一方面，从字面上而言，制度与生活难以完全消除国家与社会框架的影子；另一方面，将正式制度与日常生活视为不对称、不平等的权力关系，从而侧重分析处于无权状态的生活主体的微观权力机制的研究路径，或多或少蕴含着“有权—无权”或“支配—被支配”的对立预设。在最新研究中，无论是传统中国作为价值导向与制度性结构的忠孝一体和家国同构❷，还是当代中国在脱贫攻坚与乡村振兴中的立国为家、化家为国的“家国一体”的国家与农民的关系形态❸，均呈现出中国在“家”的伦理层面所特有的国家与社会（农民）之

---

❶ 肖瑛：《从“国家与社会”到“制度与生活”：中国社会变迁研究的视角转换》，载《中国社会科学》2014 年第 9 期。

❷ 俞可平：《孝忠一体与家国同构——从丁忧看传统中国的政治形态》，载《天津社会科学》2021 年第 5 期。

❸ 周飞舟：《从脱贫攻坚到乡村振兴：迈向“家国一体”的国家与农民关系》，载《社会学研究》2021 年第 6 期。

间的高度融合性。

基于此，为了进一步消除国家与社会的二元论痕迹，在制度与生活视角启发下，特别在该视角对社会丰富形态与复杂构成的揭示尤其是对“包括各种权宜性生产的利益、权力和权利诉求及生活策略和技术，又指涉相对例行化的民情和习惯法”的日常生活强调的基础上[1]，本部分将把乡村纠纷放置于生活世界的框架中以理解与解释。

“生活世界”原本是一个哲学概念。在整个20世纪，从胡塞尔、维特根斯坦到海德格尔、列斐伏尔以及东欧的科西克与赫勒，无不提出对日常生活世界的理论阐释，构成20世纪哲学从理性向生活世界的重要转向。虽然诸位哲学家对生活世界的概念界定与理论构想各不相同，但其共同点在于，此前一直被视为无足轻重、毫无价值的个体衣食住行、言谈交往等自发自在的、重复性的日常生活世界被纳入哲学视野，与政治、经济、科学、哲学等非日常生活世界一起构成了社会的全部结构，在现代社会更是与后者日益紧密地相互联结、相互渗透。[2] 在社会学领域，生活世界经由舒茨开创的现象学社会学而成为重要学术概念，除了同样指涉人们生活其中的重复性日常活动的含义之外，更强调生活世界基于人与人沟通的主体间性以及需要予以理解、诠释的意义世界等丰富内涵。[3] 此后，生活世界的沟通与意义面向被进一步发扬，例如哈贝马斯明确将生活世界视为社会存在的符号意义层面，是促使价值体系与符号意义再生产的场所和重要条件，作为文化资料存储库而被生活在一起的共同体成员所共享，从而使人们之间的相互沟通成为可能；就构成而言，生活世界包括社会、文化、人格三种结构，在现代社会，生活世界从这三个层面不断经历着理性化过程，生活世界的理性化造成了系统的理性化并最终被系统所控制。[4]

由是观之，生活世界既是生活于某一地方的人们年复一年的重复性日

---

[1] 肖瑛：《从“国家与社会”到“制度与生活”：中国社会变迁研究的视角转换》，载《中国社会科学》2014年第9期。

[2] 衣俊卿：《理性向生活世界的回归——20世纪哲学的一个重要转向》，载《中国社会科学》1994年第2期。

[3] 阿尔弗雷德·舒茨：《社会世界的意义构成》，游淙祺译，商务印书馆2012年版。

[4] 阮新邦：《批判诠释与知识重建——哈伯玛斯视野下的社会研究》，社会科学文献出版社1999年版，第58－67页。

常生活，又是共同体成员所共享的地方文化观念体系，涵盖了文化体系、行动、个人自我观等三个层面，并与外部力量（非日常生活或外部系统）存在着相互渗透的密切关联。正是这些要点构成了包括村民上访治理在内的乡村矛盾纠纷治理研究的生活世界范式的基本内涵。

首先，生活世界范式并不立足于国家与社会、结构与行动、制度与生活，包括批判理论所蕴含的生活世界与非生活世界、生活世界与系统的二元性，而是将村民日常生活世界本身作为乡村纠纷治理研究的出发点和落脚点，回到村民日常生活的具体实践之中，也就是回到日日丛生的诸事集合之中[1]，乡村矛盾纠纷不再仅仅涉及对外部结构造成影响的重大事件，而是村民日常诸事的组成部分。

其次，作为村民日常事件的组成部分，生活世界范式意味着应从生活世界内部特别是从村落社会的文化体系、村民行动、自我观念构成等层面深入探究矛盾纠纷发生、发展与有效治理的具体过程和内在机制，由此，在操作层面，对村民观念体系及其主体性的分析，对于乡村纠纷治理的有效达成尤为重要。

最后，与早期人类学的部落或社区研究将研究对象视为与世隔绝的孤岛不同，生活世界范式并不等于只聚焦于村落社会而无视外部力量的影响，但又与之前的社会中心路径将国家与社会分立不同，生活世界范式强调的是站在村民生活世界的角度理解外部因素的影响。换言之，诸如国家—社会、资本—市场等外部因素均被编织进村民日常生活而成为村民生活世界的有机组成部分，聚焦于村民生活世界本身，就可以窥视外部力量之作用。在此视野下，乡村矛盾纠纷的有效治理当然涉及各种外部力量，但是外部因素只有作用于生活世界、转化为村民日常生活世界的一部分才能起到效果。

那么，在生活世界范式下，应该如何理解与解释 S 乡的矛盾纠纷呢？首先，需要澄清的是，S 乡村民的生活世界绝不仅仅限于村落所在地域的范围，相反，包括国家在内的外部力量以不同形式与村民发生直接或间接的关联。与周边村庄一样，农业仅仅是 S 乡村民生产生活的很小一部分，但与周边村庄以外出打工为主不同的是，除了一部分村民在周边工厂或沿

[1] 罗朝明：《实践的紧迫性》，载《社会》2017 年第 4 期。

海等大城市打工以外，有不少村民从事机械加工和商业活动，或者开办机械加工厂与加工作坊，或者在全国各地经营皮革、卫浴、机械配件销售等生意。无论是办工厂还是经商，无不需要主动了解国家相关法律、法规与政策，办理营业执照、缴纳税款。此外，由于所辖村庄较少，S 乡政府干部几乎每天深入各村庄开展包括矛盾纠纷治理在内的各项政府工作的宣传、部署、推进、检查与协调等活动，即使是普通村民，也能通过乡干部的频繁下乡而对政府工作有所知晓。再加上 S 乡各村庄近年来走出去不少政府机关干部，这些干部并不是高高在上的陌生人，而是某位村民的家人、亲戚、街坊。在此意义上，对于常年生活在 S 乡各村庄的广大村民而言，并不存在所谓的国家—社会的二元区分，相反，"国家"以工商业法律政策、营业执照、乡干部的频繁出现以及作为亲朋好友的国家干部等具体直观形象与可触摸形式进入村民日常生活，与村民日常生活一起，成为村民生活世界的有机组成部分。

其次，从生活世界的视角看，有日常交往必然会有纠纷，纠纷并不是生活的例外，而是村民日常生活的普遍性内容。在 S 乡，小到夫妻吵架、婆媳矛盾，大到权益冲突，各种各样纠纷几乎每天都在各个村庄上演。仅以田野调查收集到的县乡干部下沉各村所排查的各类矛盾纠纷资料为例，从 2014 年 6 月到 2015 年 12 月的一年半时间里，县乡干部下村排查解决的纠纷就涵盖了父子矛盾、婆媳矛盾、夫妻矛盾、子女户口办理、子女就学求助、孩子分地、有线电视信号差、经济作物种植、计划生育、邻里生活矛盾、村民打架、住房困难、贫困救助、司法救助、宅基地纠纷、用水用电纠纷、合同纠纷、用工纠纷、土地租赁纠纷、债务纠纷、工程纠纷、道路规划矛盾、企业用地矛盾、垃圾处理矛盾、村庄排水沟修缮、责任田打水井、村干部经济问题、老干部待遇、复员军人与参军参战人员优抚等 230 余起，涉及家庭、户籍、入学、耕地、住宅、农业、工业、交往、医疗、村干部、特殊群体等日常生活的各个方面。这还仅仅是县乡干部下村排查解决的纠纷，没有排查的或者由村民自行解决的纠纷更是不可胜数。

在此意义上，乡村纠纷不应被视为与日常生活相对立的突发事件，而是与日常生活构成一个连续体：在连续体的一端是由村民交往与纠纷为普遍内容的日常生活，另一端则是被称为"信访"的行为。对于广大村民而言，日常生活中发生的绝大多数普通琐碎的纠纷已被自行解决，或者通过中间人的协调而达成一致；在乡村政治运转良好的村庄，超出个人自行解决范围之外的纠纷则经由村组干部介入而得到有效处理。从自行解决的纠纷一直到村组干部介入处理的纠纷，都属于日常生活世界范畴的纠纷；而那些当事人、中间人、村组干部都无法解决或者当事人绕开中间人与村组干部而直接走访乡级以上政府部门的纠纷，则属于信访范畴。根据《国家信访条例》规定的属地管理原则，村民向县市省甚至中央部门越级或非法上访所反映的纠纷，经过层层审批，最终又重新回到了乡级政府部门，仍然由乡村两级干部联合中间人协调处理。

换句话说，日常纠纷以信访的形式经过科层体系的上达又重新回到村民日常生活世界之中。可以说，生活世界—日常纠纷—村民上访连续体从整体上为理解乡村纠纷提供了一个宏观的解释框架。在日常生活世界框架下，包括上访在内的村民矛盾纠纷治理就如同庞大冰山露出海面的一个小角，存在于每日发生的众多普遍性日常生活纠纷之中，又通过与“国家”的主动连接而区别于每日生活，从而与日常生活构成一种连续统的关系。在此意义上，矛盾纠纷作为总体性社会事实，内在地嵌入村民的日常生活世界之中。[1]

四、情感—意义模式：村落政治秩序的文化解释

生活世界为我们理解以乡村纠纷为形式、广泛存在于村民日常生活之中的、广义的村民政治行为提供了一个整体性的框架。在这一整体性解释框架里，地方文化观念体系在村民日常生活中扮演着重要作用。那么，对于河村的政治秩序形态又该如何从村民日常生活尤其是日常实践形成的地方观念的角度加以理解与解释呢？在布迪厄实践理论的视野下，行动与结构相互塑造的关键在于实践者将外部内在化的心理机制，即性情倾向系统或惯习。奥特纳将这种心理机制概括为包含着行动主体的知觉、情感、欲望、恐惧等情感维度的情感与意义模式。在奥特纳看来，促使主体付诸行动的情感意义模式及与塑造这种模式的外部文化构造之

---

[1] 郭伟和：《作为总体性社会事实的农村社会上访研究》，载《思想战线》2014 年第 3 期。

间的相互生成是实践理论内部运作的深层机制。❶

作为情感意义模式的主体性更明显地体现在互为他者的群体之中。在人类学的学术脉络中，他者往往会被不自觉地视为劣等或劣势的状态。❷某种程度上，作为族群意义上的他者，河村村民也被认为甚至自认为处于一种相对弱势的位置。在当地村民看来，这种弱势状态至少体现在人口数量与生计模式两个方面。虽然河村人口众多，但是由于河村村民的他者性促成了河村村民在人口特征上的特殊性与弱势感，并在与周边村庄村民的日常交往和比较中尤为凸显。对于河村村民来说，这种弱势感还反映在生计模式上。正如上一章所指出的，河村牛羊小生意的生计模式与商业文化传统密切相关；但也与耕地普遍较少不无关联。在S乡所有村庄中，河村人均耕地面积最少，只有半亩左右。在主要依赖农业为生的前现代时期，耕地面积少意味着生活的艰难，正因如此，河村村民从一开始就普遍从事小生意经营来维持生计。可以说，做小生意与耕地少两者互为因果、互相强化，一起构成了河村村民的生计选择。

改革开放后，这种弱势感并没有随着制革作坊的兴起与收入的提高而减弱，因为小制革与毛皮贩卖类似，均属于“本钱少、风险低、收益快”的小生意生计模式。长期以来短平快的生意经使村民不自觉地形成了“只看眼前利益”的心态。小生意生计模式下的斤斤计较与算计虽使村民容易获得现时利润，但“只顾眼前而不重长远利益”背后仍然是弱者的文化心态。与弱势感同时存在的是由于弱势感以及历史上曾经面临的生活压力而产生的村民内部的凝聚力与自尊心。可以说，河村村民在生计模式与人口特征上的“弱势感”与作为他者的自尊心而产生的“尊严感”相互补充、相互强化，共同构成了河村村民政治行为背后的观念机制——“他者的尊严感”。

诚然，“他者的尊严感”是长期以来外部力量与村民实践相互交织的产物，这种情感意义模式一经产生又进一步促成了河村村民的实践行动，内在地塑造着河村特定的政治秩序。“他者的尊严感”的文化心态不仅成

---

❶ Sherry B. Ortner, *Anthropology and Social Theory: Culture, Power, and the Acting Subject*. Durham and London: Duke University Press, 2006, pp. 107－112.

❷ 奈杰尔·拉波特、乔安娜·奥弗林：《社会文化人类学的关键概念》，鲍文妍、张亚辉等译，华夏出版社2005年版，第11页。

为21世纪前后河村村民在经济困难期动辄闹事的内在原因，而且不期然地起到了监督村干部的效果。由于对眼前利益尤为重视且易于抱团，河村村民对村干部的自私行为也极不容忍，敢于公开抗议。田野调查多次观察到，无论对方是普通村民还是县乡干部，只要侵犯了自我利益，河村村民当场就能公开嚷嚷，丝毫不留情面。[1]在村民看来，干部有私心实属正常，但不能肆无忌惮，否则就是欺负人。而一旦被认为受到欺负，村民们就不会善罢甘休，不顾及任何情面。正因如此，河村干部从来不敢肆无忌惮地损害村民利益。

图5-1 河村的露天垃圾场与飞进附近玉米地里的垃圾袋

不仅河村地方政治形态的发生机制与“他者的尊严感”这一观念联系紧密，而且对于村民聚众闹事等行为的有效治理也与地方观念机制密切相关。党的十八大以来，在充分洞悉村民主体观念的基础上，乡村两级干部逐渐改变以往的纠纷调解模式，从地方观念机制入手，一方面大力加强基础设施建设、切实改善民生，逐步改变河村村民的弱势感，另一方面采取严厉打击非法闹事与加强村民思想政治教育相结合等一系列措施，将河村村民的凝聚力与尊严感引导到发展个体经济与对村庄公共事务的积极参与之中。随着生计模式的转型与经济收入的提高，河村村民作为他者的弱势

---

[1] 其中一个印象深刻的例子是，田野调查的一天，我和河村六组组长去查看六组的自留地，在路上，迎面走过来一个中年妇女，妇女以为我是乡干部，直接对我说：“你们乡里管不管？如果不管的话，群众举报到县环保局，可别说给乡里抹黑！”一问才知道，原来是修建在六组与七组耕地旁边的河村露天垃圾场，刮大风时，垃圾袋就都飞进旁边的玉米地，影响机器收割，村民们意见很大，不仅骂乡干部，也骂村干部与生产队长。妇女说，“环保员只捡路边的垃圾袋，飞进耕地里面的垃圾则没有人管，应该安装一个钢丝网，把垃圾场从上面罩起来，防止垃圾袋乱飞。你是乡里人，不管你是否负责这一块工作，你得向乡领导汇报”。事后了解到，当时垃圾场选址时，准备占用四组的耕地，但四组队长不同意；于是选在了六组位于路边的这块地上。组长告诉我：这个垃圾场签了三年合同，合同到期后，村民肯定不会再同意，垃圾站必须搬走。

感大为改变，聚众闹事行为几近消失。2015 年以后，河村村民的尊严感与参与性更多体现为对新的生计方式的探索经营以及对村落公共事务的主动关心和对村干部的无形监督，不仅从事卫浴瓷器生意或在周边工厂打工日益成为新时期河村村民的主流生计模式，而且村民闹事行为日渐消失。

虽然村庄内部几乎每天仍有矛盾纠纷出现，但是在村民积极参与下，新选举出的以小赵为支书的村委成员充分发挥村干部的协调职能，每日轮流值班，及时回应村民诉求，每周定时召开村组干部会议，专题讨论各个村民小组新近出现的矛盾纠纷及其调解办法，真正做到把纠纷化解在村庄之内。仅在 2015 年 3 月到 2017 年 4 月的两年时间里，河村村组干部共召开 76 次纠纷调解专题会议，调解耕地调整、宅基地审批、自来水收费、高铁征地补贴款分配、因房屋裂缝而阻拦修路修桥等各类纠纷共计 100 余起，其中只有 2 起纠纷被反映给乡、市政府部门而专门处理。

五、结语

正如本章开头所述，必须加以强调的是，国家力量当然是乡村治理与善治建设至关重要且不容忽视的关键要素。这在 S 乡地方政治秩序的良性转变中可以清晰地看到：不论是河村的小生意与盛极一时的制革业，还是沟村的机械加工业，都是改革开放宏观政策的产物；制革业的强制取缔也是国家强力介入的直接后果。一段时间内河村与沟村干部频繁更迭与改革开放后国家力量收缩带来的基层政治松懈密切相关；反过来，当基层政府强化工作方式，对聚众闹事严厉打击时，河村集体闹事行为也随之式微。沟村村民上访同样与国家信访体制的变化直接相关，在信访排名与一票否决等信访制度对基层政府的强大压力以及税费改革后基层政权弱化的背景下，乡镇政府对农民上访只能被动协调。但随着新时代基层政治建设的逐步加强，沟村村落政治逐渐良性运行，沟村村民上访现象也日趋减少。

同时，在讨论中也可以看到，国家力量的介入并不是作用在一片空白虚无或者真空状态的村落之中，相反，在地方政治秩序生成与变迁过程中，不仅广泛存在着构成了村落政治内在逻辑的内涵丰富的情感意义模式，而且国家力量正是作用于村民主体的情感意义模式，从而促成参与者积极能动性的变化，才最终促使乡村治理从“劣序”到“良序”的成功转变。换句话说，在乡村善治建设中，除了强调国家力量的关键作用，还应同时强调村落社会的重要性，特别是以“村落本位”为视角，在认识村落政治经济秩序的过程中充分挖掘村民主体、主体性与能动性的深刻意涵，只有这样才能真正理解国家力量之所以起作用的内在逻辑与机制。

此外，还可以清晰地看出，在生活世界的解释框架下，通过深入村庄与村民日常生活内部，尤其从村民主体的文化观念角度，深度揭示村落政治的内在发生机制。正如斗鸡不仅展现而且塑造了巴厘人日常生活中被掩盖的情感价值，某种程度上，也可将S乡的村落政治形态视为包含“属于模型”与“为了模型”两种含义的象征符号[1]：一方面，村民主体在日常生活中蕴含的情感与价值观念在村落政治变迁中得以鲜明突出地表达、展示、生成与塑造；另一方面，对于村落政治而言，村民主体的情感意义模式也构成了理解村落政治良性变迁的文化基础。在此意义上，实现乡村善治，必须回到村民的生活世界，考察村民主体、主体性与能动性的具体呈现以及村民行动与村庄地方政治之间的相互生成；与此同时，应将村民生活世界放置于“国家”维度之中，实现当地村民与包括基层政府在内的国家权力之间的良性互动与相互塑造，这既是深入理解乡村治理的理论前提，也是乡村善治的题中应有之义。

---

[1] Clifford Geertz, *The Interpretation of Cultures*. New York: Basic Books, 1973, pp. 93, 451.

第六章

基层治理：精确化逻辑与地方性知识

技术知识的特点是非个人化的、准确量化的，而米提斯关注的是个人技能、感觉和实践结果。……米提斯远远不是僵硬的和铁板一块的，而是可塑的、本土的和有多重含义的。正是它对独特背景的依赖、它的不完整等特征使其具有渗透性，乐于接受新观念。

——詹姆斯·斯科特《国家的视角》

2016年7月的一天，从县里开会回来的副乡长带回一个紧急任务，要求最迟在第二天中午以前上报一份全乡贫困户详细名单，每村至少3户。全乡6个行政村，按照最低标准，一共要上报18户。时间紧急，来不及让每个村调查上报，副乡长找到农办主任和民政所长，先从全乡“低保”名单中每个村找出5个贫困户，再和村干部商量去掉2户。由于常年负责“低保”等民政工作，民政所长对全乡贫困户情况非常熟悉，上报名单基本符合实际情况。18户的具体情况不一，但有一点是共同的，都是身患疾病且没有劳动能力的家户。在此后的两年内，精准扶贫在S乡轰轰烈烈地拉开帷幕。事实上，扶贫工作对于S乡干部来说并不陌生，虽然该地区不属于贫困县，也没有贫困村，但对于当地贫困户或困难户也先后实施党员帮扶、工作队帮扶等措施。然而，此次扶贫与以前最大的不同就是强调“精准”：一是直接性，不同于此前划定一个贫困区域（贫困县、乡或村），而是直接针对每一户进行直接帮扶；二是精确性，要求为每一户家庭建立精准扶贫家庭情况表，详细调查并精确记录该家庭的住房条件、收入情况、家庭财产等各项资料，不仅精准识别出贫困户，还要制定具体明确的帮扶措施与工作流程。一时间，精确、精细、精准成了S乡与各村干部反复强调的词汇。

事实上，精准扶贫工作中蕴含的直接性与精确性的治理逻辑并不是突然出现的，而是作为一种重要原则与方向，体现在基层治理的各个方面。那么，改革开放以来，S乡基层治理的精确化趋势有着怎样的具体表现？在具体实施过程中，普遍性的精确化治理逻辑遭遇了怎样的特殊性的“地方知识”，并与后者产生了怎样的相互影响？精确化逻辑与地方性知识的交织与塑造，对于理解当前基层治理的运行及其困境有着怎样的启示？

首先，从乡镇干部与村干部的选拔产生、行为约束与办公运行，以及基层政府对于户口、“低保”及村民日常生活的民生工作与管理等两个方面讨论改革开放以来S乡政府治理精细化的具体表现及其对于村民生活或民间社会的影响。其次，通过对田野调查过程中所观察与参与的连续两次的省级环境整治工作具体过程的再现，详细考察两次环境整治工作过程中所蕴含的治理精细化逻辑与表现，以及在此工作中基层政府的具体策略与应对。再次，基层政府的地方化策略反映的其实是治理的精确性逻辑与民间社会的模糊性特征之间的矛盾；进而以官方与民间对于农业保险的两种截然不同的理解与冲突为例，详细讨论两种逻辑的矛盾；某种程度上，正是这两种不同逻辑之间的矛盾性为S乡政府的基层治理带来了困境，对于基层政府而言，在遵从精细化逻辑的同时又处处体现着灵活与变通，甚至主动利用民间社会逻辑以解决治理难题。最后，基层治理的精确化也对以模糊性为主要特征的地方知识本身产生了影响，在此意义上，基层政府与民间社会朝着现代权力意识与公民观念这一方向的共同改变与良性互动，可能是解决基层治理困境的有效路径。

一、从模糊到规范：基层治理的精确化过程

某种程度上，作为国家统治的重要手段，精确化控制的努力从国家产生以来就已开始，“固定姓氏的创建，度量衡的标准化，土地调查和人口登记制度的建立，自由租佃制度的出现，语言和法律条文的标准化，城市规划以及运输系统的组织等，其目的都在于清晰化和简单化”[1]。在此意义上，中国帝制时代中央王朝对全国户口、田亩与税收等数字的调查与掌握更是体现直接性与精确性的重要部分。但是在国家政治层面上，直接性与精确性由于思想、技术等因素的局限而受到很大限制，采取的是皇权及正式官僚制与民间士绅权力并行的双轨政治。[2]有研究指出，即使是所谓“皇权不下县”的清代，国家官僚系统的触角也通过县辖政区与杂佐官吏的设

---

[1] 詹姆斯·斯科特：《国家的视角：那些试图改善人类状况的项目是如何失败的》，王晓毅译，社会科学文献出版社2004年版，第2页。

[2] 费孝通：《中国士绅》，赵旭东、秦志杰译，生活·读书·新知三联书店2009年版。

置等方式日益直接参与基层治理。[1]

然而，真正意义上的国家权力的精确化治理逻辑是随着现代民族国家的建立而凸显的。研究表明，国家权力对于地方社会的直接控制被视为现代民族国家较之封建主义国家的显著特征之一。[2]在斯科特看来，清晰性是国家机器的中心问题，特别是19世纪末以来随着极端现代主义意识形态的确立，国家对社会控制的清晰化与简单化逻辑更加成为现代民族国家的普遍趋势。[3]就中国而言，20世纪以来民族国家政权建设过程中对于民间社会直接渗透与控制的种种努力，则是国家政治直接性与精确化原则的充分体现。[4]

新中国成立后，随着国家权力与意志直接深入每一个村落与村民之中，直接性得以最终完成并加强。[5]虽然改革开放以后国家权力有所收缩，但是直接性仍然是最重要的原则与事实，尤其表现在官僚体系以及税收、预算、普查、统计等人口与经济方面。对于政府对民间社会的管理或治理领域，20世纪90年代以来，随着依法治国战略的提出，严格依照法律与法规行事成为各级政府的基本要求与行政理念，干部行政过程中的“去人化”或规范化逐渐建立；再加上数字化技术的不断进步与广泛应用，由此，直接性与精确性相互结合（以及其中所包含的规范化），日益成为改革开放以来政府治理领域最为突出的变化与特点之一。这种从模糊混乱到清晰精确的变化过程，在S乡基层政府及其对民间社会治理的各个方面均能看到，尤其集中表现在乡村干部选拔产生与办公运行、村民的民生与日常生活管理两大方面。

---

[1] 胡恒：《皇权不下县？——清代县辖政区与基层社会治理》，北京师范大学出版社2015年版，第319页。

[2] Charles Tilly. *The Formation of National States in Western Europe*. Princeton: Princeton University Press, 1975.

[3] 詹姆斯·斯科特：《国家的视角：那些试图改善人类状况的项目是如何失败的》，王晓毅译，社会科学文献出版社2004年版，第118页。

[4] Prasenjit Duara, *Culture, Power, and the State: Rural North China*, 1900—1942. Stanford: Stanford University Press, 1988.

[5] Helen F. Siu, *Agents and Victims in South China: Accomplices in Rural Revolution*. New Haven: Yale University Press, 1989, pp. 1-6.

（一）乡村两级干部及其办公运行的精确化

首先，来看乡级干部。对于S乡的乡干部来说，政府各项工作的规范化与精确化是逐渐形成但能切身感受的。在S乡，年轻的乡干部小刘到乡政府任职刚刚两年，她也是第一位参加全省统一的公务员考试并顺利通过而录取的干部。其他绝大部分乡干部则是从部队转业或中专、大专毕业以后直接分配而来。对于当时的人们来说，乡政府是一个稳定的铁饭碗，工作清闲又没有多少事可做，因此成了许多大中专毕业生的首选。改革开放以来的较长一段时间里，乡干部工作的确是清闲的，除了计划生育等硬性工作外，并没有多少事情可做，个别干部工作之余还忙着做自己的生意，更有一些干部办了停薪留职到南方打工并挣下不少积蓄。21世纪以来，特别是2005年以后，随着基层政府工作的日益规范，乡干部们也越来越忙碌。田野调查中，S乡干部早已形成了点名值班的制度，每日早晚两次点名打卡，所有人员分为三班，每天晚上轮流住在乡政府值班，第一时间在微信群上传照片进行汇报。乡干部不无感慨，“以前虽然工资很低但工作轻松，现在工资提高了，但工作量也更加繁重，既有发展经济、民生保障等日常性工作，也有秸秆禁烧、脱贫攻坚、环保治理等阶段性工作，需要乡干部全员出动、日夜加班”。仅以禁烧为例，为了防止引发火灾以及大气污染，每年的麦收与秋收以后，乡政府组织各村开展禁烧工作，每次为期一个半月。禁烧期间，要求村组干部24小时驻守在各个值班点，乡干部每日巡回检查。最近几年，更是设置了天眼系统，建立信号塔与摄像头，全乡范围内只要有着火点，天眼马上就能看到。

图6-1　禁烧执勤点与标语

与此同时，任务分解精确到人、工作考核到人，也成了乡政府工作运行的常态。田野调查期间，S 乡所有干部均是一片忙碌。对于乡领导干部而言，主要任务就是去县市参加工作会议、领取任务、分解布置并实施监督。有一次，乡书记告诉我说，四天之内参加了七个工作会议，马不停蹄。有时候，县政府更直接在 S 乡召开现场工作会，田野调查期间，该县每月召开美丽乡村建设现场会，绝大多数都选择在 S 乡召开。对于一般乡干部，几乎每天要在全乡范围内对各村工作进行检查与整改。这种精确性甚至也同样涉及县政府的干部们。2017 年，县政府为了进一步推动精确化治理，更是推出了“双百双万”工程，县政府一百名部委办局领导分别和全县范围内一百个行政村进行一一配对，每位领导直接承包一个行政村，帮助村干部开展环境综合整治、矛盾调解、村庄经济发展、留守老人与儿童帮扶等各项工作。S 乡的沟村与鲁村被选中，分别由人防办与宗教局领导配对承包。

其次，来看 S 乡的村干部群体。对于村干部来说，规范化与精确化的转变更为明显。规范化尤其体现在村干部的选举上。自从 1987 年《中华人民共和国村民委员会组织法（试行）》颁布以来，以民主选举、民主决策、民主管理和民主监督为核心的村民自治制度逐步在广大乡村实行推广。中外学界也对村民选举予以大量关注并且主要从村民选举的经济背景与政治效应[1]、村民选举实践及其影响因素[2]以及在此基础上的村民自治[3]等方面进行研究。除此之外，村民民主选举的实施过程及其所体现出来的精确化趋势也是其中一个重要方面。虽然村民选举制度从 1988 年开始在全国实施，但一直到 1999 年为止村民自治处于试行阶段，对于村民选举的细节与办法等并未做出具体部署；1998 年以后，随着《中华人民共和国村民委员会组织法》的颁布以及对于村民选举方式与办法做出具体规定，村民

---

[1] 郭正林：《国外学者视野中的村民选举与中国民主发展：研究述评》，载《中国农村观察》2003 年第 5 期。

[2] 孙秀林：《村庄民主及其影响因素：一项基于 400 个村庄的实证分析》，载《社会学研究》2008 年第 6 期。

[3] 徐勇：《中国农村村民自治》，华中师范大学出版社 1997 年版。

选举才正式走上日趋稳定规范的发展时期。[1]河南省 2001 年颁布了实施办法[2]并于 2011 年进行修订[3]。

在 S 乡，正式的村民选举始于 1999 年，在此以前村干部均来自上级政府的直接任命，从 1999 年开始，由村民选举产生村干部的办法正式在 S 乡的村庄中实施。但是，在 21 世纪的第一个十年里，由于存在诸如贿选[4]以及宗族与派系因素[5]等情况。此时的村民选举更多是形式上的，“大多只是走过场而已，由各村民小组长拿着纸条到村民家，村民随便勾填一下，选不选其实无所谓”。2011 年以后，随着国家与省市各级政府对于村民选举方式的具体部署，S 乡的选举实践也走向规范化，逐渐形成了明确的选举流程与方式，不仅引入了两票制以加强党支部的权威与合法性，[6]而且成立了村民代表委员会、监督委员会等机构，加强对整个选举过程的监督。

以 2014 年河村选举为例，每个小组 6 名代表，全村共 65 名村民组成代表会员会，全程参与、实施并记录选举过程，另有 100 名成员组成的监督委员会对选举进行监督。先选村委会成员，全村 18 岁以上村民每人一张选票，共有近 2000 张选票，依次选举出村长、副村长、会计主任、村委委员等；然后由全体党员选举村支部成员，一名支书、两名副支书、两名党委委员共 5 名干部，河村一共 70 余名党员中常年在家的约为 50 名，5 名干部被选举出来以后，再由村民代表委员会对每个人投信任票，超过半数者才可以最终当选。虽然仍存在人情或其他因素的影响，但选举的规范化日益增强，村民选举以及对村干部的监督意识也随之提高。

---

[1] 范瑜：《村委会选举制度的演进及特点》，载《中国农村观察》2001 年第 1 期。

[2] 《河南省实施〈中华人民共和国村民委员会组织法〉办法》（2001 年 9 月 29 日河南省第九届人民代表大会常务委员会第二十四次会议通过），http：//www. henan. gov. cn/ztzl/system/2006/08/12/010002081. shtml。

[3] 《河南省实施〈中华人民共和国村民委员会组织法〉办法》（2011 年 7 月 29 日河南省第十一届人民代表大会常务委员会第二十二次会议通过），http：//www. henanmz. gov. cn/system/2016/11/02/010679890. shtml。

[4] 范柏乃、冯木林、周晶：《我国乡村贿选及其治理对策研究》，载《行政与法》2008 年第 2 期。

[5] 贺雪峰：《乡村选举中的派系与派性》，载《中国农村观察》2001 年第 4 期。

[6] 景跃进：《两票制：组织技术与选举模式——“两委关系”与农村基层政权建设》，载《中国人民大学学报》2003 年第 3 期。

除了选举规范化以外，村干部的各项工作也逐渐规范与精确化。首先表现为村干部办公与值班的规范化。改革开放后的相当长时间里，村干部几乎不到村部，甚至村委公章也放在干部家里，村民有事直接去村干部家中办理。2014 年换届选举后，S 乡的各个村庄形成了严格的村干部每日值班制度，所有村干部必须在村部办公，而且每日的早八点到晚六点，必须有村干部在村部值班，以便及时服务村民需求、完成上级工作。除此之外，工作形式与程序也日益规范化与精确化。2004 年由邓州市首创的“四议两公开”工作法❶，从 2009 年开始逐渐在全省乃至全国推广并且细则日益完善。❷在 S 乡，从 2014 年以来，“四议两公开”工作法成为村庄各项工作的基本程序，乡村工作也更加公开透明。

其次，基层组织建设的加强与规范化。2016 年开始，S 乡加强了基层组织建设，要求所有村庄每月 10 日定期召开党员会议，全体村干部和党员一起学习文件，就每月村庄各项事务向全体党员通报与协商。田野调查中我在各个村庄参加了多次党员会议，相比于此前党员从来不开会甚至连党费都不交的状况，参加会议的党员村民介绍说，“党员也得洗洗脑子，思想不能涣散”。

最后，村干部工作规范化与精确化还可以从干部工资的来源以及村庄办公经费的开支中得以体现。2006 年取消农业税费以前，村庄办公经费与干部工资等开支均来自村民上交的提留款，再加上当时流行打“白条”，收入与开支较为混乱。2006 年以后，乡村一级改为全部由财政拨款，村干部工资从每月 1200 元逐渐上涨到现在的 2000 元；办公经费从每年 20000 元、30000 元逐步上涨到当前的 72000 元，与此同时，收入的清晰明确也

---

❶ 又被称为“4+2”工作法。其中，“四议”：一是村党支部会提议。对村内重大事项，村党支部在广泛听取意见、认真调查论证的基础上，集体研究提出初步意见和方案。二是村“两委”会商议。根据村党支部的初步意见，组织“两委”班子成员充分讨论发表意见。三是党员大会审议。对村“两委”商定的重大事项提交党员大会讨论审议。召开党员大会审议前，须把方案送交全体党员，在党员中充分酝酿并征求村民意见。四是村民代表会议或村民会议决议。党员大会通过的事项，召集村民代表会议或村民会议讨论表决。“两公开”：一是决议公开。经村民代表会议或村民会议决议通过的事项，一律在村级活动场所和各村民小组村务公示栏公告，时间不少于 7 天。二是实施结果公开。决议事项在村党支部领导下由村委会组织实施，及时向全体村民公布实施结果，接受党员和广大群众的评议监督。

❷ 中共河南省委组织部课题组：《“四议两公开”工作法的完善推广》，载《党建研究》2019 年第 10 期。

要求所有开支的明确化。仅以村庄工程建设为例，此前工程承包可以“白条入账”，包工头带着几个人干活，每天花了多少钱，写一个明细在白纸上，摁上指印就可以入账报销，钱拿出来后再分发给工人们。而现在的流程是必须先到县税务局开票，然后经过“四议两公开”程序才能上报乡财政所，再由财政所直接转账到每个人的个人账户。

（二）民生工作的精确化

与普通村民日常生活息息相关的各个方面也日益规范化与精确化。最突出的例子是户口登记。1958 年《中华人民共和国户口登记条例》颁布，标志着新中国户政制度的确立，但到 1985 年才开始实施居民身份证制度。[1]此前很长一段时间内，户口等级与管理较为松散，多由小组组长填写户口登记。由于没有出生证明，有的组长到每家每户询问出生年月，有的则仅凭大概印象随便填写。因为是手写，例如 6 与 0、7 与 1，不太清楚，难以分辨。“有一家，在身份证上，弟弟比哥哥还大好几岁，因为养老金根据身份证年龄来发放，结果弟弟拿到好几年的养老金的钱，哥哥还没有拿到”。除了登记模糊，户口管理也不规范。例如有村民在外地上了户口，但本地户口却一直没有注销。21 世纪以来，S 乡逐渐实施户口管理的数字化，户口登记与管理日益清晰明确，年龄错误、民族改动等现象不复存在。2014 年，乡派出所给每个家族男性采血建立 DNA 数据库，根据乡派出所的户口通知村民前来采血，发现许多村民的身份证住址是外地，于是把全乡所有户口重新认真核对，排查出很多双重户口，全部清理注销，户口管理进一步精确化。

除了户口登记管理的精确化，与广大村民密切相关的各项民生工作也同样经历了从混乱到规范精确的过程。仅以“低保”工作为例。低保是最低生活保障制度的简称。1996 年，民政部颁布《关于加快农村社会保障体系建设的意见》，标志着农村“低保”工作的正式展开。2005 年，农村“低保”工作真正进入实质性发展阶段，2007 年，实现了全国各个省区市的全覆盖。农村“低保”工作除了起步较晚、进展缓慢以外，还存在对象

---

[1] 王太元：《中国户口管理制度概述》，载《人口与计划生育》2004 年第 1 期。

界定困难、操作程序不规范等诸多问题。[1]上述问题在S乡也同样存在：最初称为困难户，由于没有界定条件、标准模糊，因此随意性很强，“干部们想给谁就给谁”，定为困难户的每人每月有5元钱补贴，此后涨到10元、15元。后来低保户有专门名称与证件，但由于缺乏衡量标准，在认定时仍然存在较强的随意性。

2010年，国务院办公厅转发扶贫办等部门的《关于做好农村最低生活保障制度和扶贫开发政策有效衔接的通知》，不仅对低保户开始实施动态管理，更加明确规定，“严格按照申请、收入核查、民主评议、审核审批等程序和民主公示的要求认定农村低保和扶贫对象”，从管理机制及制度设计等方面增强了农村“低保”工作的规范化。[2]S乡农村低保工作的规范化始于2011年，上级政府到各个村庄检查，复核认定，剔除不合格家庭，补上符合要求的家庭。根据田野调查，S乡低保工作真正的规范化与精确化是在2015年。2015年3月，S乡实施“三公开、三统一”的“三三工作法”：标准公开、程序公开、结果公开，统一时间、统一标准、统一组织。具体而言，以年收入2600元为标准，此标准以下村民均可申请。村民申请后，地方政府入户调查，对收入进行核算，例如土地收入、打工收入、工资性收入，每项收入均有具体明确的核算办法与标准。核算符合条件后，进入程序评议阶段：评议由乡纪委与村干部一起参加，形成评议记录和纪要，以文件形式确保规范，最后张榜公示。此外实行动态管理机制，村民每个月都可以申请，符合条件的及时上报处理，不符合条件或死亡的及时退出。低保工作的规范化改变了此前存在的人情因素等混乱现象，几乎所有低保对象均为生活贫困或无劳动能力的村民。事实上，不仅在S乡，在全国范围内，随着农村低保专项治理的逐步强化，“关系保”

---

[1] 李忠林、崔树义：《我国农村低保的现状、问题与对策》，载《东岳论丛》2009年第8期。

[2] 除了从程序、政策与管理等方面进行明确规定，还明确指出要加强督查力度：对农村低保工作，重点考核低保对象的应保尽保和规范管理程度。详细内容可以参见：《国务院办公厅转发扶贫办等部门关于做好农村最低生活保障制度和扶贫开发政策有效衔接扩大试点工作意见的通知》（国办发〔2010〕31号），http：//www. gov. cn/gongbao/content/2010/content _ 1612363. htm。在2017年颁布的《民政部 国务院扶贫办关于进一步加强农村最低生活保障制度与扶贫开发政策有效衔接的通知》（民发〔2017〕152号）中，农村低保工作进一步规范化、精确化。参见http：//www. mca. gov. cn/article/gk/wj/201811/20181100012656. shtml。

"人情保""错保""脱保""漏保"问题明显减少，农村低保环境不断净化。[1]

规范化与精确化不仅从制度与形式上进一步完善了乡村基层政府的各项工作，封堵了工作不规范与灰色地带，而且从具体实践层面限制并约束了基层干部滥用权力等行为，使其更好地向服务型治理的方向转变。对于基层干部而言，由于日常工作日益规范明确，直接精准到每一个人以及随之而来的客观或非人化，减轻工作负担，并减少了人情或人为因素的困扰。

田野调查期间，连续三天早上，河村电工坐在大街旁边的一张桌子前，桌子上一个通知村民交电费的手提大喇叭哇哇作响，一群老人围着电工缴纳电费。原来，随着全乡电路系统的数字化管理，县供电公司不再像以前那样通过电工，而是直接对每一个村民用电进行直接控制，只要欠费，数字化系统就自动给该户家庭断电，补交电费 40 分钟内就自动通电。数字化管理后，电费缴纳全部在网上办理，年轻人全都使用手机自动在网上缴纳电费，年老村民由于不会网上缴费而在每月集中三天由电工帮忙：电工先用自己账户里的钱在网上替这些老年人缴费，再向他们收取相应费用。在河村交电费现场，一个老人过来骂电工道：你小子又装癞，没交电费就把我家电给停了？电工说：没办法，现在是系统自动断电。

村民和电工介绍说，以前农户以现金形式交电费给电工，电工收齐后再上交给供电公司，通电与断电也全由电工进行人工控制；但由于都是一个村子的人，电费很难收齐，村民欠费后如果电工马上就把这家人的电断掉，往往还会被村民们一顿臭骂。甚至还为此发生过纠纷：有一家人因为欠费而被电工断了电又没有及时通知，家人外出打工，等多天以后，发现放在冰箱的一整只羊的羊肉全部坏掉了，为此闹到乡电管所，要求电管所赔偿。精确化管理大大减轻了电工收取电费的负担，村民也不再抱怨电工，有不少村民还养成了提前预存电费的习惯。

对于普通村民而言，政府对企业管理的规范化与精细化管理对其日常生活的影响还不止于此。河村赵民夫妇两人现在 S 乡初中食堂打工，每人每月 3000 元工资。然而几年前赵民夫妇并不是打工者，而是初中食堂的承

[1] 李慧斌：《农村低保环境净化"关系保""人情保"减少》，载《山西农经》2019 年第 21 期。

包方。对此变化，赵民也非常无奈：此前学校食堂全由私人承包，只要会做饭谁都可以承包，不仅不用交税，而且还有一定的补贴；然而从2015年开始，随着管理日益完善，食堂承包必须有相应资质，如注册公司、办理餐饮经营许可证、卫生许可证、工商营业执照等。于是，没有雄厚经济实力的赵民夫妇只能退出承包，转给一家有相应资质的餐饮公司经营，夫妇两人则在餐饮公司里打工谋生。

S乡规范化与精确化也逐渐涉及对机械加工业等产业的管理上。S乡机械加工厂与家庭作坊众多，但办理工商营业执照等证件的非常少，再加上大多数企业与作坊的销售渠道均来自私人关系网络，业务往来不需发票，连税票也不用购买。因此，机械加工行业基本上全是民间经营，并没有纳入政府管理。一直以来，基层政府对工厂的管理措施就是断电；而对于家庭作坊，既没有办法促使其办理证件，甚至连断电也无法做到，"家庭作坊不需要变压器，利用生活用电就可生产；政府起码要保证家庭用电，总不能断生活用电，实在说不过去"。2017年夏，由于大气污染整治，县政府在全县范围内开展"小散乱污"企业整治工作，要求所有企业办证纳入管理。乡干部介绍说，办证以后，企业可以根据销售量申报缴税，如果销售量低可以零申报，但不论有没有生产，都要申报。基于此，下一节将以2016年与2017年S乡的环境整治工作为例，详细呈现精确化治理逻辑的地方实践。

二、具体事例：环境整治工作的精确化实践

可以说，21世纪以来，作为基层政府治理的普遍原则，精细化在S乡的干部行为与日常工作等各个方面均得到了鲜明的体现，构成了S乡政府治理从模糊到规范明确的总体趋势。那么这种总体性的精确化逻辑在具体的治理工作中又是如何实践的呢？田野调查中我所经历并参与的两次环境整治专项行动为精确化的基层治理的地方实践提供了生动的案例。

（一）环境整治专项工作的初步实施

2016年6月，我到S乡的第二天，乡干部开着一辆破旧面包车，带上我一起去巡视检查全乡污染企业整治工作。在随后田野调查的两年时间

里，大气污染防治及其密切相关的企业整治成了S乡政府最重要的一项工作任务。环境保护对于乡干部与村民来说并不陌生，早在2000年前后就因为河村毛皮加工污染严重而强制关停了所有毛皮加工作坊。但是近两年随着污染的日趋严重，大气污染防治工作不仅重新提上日程，而且作为河南省政府的一项政治任务，严厉程度非同寻常。

当天下午，乡书记参加县市大气污染整治会议后回到了乡政府，介绍了此次环境整治的背景：从2015年开始，河南、河北、山东、山西、辽宁等省份成立了一个治理大气污染协调组织，环保部牵头，用最严厉措施加强环境整治。2016年3月，环保部派出规模庞大的暗访团到河南驻扎四个月，暗访结果为河南省环境污染位列环京津地区倒数第一。暗访组把情况上报给中央。为此，中央要求河南省用40天时间集中开展环境整治工作，不仅要整治环保部暗访发现的问题，还有其他指标，特别是PM10和PM2.5这两个最重要的指标。在此背景下，河南省在全省范围内加强环境整治工作，要求所有冒烟企业一律关停。命令传达到县里，县政府要求S乡所有锅炉式铸造厂一律强制断电，停工整治40天。

我到S乡田野调查正是企业停工整治工作刚刚开展之时。在接下来的40天内，乡领导干部在每天早晨例会上几乎都要强调一遍企业整治工作的重要性与具体部署，要求乡干部必须抓紧做好断电工作，坚持每天巡视，既要防止断电企业偷偷把电接上，还要检查道路上堆放的建筑材料、沙土等是否全部覆盖，以免引起扬尘。工办主任与环保主任等乡干部一方面联合派出所干警与电管所电工对全乡15家铸造企业进行强制关停断电，另一方面每日巡视检查，我也一起参与了断电关停的全部过程。由于只针对铸造企业，其他加工锻造企业因为不冒烟不属于整治对象，因此工作开展较为顺利，10天以内就完成了对全乡铸造工厂的断电。

有一天，我们照常在全乡巡视检查，路上发现好几处没有覆盖的沙石堆，立即联系村干部马上覆盖，又来到各个饭店，要求羊肉串烧烤也要暂时停掉，因为烧烤时会冒烟。此时，接到河村一个村民的举报电话，有一家建在村外耕地旁的小型制革厂还在生产。乡干部赶过去，要求马上强制断电，制革厂老板请求再宽限一天时间，把这批货加工出来，第二天再断电。乡干部同意了。第二天，我和乡干部又来到制革厂，老板说昨晚他和儿子连夜把最后一批皮革加工出来，如果再给一上午时间就能完全做好。

图 6-2　电工正在给污染企业断电

乡干部表示理解，等到接近中午时才断了制革厂的电。整治工作接近尾声，乡干部介绍说，作为全省范围内的政治任务，断电整治必须完成，没办法讨价还价，但在具体实施过程中仍然可以变通，这样既得到了相关企业的理解，也顺利完成了任务。

（二）环境整治专项工作的“蓝色风暴”

2017 年夏，我又一次来到 S 乡，刚住下来就又一次遇到环境整治的政治任务：省政府加大整治力度，要求在全省范围内开展“小散乱污”企业的取缔与整治工作。对于 S 乡而言，与去年的断电整改相比，此次工作不仅范围更广、力度更大、持续时间更长，而且更加精细与明确。例如，去年只针对铸造企业，此次则针对全乡范围内所有工厂、作坊、饭店甚至每一位村民。县政府要求，5 月底前乡镇要先对全乡进行彻底排查，做到全覆盖、无死角、无盲区，6 月底前结合环保、工信、工商、质检、商务等上级各行政部门进行整治、取缔工作，并建立对小散乱污企业的日常整治和长效机制；省政府将开展“蓝色风暴”，派出两万余名干部，以地级市为单位成立检查工作组，采取“A 市工作组检查 B 市、B 市工作组检查 C 市”的轮流互查方式，避免人情因素干扰，深入每一个村庄开展环境整治检查工作。最后，也是最为重要的，此次工作内容精细明确，包括要对五类企业坚决取缔（不符合国家产业政策和当地的产业布局规划的企业，国土、环保、工商、质检等手续不全的企业，违法违规生产经营、污染严重的小制造、小加工、小作坊，违法违规经营销售劣质用品的黑加油站，逾期未完成整治任务的整治类企业），对整治类企业要完善手续、各产品整齐堆放；针对饭店要求严格“煤改气”工作（即把煤火或炭火改为气火）；对于村民生火做饭也要求改用燃气而不能使用柴火或煤火。由于机械加工业的专业性，之前检查可以简单应对，但是此次环境整治检查与此前大为不同，检查组所有干部全是内行且接受过相关专业培训，一看企业和机器就知道里面是否有污染设备。乡干部介绍说，“上一次一个检查干部到厂里转了一圈，就发现有一个电炉不合规范，非常内行”。再加上 S 乡的加工企业比较集中而且辖区面积与村庄数量均很小，更加增强了此次环境整治检查的精确性。

由于机械加工是 S 乡的主要支柱产业，乡政府把连同小作坊在内的所有机械加工申报为特色产业纳入政府规划。虽然避免了被全部取缔，但此次检查工作，乡干部仍然需要到全乡所有加工企业现场查看，一方面帮助完善各类手续，另一方面检查督促企业主对于不符合标准的机器设备以及内部环境进行整改。高压之下，乡干部迅速行动起来。7 月 4 日一大早，乡人大主席、工办主任等干部来到房村，指导机械加工企业的污染整治工作。进到一家企业内部，看到工人们正在清理煤堆；另一个厂房堆放了各种半成品配件，有待进一步加工。乡干部指导企业主说，按照要求，配件不能随便堆放，应该摆放整齐，并且每一个区域要立一块牌子写明配件存放区、生产加工区、待检区、成品区、花池、卫生区，还要写上每一区域具体负责人的名字。

回到乡政府食堂吃过午饭，一行人前往房村继续检查企业环境整治。由于上午的那家企业所有的机器设备全部符合标准，因此只需要把废弃锅炉挪走、把煤堆清理干净、产品整齐摆放写上标牌即可。与其相比，下午检查的第一家企业就遇上了大麻烦，该企业从机器设备到工艺流程全部不符合要求，如果按照此次环境整治标准，只能全部拆除，但是好端端的设备，企业主不可能同意拆除，乡干部们也不认可拆除办法。乡干部与企业主花了很长时间一起商量对策。第二家企业也是类似，由于工厂里安装了锅炉和热处理设备，按照要求必须拆除，但是锅炉是生产核心设备，如果拆除，整个工厂就完了。既不能拆除又要应对上级检查，让乡干部们左右为难。除了工厂内的设备与环境之外，另一个重要工作就是办理环评手续。按照规则，被纳入规划的所有工厂都必须办理环评手续。只要办理了环评手续，虽然规模小，也不属于“小散乱污”，就能够通过检查。原则上来讲，所有企业建厂前的第一个手续就是办理环评，但是当时村民建厂时根本没有办手续的意识，申批一块地直接盖房建厂。因此全乡几乎所有企业现在都需要补办手续。但是在补办手续时遇到了棘手难题：有好几家企业把补办手续的所有材料都已准备妥当，也同意缴纳相关费用（排污费和其他手续费），但是县环保局干部互相推诿，一直没有在验收手续上盖章。乡干部对此非常生气，下午花了很长时间打电话协调，争取早日盖章办理。

与此同时，另外一组乡干部负责检查督促家庭作坊与饭店整改。由于此次重点检查有厂房的工厂类企业，因此对于家庭作坊类企业，只需暂时停电停产即可。相对而言，饭店整改工作的难度较大。全乡工厂企业数量多，而全乡登记在册的饭店一共只有八家，这意味着上级对于饭店整改工作的检查更为仔细严格。此时，八家饭店之中有四家饭店仍然在使用煤火而没有改为气火。检查组快到了，这让乡领导干部很不放心，要求饭店老板第二天上午必须清走散煤，煤火务必停掉。饭店老板们非常为难，因为“煤改气”需要至少一周时间才能完成，如果停工歇业，肉类还可以放进冰箱存放多天，但提前购买的大量蔬菜一放就坏了，会有不少损失。而且，在饭店老板们看来，“煤改气”存在不合理之处。其一，增加成本，每月烧煤成本为 800 元，改为烧气则要 3000 元。例如做一碗烩面，如果用气火，成本至少要增加 3 元钱，这 3 元钱只能转嫁到消费者身上，烩面肯定要涨价，顾客会减少，生意就更加难做。其二，许多饭菜特别是汤的熬制，必须用木柴或煤炭慢慢熬制才行，“用燃气炖出来的汤就是没有煤火炖的汤好喝，炖不出来那个味道；用电烤的羊肉串与用炭火烤的，味道就是不一样”。虽然不合理但又不能不应对检查，聪明的饭店老板小军做了两个锅灶，其中一个“煤改气”，另一个仍然烧煤，检查来时只需将烧煤锅灶暂时关掉清理即可。另一家饭店很不巧，在前些日子刚刚购买了一吨煤，正好遇上整改，实在没办法清理，于是饭店老板打算在检查期间锁门停业，只要确保不冒烟就行。

以上就是乡干部一天之内对全乡企业的检查与整改工作的全部内容与

过程，在接下来的一周时间内，乡干部每天的工作均是如此。7 月 12 日晚上，乡书记从县政府开会回来带来了新的工作精神与要求，决定当晚召开由全乡主要干部与六个村庄的村长支书参加的企业整治会议，传达并布置接下来的工作。

书记向每一位在座干部强调了环境整治工作的最新要求，取缔工作的标准为“断水断电、清除设备、清除原料、吊销执照”，简称“四个到位”。书记介绍说，只有做到这四项要求，才可以说把企业取缔了。S 乡要取缔九家企业，这九家早已停工，但如果按照“四个到位”标准，则并没有达到“取缔”要求，因为很多废弃工厂仍然堆放着锅炉等设备，以及羊皮等一些原料。所有干部一定要思想上高度重视，以前以为全乡取缔类企业已经达到上级要求，但实地查看后才发现，几乎所有取缔类企业的取缔工作都不符合“四个到位”，要求领导干部不能只听汇报，务必亲自查看，必要时安排铲车等工具，全部清理干净，给督察组留下好印象。接下来，乡书记向所有人传达了县委近期召开的整治小散乱污企业会议精神与工作要求：一要加快整治进度，对于排查的企业，务必在 7 月 14 日以前按照四个到位的标准，全部整治取缔到位。二要严格取缔标准，所有取缔企业必须做到“两断三清一吊销”，建立档案，要求一企一档，做到可证明、可核查、可追责，对于新发现的小散乱污企业，发现一起取缔一起。三要持续排查，做到全覆盖、无死角、无盲区，要分类登记造册，建立清单台账，对于台账内的企业立即整改取缔到位。四要从严从快追责问责。在专项整治工作中，凡发现弄虚作假的，凡被发现没有排查上报的，且整治取缔不到位的，凡没有按期按标准完成的，凡发现出现反弹的，不论任何单位和个人，县政府部门将从严从快严肃处理。最后，书记提出接下来的工作要求：其一，按照“四个到位”标准对全乡九家已经取缔的企业再一次排查与整改；其二，全乡所有不属于取缔类的机械加工企业全部要完善手续，建立台账与档案，做到一企一档。

如此精准明确的工作要求与力度空前的上级检查让全乡干部感到了压力，在接下来的几天，全乡干部围绕书记布置的上述工作认真执行。但是，相对于较为简单的企业手续与档案工作，取缔企业的清除工作让干部们颇为苦恼，例如河村的一家早已被取缔多年的废弃工厂，但因为仍然存放着废弃的锅炉而不符合“取缔”标准，但是设备很难拆除，使用吊车和钩机等机器也没办法处理，最后只能用人工拆除。拆除下来的锅炉推倒放在院子里都不行，而必须放在门外十米处才算清除，最后只好找一个三轮车把锅炉拉出去。村干部在清除废弃设备这项工作时也做了许多变通。房村老赵的厂院，十几年前做小制革生意，后来虽然被关停取缔，但原来加工皮革的那套机器设备一直在院子里放着，因为并不值钱，一直也没有卖掉，现在都生锈了。前一段时间，老赵买了五大包“蓝叶”，本打算进一步代加工后卖掉，还没来得及加工，现在堆放在角落里。按照“四个到位”标准，必须把老赵家的机器彻底清除、把“蓝叶”清理干净。但是老赵坚持认为自己的加工作坊早已废弃多年，而“蓝叶”是买来的，马上就要加工卖掉，因此坚决不配合清理。村干部一行人来到老赵家里，要老赵把院子打扫干净，把废弃设备挪一下，离开原来位置就行；承诺由村里出钱帮他暂时把“蓝叶”运到河村的加工厂先存放几天，再多给老赵200元钱作为损失费，老赵同意了。村干部的想法是，“花点钱，只要能把问题解决就行”。

7月25日，省里派下来的督察组终于来了。从河村开始，依次对全乡所有村庄进行检查，为期一共20天。第一天，检查组来到河村第一村民小组。由于不少村民外出打工并不在家，因此检查组来到小组所在区域的空地上，通知在家的所有村民前来，一一询问村民们是否知道环境整治这件工作，让村民们填写一份调查表，内容包括家里做饭用的是煤还是液化气、种了几亩地、是否使用化肥与农药以及每亩地使用多少化肥与农药等，村民们填写调查表以后，每人领取了一份环境保护宣传手册。由于检查认真，这些工作花了检查组一整天的时间。眼看进度太慢，到了第二天，检查组直接在小组长家里工作，由小组长提前把宣传手册发给村民，再让每户在家村民派一个代表来组长家填写调查表，每天完成三到四个小组的检查工作。几天以后，检查组成员与S乡干部们相互熟悉起来，相处融洽，再加上天气炎热，因此在房村等其他村庄的检查就更为快速，20天的检查工作就这么完成。村干部介绍说，即使如此，相对于其他面积较大的乡，检查组在S乡的检查工作仍然是认真细致的，因为S乡一共只有6个村庄，而有的大乡则下辖30多个行政村，只有20天检查时间，检查组一天要完成一到两个村庄，“只能简单在村里转一下就走了”。

以上就是2016年与2017年两次环境整治工作过程。一方面，不论是企业厂院的区域划分与标语、设备清除的严格标准、企业档案的明确具体，还是检查工作的布置与要求，均可以清楚地看到治理的精细化表现；另一方面，对于基层政府特别是乡村两级干部而言，精细化存在着不尽合理之处，带来许多困境与挑战，于是在具体实施过程中也明显看到诸多变通，假装关门停业、清理设备时的灵活等无不体现了这一点。

三、地方知识：精确化治理与模糊性社会的交织

（一）以模糊性为特征的地方知识

如果说基层治理中的精确化是一种具有现代性、科学性、普遍性意涵的逻辑或认识论，则可以将S乡村民中广泛存在的、高度情境性与特殊性的、非科学性的来自地方的民间观念或认识模式视为格尔兹意义上的“地方性知识”，[1]从而与精确化治理的普遍性逻辑形成鲜明对照。从总体上而言，S乡民间社会的地方知识以“模糊性”为主要特征。有学者指出，模糊性是社会自主性与自治性的基本保障。[2]在某种程度上，在S乡，长期以来当地民间社会的自主性运作正是建立在模糊性的基础之上。

仅以上文提及的电费收取为例：十几年前，各村在乡政府的提倡下实施乡村亮化工程，分别在村庄内部的马路与小组道路两旁安装路灯。每天晚上七点钟准时亮灯，到次日早上六点钟关灯。每个村庄路灯的电费成了一项不小的开支，由于村集体没有收入，各个村庄均采取类似办法：路灯电费由村庄所有工业用电户平摊，凡是工业用电，每度电多加两分钱，用于路灯电费的支付。然而，随着电费收取方式的变化，原有的路灯电费收取方式也不再行之有效。例如在沟村，村庄所有路灯的每月电费为500元，每年灯泡的更换与维修至少2000元，仅路灯一项每年需要支出近10000元。在以前，这部分支出从企业每度电多交两分钱中而来，但是现在不允许人工收电费，由电网统一自动收费，各家各户直接在网上缴纳。由于电费缴纳方式变更，村庄企业不会再另外交钱为集体支付路灯电费。村庄办公经

---

[1] 克利福德·格尔茨：《地方知识——阐释人类学论文集》，杨德睿译，商务印书馆2016年版。

[2] 韩志明：《模糊的社会——国家治理的信息基础》，载《学海》2016年第4期。

费每季度只有17500元，根本无力承担，“这样下去，路灯就要用不起了”。

在道村，因为村集体仍有一些积蓄，因此路灯电费支付的情况要好得多。但是其集体积蓄的一大部分来源仍然与“模糊性”密切相关。20世纪90年代，道村集体企业东风机械厂解散后，实体厂虽然不存在，但是名义上仍然继续存在。由于村民个体企业的一部分客户是地方上的国有企业，资金往来必须开具发票；因此，个体企业在对公交易时，以“东风机械厂”名义和账户进行。村委聘请一个会计与出纳专门负责发票事务。由于当时发票管理不够规范，[1]道村规定，如果使用集体企业名义与账户，开具发票时要求增加一个点（1%）作为村集体的收入，当时全村每年业务量五六百万元，通过此项，全村每年有五六万元收入。2003年以后，手写发票被正式取缔，没有实体的企业不再具有开具发票的资质。村集体这项收入不复存在。但是，到那时为止，村集体已累积了几十万元的收入，路灯设备的购买与安装以及电费均由村集体收入支付。可见，前文提及的电费管理与收取方式的精确化与非人化，在使得电费管理更加透明有效的同时，也使各个村庄维持多年的集体电费失去了原有的来源与渠道。

事实上，模糊性不仅体现于此。在本书前面章节对S乡村民信仰观念、族群互动、耕地动态调整以及生计变迁与地方政治秩序等方面的讨论里，也明显呈现出当地民间社会的模糊性特征。可以说，正是这种复杂与模糊的特征构成了民间社会的基本内容，也是民间社会有效运行的内在逻辑。也正因如此，模糊性特征更加构成了理解以前文所述环境整治为事例的精确化治理逻辑及其对基层干部所带来的挑战与困境的关键。换句话说，基层干部的上述困境与挑战背后所隐藏的其实是治理的精确性逻辑与民间社会的模糊性的地方知识之间的差异与矛盾。对于抽象的社会或社会过程而言，复杂性是基本特征。[2]对于国家治理对象的具体社会来说，社会要素的多样性、社会过程的复杂性以及社会结果的不确定性共同建构了一个高度模糊的社会。[3]因此，在此意义上，精确化治理与模糊性社会之间构成了一对天然的矛盾体。虽然国家治理的现代化意味着从模糊到清晰的过程，但是学者们也日益认识到，有效的国家治理并不意味着绝对的或彻底

[1] 刘锋：《我国增值税专用发票的变迁与展望》，载《中国防伪报道》2012年第10期。
[2] 谢立中：《社会的复杂性：社会学家的视野》，载《系统辩证学学报》2001年第4期。
[3] 韩志明：《模糊的社会——国家治理的信息基础》，载《学海》2016年第4期。

的清晰化，社会的模糊性一方面构成了国家治理的某种障碍，另一方面也成为保护社会免于国家干预的屏障，从而维护社会的自主性与自治性。因此，国家治理应处于清晰与模糊连续谱的某个点上，只能追求适可而止的清晰，维持国家与社会之间的适当平衡。[1]

（二）模糊性地方知识与精确治理的交织

一方面，精确性逻辑极大地压缩了科层体制特别是基层干部中的灰色模糊空间地带，为治理的规范化提供了坚实保障；另一方面，两种不同的逻辑与实践也为基层干部带来了困境与挑战，从而在基层治理中呈现出种种灵活、变通甚至对民间模糊性规则的主动利用等地方策略。

首先，正因为治理精确化逻辑与民间社会模糊性特征是两种不同的运行逻辑，当两者相遇时，国家或村民均按照自己原有的逻辑理解对方，从而出现了并置结构以及随之而来的困境。田野调查期间，不少村民提及目前的农业保险是“坑人”。我不禁非常好奇：这项重要的民生保障政策为什么在当地不少村民眼里变成了骗钱的把戏呢？随着田野调查的深入，日益认识到这一现象背后所蕴含的精确逻辑与模糊性地方知识这两套不同逻辑的交织。

2015 年开始，上级政府在 S 乡试行农业保险工作，每亩交 1.35 元保险费，如果自然灾害导致农作物绝收则每亩赔付 447 元；如果受灾减产则按照减产比例进行相应赔偿。2016 年，小麦快成熟时突然下了几天暴雨，导致小麦大面积倒伏。在村民看来，既然交了保险金，也的确发生了自然灾害，但已经快三个月了，小麦收割后种下的玉米就快要成熟了，赔偿款却迟迟未到，“这不是坑人是什么?”然而在负责该项工作的乡村干部看来，保险公司赔付需要流程，先是一级级统计上报，然后保险公司会派专家前来考证、抽查、验收、估产，是否存在虚报、受损面积多大、受损程度多少，需要较长一段时间。由此，在农业保险上存在着不同的理解方式与逻辑：科学证据的逻辑与朴素的民间逻辑。在村民看来，只要一天不看到赔付，就是坑人。因此当乡村干部要求上交第二年的农业保险时，一大

[1] 韩志明：《政策过程的模糊性及其策略模式——理解国家治理的复杂性》，载《学海》2017 年第 6 期。

部分村民拒绝缴纳。

除了诸如农业保险之外，两种逻辑的交织冲突还存在于S乡日常管理的其他各个方面。例如，按照政府规定，房屋后墙外的墙根处不允许私自垫高硬化路面（修后坡），这样既会影响村内道路的通行，也会对第二排住户产生影响。但在村民看来修后坡恰恰是合乎情理的，“如果房屋墙体渗水，不让修后坡的乡村干部是否要对此负责?”此外，按照乡政府美丽乡村建设的规定，禁止村民在自家房屋院子外的空地上种菜，否则就要强制清理，但村民的逻辑却是，“这个地方空闲种草就可以，为什么就不许种菜?”

其次，基层干部无疑看到并深深体会到精确化与模糊性两者之间的交织与冲突，因此在日常工作中，特别是处理与村民直接相关的工作之时，往往不会一板一眼完全严格按照精确化的治理逻辑进行，而是充满着灵活与变通。这在前文相关讨论中均有充分体现。更加需要指出的是，除了灵活与变通，农村工作经验丰富的乡村干部甚至还会主动利用民间的复杂模糊逻辑来解决现实工作中非常棘手的难题。

一天早上，沟村一位老人找到乡干部商量办低保的事情。原来，老人的宅基地正好与上访户老袁相邻，为了解决老袁因宅基地纠纷的频繁上访，乡村干部就请这个老人把他的宅基地面积让出一部分，以便给老袁划批宅基地。条件是给老人办一份低保。老人以前也拿过低保，后来因为条件不符合被取消。老人同意了，但宅基地转让之后，低保却因为条件要求严格而迟迟办不下来。老人不满意，找到乡干部，乡干部想办法给老人办了一个临时救助，老人腿脚的确有点行走不方便。老人满意地离开了。乡干部解释说，“农村工作就这样，不可能区分那么明确清晰，而是连环套，一环套一环”。

对此，有多年包村工作经验的乡干部小赵更是深有体会。田野调查中，小赵向我多次传授农村工作的体会。小赵介绍说，在农村，如果按照正常套路或正常工作程序，有些工作根本做不了、行不通。特别是对农村各类纠纷的处理，在处理以前需要对村民情况有充足的了解，是什么性格，相互之间是什么关系，等等，要了然于胸；然后再针对具体问题运用具体的应对策略，而不能一套正式规则走到底。也正因如此，那些从县市政府部门直接下到乡政府做基层工作的干部，如果不了解复杂交织的民间社会，仍然按照科层制正式清晰的规则处理，则很多工作都会开展不下去，反而还有可能把小事搞大。

事实上，学者也较早关注到基层政府运作中的灵活与变通现象，作为一种独特的制度运作方式，变通有着特定的形式及其与外部结构的关联；[1]介于正式与非正式之间，是正式机构按照非正式程序的一种运作。[2]可以说，在正式制度与非正式制度的互动以及中央与地方政府关系等背景下，基层政府的变通现象得到较为充分的阐释与理解。

四、结语

在国内学界，基层治理并不是新鲜课题，包括政治学在内的许多学科对此均有大量讨论。概而言之，社会学与人类学界的基层治理研究大致可以分为两种研究路径。首先是围绕村民自治制度以及乡村基层政权的自上而下式研究。从 20 世纪 90 年代开始，作为最先关注的课题之一，学者们分别围绕村民自治的活动内容、运作模式、内在机制与难题对策，以及基层政权的制度建构等内容做了大量研究。[3]随后，学界对村乡两级政权的分析、对村庄两委的探讨、对农民政治参与及政治认知的研究均可看作这一脉络的进一步深化。与此同时，学者们也深入乡村内部开展以探讨乡村权力结构、关系及变迁为主要内容的乡村政治研究。例如于建嵘[4]、吴毅[5]、赵旭东[6]等结合乡村自治或治理，以乡村的权力关系、权威及秩序等为主题开展广泛研究。其次是重新回到“治理”本身并日益重视本土内在机制的自下而上式研究。在村民自治、基层政权以及乡村政治研究之后，学者们对于“治理”本身的理解逐渐深化，日益意识到“治理”与全球化、现

---

[1] 王汉生、刘世定、孙立平：《作为制度运作和制度变迁方式的变通》，载《中国社会科学季刊》1997 年第 21 期。

[2] 孙立平、郭于华：《“软硬兼施”：正式权力非正式运作的过程分析——华北 B 镇收粮的个案研究》，载《清华社会学评论》，鹭江出版社 2000 年版。

[3] 徐勇：《中国农村村民自治》，华中师范大学出版社 1997 年版。

[4] 于建嵘：《岳村政治：转型期中国乡村政治结构的变迁》，商务印书馆 2001 年版。

[5] 吴毅：《村治变迁中的权威与秩序：20 世纪川东双村的表达》，中国社会科学出版社 2002 年版。

[6] 赵旭东：《权力与公正：乡土社会纠纷解决与权威多元》天津古籍出版社 2003 年版。

代性的密不可分，以及“治理”的多元主体性、协商合作、社会自主的民间性等特征。[1]此外，受到人类学重视本土视角的影响，在乡村社会治理领域，逐渐认识到乡村社会本土的内在机制及价值体系对于乡村治理的重要意义，例如贺雪峰等在多篇文章里探讨农民的行动逻辑及价值观念之于乡村治理的意义。[2]

某种程度上，基层治理的挑战及其灵活变通策略正是乡村本土价值观念与基层治理逻辑相互交织的结果。由此，本章对于基层政府面对精确化治理与模糊性社会的矛盾和困境而做出的灵活与变通的讨论，不仅详细呈现了本土观念的具体表现，而且也为变通现象提供了一个新的角度，丰富了我们对基层治理的理解。而且，正是基于精确化治理与模糊性社会的相互矛盾以及地方应对策略的认识，有学者提出了“模糊性治理”的概念，用以指称政府面对困境性的、可争议性的政策议题或者为应对价值或伦理上的两难情形，在治理机制、政策工具或行动策略上表现出来的具有“诠释灵活性”“模棱两可”“态度暧昧”“不连贯性”“不一致性”等特性的公共管理模式。[3]模糊性治理也构成了包括县域政府在内的基层政府社会冲突治理的基本逻辑。[4]更为重要的是，模糊性治理的理念与实践又一次指向了本书对于乡村秩序的文化观念维度的理解与讨论，既体现了民间社会内部以模糊性为主要特征的地方性知识，又深刻蕴含了精确性逻辑与模糊性社会相互构成与塑造的内在逻辑。

---

[1] 让-皮埃尔·丹：《何谓治理》，钟震宇译，社会科学文献出版社2010年版。

[2] 贺雪峰：《农民行动逻辑与乡村治理的区域差异》，载《开放时代》2007年第1期。

[3] 孙志建：《“模糊性治理”的理论系谱及其诠释：一种崭新的公共管理叙事》，载《甘肃行政学院学报》2012年第3期。

[4] 樊红敏、刘晓凤：《模糊性治理：县域政府社会冲突治理运作逻辑》，载《中国行政管理》2019年第10期。

结论

文化、地方与乡土秩序

> “文化”，如果继续被作为社会进程中至关重要的部分的话，必须要以非常不同的如下方式加以定位与检讨：作为一种不同边界的意义交锋；作为一种有其自己的文本一致性但又经常被地方化阐释的公共文化；作为由恶劣情境中的脆弱行动者所编织的不够牢固的意义之网；作为不断发展的社会进程中的能动性与意图性的根基。
>
> ——雪莉·奥特纳《文化的命运》

本章为全书的结论部分。在这一章里，将重新回到本书所涉及的两大核心概念：文化与乡村秩序。其一，文化既可以指乡村社会的仪式与象征蕴含的文化秩序，也可以是从文化角度对乡村社会秩序内涵与变迁的阐释。对于后者而言，对文化概念内涵的把握是必不可少的。在人类学学术脉络中，文化概念内涵丰富且历经演变，但至少有两点对于本书所谓的文化阐释至关重要，一是文化概念的非实体性以及对其他事物的修辞的形容词化的强调；二是地方观念与物质利益的密不可分。其二，对于S乡村民的地方观念与物质利益的结合而言，并不是发生在与世隔绝的场景中，而是深深嵌入在国家与社会的内外部因素之中；反过来，也正是在地方观念的机制之中，非实体性的国家与社会因素及其相互建构的情形得以彰显，从而构成了S乡的乡村社会秩序内涵与变迁。也正因如此，面对当下的乡村秩序变迁特别是基层治理困境，不能仅依靠国家与社会某一方的单向转变；相反，内外部因素影响下的地方观念朝向中国式现代化这一方向、目的与逻辑的转型，可能是建构乡村社会新秩序的有效方向。

一、乡村秩序变迁的文化阐释

在中国乡村研究中，文化与乡村秩序这两个概念大致有两种既不同又关联的结合方式：一是乡村文化秩序本身；二是乡村秩序及其变迁过程的文化机制。就前者而言，主要表现在对乡村仪式与象征秩序的讨论。例如，芮马丁指出，中国民间仪式代表着人和神的交流模式，神即朝廷的官员，祭拜的人则指向官府提出诉讼、请求的百姓和臣民。中国民间之所以效仿朝廷的礼仪，是因为正式的权威和公正为他们所不可及，因而他们创造出能与其交流的想象性的权威。❶在王斯福看来，虽然民间信仰仪式大多源于一种古代帝国的宇宙观和秩序，但到了民间之后变成了一种与国家权威相对的“鬼魅秩序”和权威，也就是说，民间信仰仪式所隐含的权威与国家的权威是相对的。❷华琛讨论了地方小神妈祖在国家的干预下被敕封成天后，从而吸收进国家信仰体系的过程，在“神的标准化”过程中，国家、地方精英与地方民众一起参与其中并相互渗透，从而实现了国家对地方社会的文化整合与控制。❸如果将芮马丁与王斯福看作从国家秩序与宇宙观角度解释民间信仰、从地方社会与中央朝廷的互动联结解释民间宗教内涵与秩序，那么华琛或可被视为从相反的角度，即从地方小传统被吸纳进大传统的角度来反观国家与地方文化的互动以及在此过程中中华文化一致性与地方文化多样性秩序的生成。

显然，与此不同的是，本书更侧重于第二种取向，即试图从地方文化的角度考察乡村秩序及其变迁背后的内涵与机制。那么，如何进行乡村社会秩序的文化解释呢？这必须首先涉及对于“文化”概念内涵的理解。作为人类学永恒关注的核心概念，百余年来，“文化”被众多人类学家阐述与概括，从而产生出不断变化的丰富含义。克瑙夫富有洞见地指出人类学范式转换对于核心概念使用上的影响，在泰勒的用法上，文化是一个大写的单数名词；进入20世纪，从博厄斯到格尔兹对于文化解释的强调，文化成了复数的名词，虽然意识到多重文化，但此时文化仍然是可以被隔离、分析与比较的实体；20世纪80年代以来，文化概念被进一步软化，变成了形容词的形态，即作为对其他事物的修辞并且这种弥散性的文化意义与其所修饰的事物密切相关。❹

文化内涵的变化过程在亚当·库珀对人类学文化概念研究的详细梳理

❶ Emily Martin Ahern, *Chinese Rituals and Politics*. Cambridge University Press, 1981.

❷ Stephen Feuchtwang, Historical Metaphor: A Study of Symbolic Representation and Recognition of Authority, *Man*, 1993, p. 28.

❸ James Watson, Standardizing the Gods: The Promotion of Tien Hou Along the South China Coast, 960 – 1960, in David Johnson et al. eds. *Popular Culture in Late Imperial China*, CA: University of California Press, 1985, pp. 292 – 324.

❹ Bruce M Knauft, Anthropology in the Middle. *Anthropological Theory*, 2006, 6 (4), pp. 407 – 430.

中呈现得更加清晰具体。作为对文化概念做定义的第一人，泰勒将文化视为一个整体，但因为包含了太多要素而成了一个目录清单；克虏伯与克拉克洪在总结了当时100多种对文化的定义之后，把文化界定为有机整合的结构性整体，并由相互联系的部分所构成，这一像极了结构功能主义社会观的文化概念在人类学中影响深远；以格尔兹为代表的诠释人类学把文化视作象征系统与复杂的文本，从而探讨其背后的隐喻与意义，一定程度上突破了文化的实体意涵，但并没有从根本上突破文化概念的本质主义理解；一直到20世纪80年代以后，伴随着民族志表述危机等后现代主义思潮，文化是一个整体的想象被彻底抛弃，转而更加强调不确定的边界以及内部协商与竞争的文化制作与过程，以及文化修辞与认同和政治的相互关联。[1]

换而言之，文化是一个有着清晰边界的有机整体的本质主义理解被打破；相反，文化并无严格边界、永远处于变迁之中并且充满能动性成了当前人类学家的共识，文化成了充满弹性与模糊性的概念，从而更加拥有生命力。[2]也正是在此意义上，本书并没有试图“寻找”或归纳出一个整体性或实体性的象征系统或文化体系，而是从碎片化与流动性的村民地方观念的角度理解当地的文化。我们看到，乡村村民的地方观念是丰富多样的，既表现为寓圣于俗的地方象征与观念世界，又包含了文化认同、权利与公平观念、作为社会人的人观、情感意义模式以及模糊性与关联性的地方知识等。

需要指出的是，乡村社会秩序变迁的文化机制并不能单独存在于地方观念之中。换句话说，就乡村秩序及其变迁而言，乡村村民的这些地方观念的作用机制并不是单独发生的，而是来自地方观念与物质利益的相互结合。就这一点而言，回到马克斯·韦伯是有益的。韦伯综合了马克思与尼采对于观念的两种态度，在韦伯看来，观念既不是物质利益的消极反映，也不是决定性的心理意义，而是与物质利益一起，成为对社会产生影响的同等重要的能动性力量。一方面，观念具有一种自主性的力量，观念能激

---

[1] Adam Kuper，*Culture*：*The Anthropologists' Account*. Cambridge：Harvard University Press，1999.

[2] Robert Borofsky，Fredrik Barth，Richard Shweder，Lars Rodseth，Nomi Stolzenberg，When：A Conversation about Culture. *American Anthropologist*. 2001，103（103），pp. 432－446.

活特殊的心理特征，通过这些习惯性的（因而是受社会控制的）行为，就会产生一种特殊的人格类型，这种人格类型一旦加以固定、保持和选择，就会成为一种行为模式。另一方面，行为模式并不是由观念单独决定的，正如韦伯所言，直接控制人类行为的不是观念，而是物质利益和观念利益；然而，由“观念”所创造的“世界图像”却往往像扳道工一样决定着利益驱动下的行为所遵循的轨道。[1]文化观念与物质利益的结合在小休厄尔对于社会结构的讨论中得到了发扬，社会结构是文化图式与物质资源的有机结合。资源只有被纳入特定文化图式之中才能获得特定价值，文化图式只有通过物质资源的运行才能得到再生产。[2]回到本书的主题，我们可以清楚地看到，当地村民地方观念的种种表现正是与当地村落的象征实践、族群交融、土地调整、生计模式、村落政治以及基层治理密不可分的。S乡村民的地方观念不仅嵌入当地经济、政治、象征等各个领域，而且也是在这些领域之中得以生成与改变，并最终与物质利益或权力关系一起，构成了当地乡土社会秩序的内涵与变迁。

二、地方观念的现代建构与新秩序的可能方向

正如本书多次提及的，当地村民的地方观念在与当地乡村的物质利益紧密结合的同时，也无时无刻不与国家与地方社会发生着关联。更为重要的是，这种关联并不来自实体论的国家与社会的生硬框架；相反，是在地方观念与物质利益结合构成乡村社会秩序变迁的内涵与机制的过程中，关系性与观念性的国家与社会要素及其相互建构的情形得以彰显。

首先，就“国家”而言，虽然各个章节并没有专门讨论“国家”，但是在当地村民的地方观念世界及其所作用的族群融合、土地调整、生计模式、村落政治与基层治理的社会秩序变迁的具体讨论中，无不蕴含着“国家”的因素。而且，在上述讨论所蕴含的国家因素中，国家并不是作为单一抽象的同一个指称而存在，而在不同场景下有着不同的内涵，既可以是

---

[1] H. H. Gerth and C. Wright Mills, eds., *From Max Weber: Essays in Sociology.* New York: Oxford University Press, p. 63.

[2] Sewell Jr., William, *Logics of History: Social Theory and Social Transformation.* Chicago: University of Chicago Press. 2005, pp. 130 – 137.

抽象的概念与观念，也可以是省、市、县、乡甚至包括村级的各级政府部门与官员干部，还可以是各级部门颁布的政策规定，或者是基层治理过程以及各级官员干部的行为。在与村民交织互动的过程中，国家甚至还涵盖了村民眼中的一切地方民间社会之外的外力因素，由此呈现出流动的、多重的、碎片化的意涵。更为重要的是，这些不同的内涵与指代之间在村民日常生活中也并没有非常清晰的界限，在不同场景下非常自如地相互转换，从而丰富了我们对于流动性国家意涵的理解。

其次，就社会而言。随着社会实体概念被打破，特定的现象诸如事件、政策、机制、意识形态、文本等，在其条件、实践、场所的意义上都具有其独自的、特定的社会背景，社会不再是分析性的类别，而是能够使社会得以被建构起来的、历史性的方法、技术与实践；于是，在社会学与人类学领域，从假定社会是一个客观的实体转变为研究社会的各个类别是如何形成以及如何被制造出来的。❶

在农民社会研究领域，人类学家较早关注到农民社会的非整体性，例如前文所述的克虏伯从一开始就强调农民社会与文化的零碎性与不完整性，对于人类学农民社会研究产生重要影响；斯图尔德则从垂直片段（例如村落、街坊、家庭等）、水平片段（例如职业、阶级、种族等）与正式制度三个维度来考察农民社会的复杂性。❷中国乡村社会内部的不确定性与流动性等特征也日益被学界所关注。❸在此情况下，中国乡村社会研究如果一直停留在结构功能主义下的整体社会观而对中外学术界关于“社会”概念的深入思考视而不见，则无疑是不恰当的。基于此，在本书各个章节的讨论中，S 乡的民间社会所呈现出的并不是一个边界清晰的单一整体或实体；相反，是多重的与复杂的，既表现为本土观念，也可以是不同的族群及其分类、风气或心态以及生计选择等；同时也是流动性与模糊性的，这种模糊的多重性不仅体现在地方观念、族群融合以及乡村政治经济动态实践之中，更加作为民间社会的运作逻辑，一起构成了乡村社会秩序的基本

---

❶ Nicholas B. Dirks, Geoff Eley, Sherry B. Ortner, eds., *Culture, Power, History: A Reader in Contemporary Social Theory*. New Jersey: Princeton University Press. 1994, pp. 21-30.

❷ Clifford Geertz, Studies in Peasant Life: Community and Society, *Biennial Review of Anthropology*, 1961 (2).

❸ 范可：《在野的全球化——流动、信任与认同》，知识产权出版社 2015 年版。

内涵。

最后，乡村秩序变迁过程也蕴含着政府与村落的相互影响与相互塑造：一方面，地方经济与村民生计选择的变迁可视作市场经济等一系列外部影响形塑的结果，与之相伴随的是村民观念及其集体心态的变化；而利己主义又影响了村干部及其行为，从而造成地方政治的不同类型与善治道路。另一方面，村民或民间社会并不是消极被动的存在，民间社会的地方观念、知识与逻辑反过来影响与塑造了以基层政府为代表的干部行为方式及其政治运作；这种相互塑造在村落政治变迁、精确化治理与模糊性社会矛盾及其治理困境以及对相互勾连的民间社会逻辑的主动利用等被称为“模糊性治理”的应对策略中得到了鲜明体现。可以说，在S乡的个案中，包括国家在内的外部力量语境下的乡村地方文化观念及其实践既构成了乡村社会秩序的主要内容，同时也是乡村秩序变迁的内在逻辑与驱动力量。这也正是本书各个章节反复讨论的核心观点。

需要指出的是，在关于中国乡村秩序变迁的各种研究与解释中，“国家政治与村落政治的二重性”是其中最重要的核心前提或预设之一。简而言之，国家政治意味着民族国家产生以来的现代主义的正式权力与直接统治或控制[1]，村落政治则是指内生于村庄之中并为村庄提供一套内部秩序的实体性政治，并且可以协调村庄内部利益关系而达到村庄共同体的团结与整合，既具有建立在村庄自身规则基础之上的独立性与自主性，又进一步构成了国家政治的基础，从而与国家政治形成相对均衡的关系。

正是基于这种“二重性”假设，用国家权力的向下延伸与结构集中化过程来解释乡村社会秩序的变迁，成为中国近代社会变迁研究的主流路径。[2]也正因如此，在思考乡村秩序困境及其解决之道时，往往形成了两种既相反又密切相关的不同意见，其一把国家权力视作正向力量，主张进一步加强国家权力的强度与效能以及对民间社会的控制与改造能力；其二则更加看到了国家权力破坏乡村政治独立性与自主性的负面影响，因此主张限制国家权力的扩张。在张静看来，上述两种思路的内在逻辑是一致的，都没有对国家权力进行区分，因此主张应该首先区分国家权力的性质与类

---

[1] Charles Tilly, *Coercion, Capital, and European States, AD 990 – 1990*. Cambridge: Blackwell, 1990.

[2] 张静：《国家政权建设与乡村自治单位——问题与回顾》，载《开放时代》2001 年第 9 期。

别，并且明确指出，并不是所有的国家权力扩张行为都可以被视作国家政权建设，在不同性质的国家权力之中，现代国家所应该具有的以创立公民权的平等配置：保护与实现机制为核心含义、以全新规则来整合社会成员的现代权力才是构建现代主义的基层秩序的关键。[1]

上述对于国家权力不同性质与类型的区分以及加强国家现代权力等论述极具启发性。某种程度上，在本书对于S乡的社会秩序变迁的讨论中，国家治理的规范化与精细化以及减少人情因素与灰色地带的非人化，均可视作国家现代权力的面向。另外，上述讨论似乎过于强调基层政权作为乡村秩序的离间者以及村民利益的破坏者的一面，而相对弱化了乡村本土性的地方观念或地方知识的主动性。基于此，本书对于S乡的乡村秩序变迁内在逻辑或者国家、社会与个人相互塑造的讨论，似乎蕴含着构建中国式现代化的乡村社会秩序的可能方向：

一方面，精细化治理逻辑以及模糊性策略告诉我们，国家的传统权力与民间社会的非正式规范与逻辑的相互强化与建构并不能够真正让乡村秩序走向良善与可持续性，在国家现代权力塑造下走向中国式现代化的乡村社会秩序才是破解当前乡村治理困境的有效途径以及乡村秩序可持续性建设的未来。

另一方面，乡村地方观念中的多重国家与模糊性社会的相互塑造本身也意味着，仅仅依靠国家现代权力的单方面的加强与控制并不能真正实现乡村社会秩序建设的现代化。因此，除了国家以一系列新的治理原则为基础的现代权力的强化之外，由每一个普通村民所构成的乡村民间社会尤其是地方文化观念朝向现代公民文化方向的内在转变，从而形成国家现代权力与充满现代意识和现代化地方观念的村落社会的良性互动与互构，或许才是建设中国式现代化的乡村社会秩序的一个行之有效的方向。

更为重要的是，比起国家现代权力的强化，村落社会及其村民的地方文化观念的现代转型更需要广大普通村民的主动参与，因此更加复杂与艰难，其工作难度与效果更为巨大和缓慢，也更加需要每一个乡村社会研究者与政策制定及实施者的智慧、耐心与努力。

---

[1] 张静：《基层政权：乡村制度诸问题》，上海人民出版社2007年版，第295－316页。

后记

本书是在我的国家社科基金项目“乡土社会的变迁与重建研究”结项成果的基础上修改完善而成。囿于时间、精力、学识等方面的限制，书中不尽如人意之处甚多。诚惶诚恐之余，将其付梓，仅意味着对自己前一阶段课题研究工作的交代和总结，也更愿作为接下来开展学术研究的新起点。对于书中的疏漏与谬误，恳请学界同人批评指正。

由衷感谢范可老师，在本课题研究过程中，时常得到老师的指点与教导；并在百忙之中为本书作序。老师几十年如一日专注于学术、潜心阅读、笔耕不辍的学者精神，作为我学术之路的榜样，激励着我克服困难，不断前行。

感谢诸多同事给予过的关心和支持。尤其是季芳桐教授，不仅在选题与写作过程中提出洞见，而且带领我走访民族社区、拜访河南省民宗局老领导李尊杰主任，并在李主任的大力支持下，最终确定了将 S 乡作为本课题研究的田野地点。同样要感谢 S 乡的书记、乡长、人大主席等各位领导、各位乡干部以及 S 乡所辖村庄的村干部与村民，正是他们的热情与接纳，使我的田野调查工作得以顺利开展。由于学术规范，无法一一列出他们的姓名，在此衷心祝愿他们工作顺利、一切都好！感谢马伟华教授所写的序言，为本书增色不少！本书的部分内容或主题曾在《广西民族大学学报（哲学社会科学版）》（2023 年第 4 期）、《青海民族大学学报（社会科学版）》（2023 年第 4 期）、《信访与治理研究》（2022 年第 2 期）等学术期刊上发表，期刊编辑老师的支持与意见让我获益良多。面对庞大且杂乱无章的田野资料，我的学生王召、徐佳静、李骏逸、许莉、李娜、王慧、尹苗、陈冬梅以及戚建福同学也付出了不少精力，帮助我整理资料。对于诸位师友的支持与帮助，无不感念在心。

最后要感谢我的家人。家人的默默付出与大力支持，一直是我工作上最强有力的后盾。也更让我懂得，在这个善恶共存的世界里，爱的伟大与力量。

李晓斐

2023 年 11 月于南京